Kohlhammer

Der Autor

Dr. Roland Reichenbach ist Professor für Allgemeine Erziehungswissenschaft an der Universität Zürich.

Roland Reichenbach

Die Pädagogik der Privilegierten

Ein Essay

Verlag W. Kohlhammer

Dieses Werk einschließlich aller seiner Teile ist urheberrechtlich geschützt. Jede Verwendung außerhalb der engen Grenzen des Urheberrechts ist ohne Zustimmung des Verlags unzulässig und strafbar. Das gilt insbesondere für Vervielfältigungen, Übersetzungen, Mikroverfilmungen und für die Einspeicherung und Verarbeitung in elektronischen Systemen.

Die Wiedergabe von Warenbezeichnungen, Handelsnamen und sonstigen Kennzeichen in diesem Buch berechtigt nicht zu der Annahme, dass diese von jedermann frei benutzt werden dürfen. Vielmehr kann es sich auch dann um eingetragene Warenzeichen oder sonstige geschützte Kennzeichen handeln, wenn sie nicht eigens als solche gekennzeichnet sind.

Es konnten nicht alle Rechtsinhaber von Abbildungen ermittelt werden. Sollte dem Verlag gegenüber der Nachweis der Rechtsinhaberschaft geführt werden, wird das branchenübliche Honorar nachträglich gezahlt.

Dieses Werk enthält Hinweise/Links zu externen Websites Dritter, auf deren Inhalt der Verlag keinen Einfluss hat und die der Haftung der jeweiligen Seitenanbieter oder -betreiber unterliegen. Zum Zeitpunkt der Verlinkung wurden die externen Websites auf mögliche Rechtsverstöße überprüft und dabei keine Rechtsverletzung festgestellt. Ohne konkrete Hinweise auf eine solche Rechtsverletzung ist eine permanente inhaltliche Kontrolle der verlinkten Seiten nicht zumutbar. Sollten jedoch Rechtsverletzungen bekannt werden, werden die betroffenen externen Links soweit möglich unverzüglich entfernt.

Umschlagsabbildung: Sunny studio – stock.adobe.com

1. Auflage 2025

Alle Rechte vorbehalten
© W. Kohlhammer GmbH, Stuttgart
Gesamtherstellung: W. Kohlhammer GmbH, Heßbrühlstr. 69, 70565 Stuttgart
produktsicherheit@kohlhammer.de

Print:
ISBN 978-3-17-045334-0

E-Book-Formate:
pdf: ISBN 978-3-17-045335-7
epub: ISBN 978-3-17-045336-4

Truth is like poetry.
And most people hate poetry.
The Big Short

Inhalt

Vorbemerkungen   **9**

Einleitung   **19**

a)	Natur-Metaphorik	19
b)	Pädagogische Ideen	31
c)	Pädagogische Sakralität	41
d)	Pädagogisch privilegiert sein	47

1   Mythos »Eigenerfahrung«   **57**

a)	Leben versus Schule	59
b)	Therapeutisches Ethos	64
c)	Das Natürliche und das Entfremdete	68
d)	»Lernen in Freiheit«	72

2   Mythos »selbstorganisiertes Lernen«   **77**

a)	Die bloße Lernhilfe	79
b)	Zur »Definition« des »selbstorganisierten« Lernens	81
c)	Chimäre oder Banalität?	85

3   Mythos »digitales Lernen«   **92**

a)	Viel heiße Luft …	92
b)	Die träge Bildung und Grundfunktionen von Lehrmitteln	98
c)	Medienkompetenz und die inneren Bilder	104
d)	Was Maschinen (noch) nicht können	108

Inhalt

4 Mythos »Vom Lehren zum Lernen« — **112**

a) Transformation der Vokabulare — 112
b) Vom pädagogischen Sinn der Schule — 115
c) »Wir müssen sie nehmen, wie sie sind ...« — 126

5 Mythos »eigene Meinung« — **131**

a) Die große Zusammenhangslosigkeit — 132
b) »Horizontales« und »vertikales« Denken — 135
c) Meinungswissen aus rhetorischer Perspektive — 140
d) Meinungsaustausch und Meinungsstreit — 143

6 Mythos »gleiche Augenhöhe« — **151**

a) Der Schein der Gleichheit — 152
b) Das Phänomen der Autorität — 154
c) Zur Krise der Autoritätskrise — 158
d) Das Kaschieren von Befehl und Gehorsam — 162
e) Die erzieherische Zumutung — 167

7 Mythos »Handlungskompetenz« — **170**

a) Oberstes Ziel: Handlungskompetenz? — 171
b) Die Attraktivität der »weichen« Fähigkeiten — 177
c) Gegenvorschlag: Gemeinsinn und Urteilskraft — 183

8 Nachbemerkungen — **189**

Literaturverzeichnis — **193**

Danksagung — **206**

Vorbemerkungen

> Wir begegnen dem Missbrauch der Sprache
> so oft, dass selbst die, die ein Ohr dafür haben,
> ihn nur in krassen Fällen bemerken.
>
> Susan Neiman

Ein »ziemlich mühsamer« Aspekt ihrer Tätigkeit, klagte eine Bildungspolitikerin, liege darin, dass sich buchstäblich *alle* Bürgerinnen und Bürger zutrauen würden, valide Urteile über Bildung, Schule und Erziehung abzugeben. Daher könne man es in der Bildungspolitik noch weniger als in anderen Bereichen allen richtig machen. In der Tat haben die meisten Menschen Erfahrungen mit Schule und alle sind aufgezogen bzw. irgendwie erzogen worden. Daher »wissen« auch alle, was gutes Lernen und gute Erziehung sind. Jedenfalls scheinen die Leute zu pädagogischen Fragen dezidierte Meinungen zu haben, die sie sich auch nicht einfach nehmen lassen. Das mag in der Tat mühsam erscheinen. Darin zeigt sich aber auch eine Sorge und ein Interesse für die Bildung der Menschen. Nie habe ich jemanden sagen hören, dass die Bedeutung von Schule oder Erziehung überschätzt werde. Wohl aber werden klare Urteile über gute oder schlechte Lehrpersonen, richtige oder falsche Erziehungspraxen geäußert. Diese sind oft an Erzählungen zu eigenen Lernerfahrungen gekoppelt; wann, bei wem und welchen Gegenständen das Lernen leichtgefallen und wo es hingegen eine Qual gewesen sei oder man sogar überhaupt nichts gelernt habe. Die anderen, meist Lehrpersonen oder Eltern, werden dabei für die eigenen Lernprozesse, d. h. das erfolgreiche oder aber nicht erfolgreiche Lernen verantwortlich oder zumindest mitverantwortlich gemacht. Diesen Narrativen scheint die Vorstellung zugrundezuliegen, wonach Lernen – von außen – *gemacht* oder *bewirkt* werden könne.

Während Lehren und Erziehen immer auf Lernen zielen, ist Lernen jedoch nicht mit einem räumlichen Artefakt zu vergleichen, welches in der einen oder anderen Weise *hergestellt* werden kann. Die implizite Herstellungsmentalität, die im Reden über das Lernen heute vielleicht noch mehr als früher aufscheint, übersieht ein wesentliches Merkmal des Lernens, nämlich seine *Unsichtbarkeit. Dass* Lernprozesse stattgefunden haben müssen, d.h. gelernt worden ist, erkennt man jeweils erst am *Lernprodukt.* Das Kind weiß oder kann jetzt etwas, was es vorher noch nicht gewusst oder gekonnt hat. Doch dem Lernen bzw. Lernprozess selbst haftet etwas Mysteriöses an, obwohl man ihm so vertraut ist. Es bleibt unsicher, wann und wie Lehr- oder Erziehungstätigkeiten tatsächlich Lernen bewirken. Trotz umfangreicher Forschungsbemühungen gibt das Lernen sein tiefstes Geheimnis nicht preis. Wäre es anders und wüssten wir also ein- für allemal, wie Lernen tatsächlich »funktioniert« und »hergestellt« werden kann, könnte auf zahlreiche Behauptungen verzichtet werden, die über das gute oder erfolgreiche Lernen in Schule, Bildung und Erziehung kursieren und zum Meinungsstreit führen. Da sich das Lernen dem letzten Zugriff der wissenschaftlichen Erklärung immer noch kapriziös entzieht, darf jedoch weiterhin viel behauptet und spekuliert werden. Um bei diesem *Reden* über das Lernen erfolgreich zu sein, ist die persuasive Sprache mit ihren emotional aufgeladenen Vokabeln ein probates Mittel. So ist »offenes« Lernen sympathischer als »geschlossenes« (?), »aktives« Lernen sympathischer als »passives« (?), »entdeckendes« Lernen sympathischer als ein Lernen, bei dem es offenbar gar nichts zu entdecken gibt (?). Denkt man länger darüber nach, kommt man zur Einsicht, dass diese und viele andere Adjektive gar nicht Lernen *beschreiben,* sondern vielmehr eine *rhetorische* Funktion beim Reden über das Lernen aufweisen. Werden die entsprechenden »Diskurse« aufdringlich, so versuchen sie *vorzuschreiben,* was hier und jetzt unter gutem Lernen zu verstehen sei.

Wäre die pädagogische Sprache nur etwas Äußerliches und würde nicht auch ein pädagogisches Denken, einen Zugang zu den Phänomenen des Lernens, der Erziehung und Bildung offenbaren, dann hätte ich die Motivation zu diesem Essay nicht aufbringen können. Es schiene mir nicht nötig. Wenn aber die Ausdrucksweisen und konkreten Wörter im pädagogischen Diskurs *nur* Zustimmung erheischen, sich mit einer selbstverständlichen Zufriedenheit präsentieren, so ist dies nicht als Indiz für die Stärke der dahinterliegenden Konzepte oder des zugrundeliegenden begrifflichen Denkens zu deuten als vielmehr für ihre *persuasive* Kraft. Dann handelt es sich nicht um Begriffe, sondern um pädagogische Überzeugungs- oder vielmehr Überredungsvokabeln. Max Planck wird das Bonmot zugeschrieben, wonach es Dinge gibt, über die wir uns einigen können, und wichtige Dinge. Die »wichtigen« Dinge sind strittig. Wenn die persuasive Sprache das Strittige überdeckt, verkommt sie zu einem Sedativum.

In diesem Essay kommentiere und hinterfrage ich pädagogisch und didaktisch verbreitete Vokabeln zum guten oder richtigen Lernen und damit auch von Erziehung und Bildung. Den hier betrachteten pädagogischen Vokabeln, die einen aufklärerischen und progressiven Anstrich aufweisen, liegen *bedenkenswerte* (und wohl meist *unbedachte*) Annahmen über die Natur des menschlichen Lernens zugrunde, die *bedenkliche* Konsequenzen nach sich ziehen können, wenn sie in ihrer Geltung und Normativität nicht befragt werden. Diese stillschweigenden Annahmen und Vorannahmen zu betrachten, verlangt immer wieder, dass unpraktisch scheinende Umwege eingeschlagen werden müssen.

Es geht mir darum, eine pädagogische Mentalität zu verstehen, die sich sicher scheint, das Wohlbefinden des individuellen Kindes und die Autonomie der Jugendlichen ganz besonders im Auge zu haben, gleichzeitig aber kaum wahrnimmt, dass ihre politisch gefälligen und pädagogisch voraussetzungsreichen Einstellungen über Erziehung und Bildung vor allem den Gelehrsamen, Leistungsstarken und schon immer Privilegierten dienlich sind. Nicht, dass privilegierte Schülerinnen und Schüler von diesem pädagogischen Denken und damit verbundenen gutgeheißenen und abgelehnten Praktiken selbst profitieren würden; vielmehr »profitieren« sie *indirekt*, indem das kritisierte Denken den wenig privilegierten, aus welchen Gründen auch immer weniger leistungsmotivierten oder leistungsfähigen Kindern und Jugendlichen insgesamt nicht nur keinen Gefallen tut, sondern m. E. schadet!

Vorbemerkungen

Der lange Arm dieses pädagogischen Denkens reicht in die Aufklärung zurück. Immer wieder wird an Immanuel Kants Losung »sapere aude« erinnert: Der Mensch solle den Mut aufbringen, sich seines Verstandes selber zu bedienen (vgl. Kant 1977, S. 53), wie es etwas »gestelzt« heißt. Kants Aufklärungsschrift ist keine pädagogische Abhandlung. In seiner Pädagogik hingegen kommt zum Ausdruck, dass Kant sicher nicht davon ausgegangen ist, das Kind sei als autonom oder mündig zu betrachten. Solche Attribute sind Bildungs- bzw. Erziehungs*ziele*, die – selbst nach Kant – möglicherweise nicht erreicht werden können. Es geht keineswegs darum, die zeitgenössisch gefälligen pädagogischen und didaktischen Vokabeln, die den – etwas erlahmten – Geist der Aufklärung zu atmen scheinen und hier als »Mythen« bezeichnet werden, als »falsch« zu kritisieren. Es ist auch nicht das Ziel, die zu beleuchtenden Mythen *als* Mythen zu entlarven; die ideelle und konstitutive Kraft dieser »Mythen« ist für das moderne und postmoderne pädagogische (und politische) Selbstverständnis tatsächlich bedeutsam. Vielmehr geht es um den Versuch, der vielfältigen, in meinen Augen letztlich undemokratischen politisch-pädagogischen *Vereindeutigung* des pädagogischen Denkens eine *dialektische* und stärker *ambiguitätstolerante* Sicht der Pädagogik entgegenzustellen. Dies geschieht übrigens auch in der wahrscheinlich übertriebenen Hoffnung und Anmaßung, u. a. Verantwortliche der Lehrpersonenbildung sowie ganz allgemein pädagogisch tätige Personen in ihren impliziten oder expliziten *politischen* Selbstwirksamkeitsüberzeugungen zu verunsichern und sie in ihrer *pädagogischen* Praxis zu ermutigen.

Gleichgültigkeit und *Eindeutigkeit* ersparen einem das Denken über Zusammenhänge und Ambivalenzen, wenn das Interesse und/oder der Wille fehlt, zu verstehen, wie sich die Dinge verhalten und ob sie sich anders als gedacht verhalten könnten.

»Wer Eindeutigkeit erstrebt, wird darauf beharren, dass es stets nur eine einzige Wahrheit geben kann und dass diese Wahrheit auch eindeutig erkennbar ist. Eine perspektivische und damit nicht-eindeutige [sic!] Sichtweise auf die Welt wird abgelehnt« (Bauer 2018, S. 27).

Es fehlt die Einsicht in die und das Interesse an der Möglichkeit des Unentscheidbaren und Vieldeutigen. Die zu recht gerühmte Ambiguitätstoleranz stellt sicher eine emotionale Vorbedingung für »Dissenstauglichkeit« als einer zentralen Tugend in pluralistischen Gesellschaften dar. Natürlich wird Ambivalenz nicht primär bejaht, sondern muss vielmehr ausgehalten – *toleriert* – werden; zunächst möchte man das Gefühl der Ambivalenz womöglich mit »Vereindeutigung« (oder eben »Vergleichgültigung«) zum Verschwinden bringen. Sie bleibt eine Herausforderung und auch die gutgeheißene Mehrperspektivität ist in Wahrheit ja keine Problemlöserin, im Gegenteil macht sie Urteils- und Entscheidungsfindung häufig komplexer, aufwändiger und unsicherer. Die als »Mythen« bezeichneten Überzeugungen, die sich hinter den gleich zu nennenden Vokabeln verstecken, sind weder wahr noch falsch, sondern stellen nur je eine – vornehmlich sozial erwünschte und politisch annehmbare, d. h. *ideelle* – Seite der pädagogischen Medaille dar. Im Unterschied zum einseitigen pädagogischen »Gottesdienst« kommt es aber darauf an, die jeweils andere Seite der offiziellen Predigt auch wahrzunehmen und anzuerkennen sowie die damit verbundenen Unsicherheiten und Spannungen auszuhalten. Die erläuterten Mythen bilden ein dichtes Netz von Annahmen, Wünschen und Bewertungen sowie politischen Positionierungen. Die sieben Mythen – (1) »Eigenerfahrung«, (2) »selbstorganisiertes Lernen«, (3) »digitales Lernen«, (4) »vom Lehren zum Lernen«, (5) »eigene Meinung«, (6) »gleiche Augenhöhe« und (7) »Handlungskompetenz« – haben eine Gemeinsamkeit: Sie werden im pädagogischen Milieu (und weit darüber hinaus) allgemein geschätzt, für wichtig und richtig empfunden. Sie profitieren vom guten Ruf des *Selbst*, des *Hirns* und der Idee der *Selbstbestimmung*. Diese sieben, teilweise inhaltlich eng miteinander verbundenen Mythen könnten auch den Obermythen der »Eigenverantwortung« und »Individualisierung« unterstellt werden, welche hier nicht eigens diskutiert werden, aber als ideologischer Hintergrund der pädagogisch verbreiteten Sprache offensichtlich sind.

Einige Bemerkungen zur Bedeutung und Verwendungsweisen des Wortes »Mythos« seien hier angebracht. Die Rede von »Mythos« ist vieldeutig, divergent und hat eine lange Geschichte (vgl. Cassirer 1973; Hübner 2013). Während der Mythos ursprünglich als Erzählung verstanden worden ist, die einen Anspruch auf Wahrheit erhebt (und z. B. als religiöser Mythos die Verbindung von Göttern und Menschen aufzeigt oder »erklärt«), können auch (reale) Personen als Mythos oder mythisch bezeichnet werden (z. B. Che Guevara, Diego Maradona, Hildegard von Bingen, die dazu noch eine Vertreterin der deutschen Mystik ist, aber auch Janusz Korczak oder Maria Montessori). Auch Dinge (z. B. Inspektor Colombos Regenmantel, eine Rolex) oder Ereignisse (der D-Day oder 9/11), die für Menschen von einer hohen Bedeutsamkeit sein können, erhalten mitunter mythischen Status. Allein das Aussprechen der Namen oder Bezeichnungen weckt sofort eine ganze Anzahl von anekdotenhaften Assoziationen.

Nur wenige betrachten den Mythos als (gänzlich) irrational, auch wenn er schon von den Sophisten als Gegensatz zum Logos begriffen worden ist und obwohl Mythen als »riesige Behauptungsmaschinen« verstanden werden können (Ott 2019, S. 185). Doch die rationalistische Idee einer Bewegung weg vom Mythos hin zum Logos hat sich nie umfassend durchsetzen können, zu wichtig sind mythische Erzählungen und Ideen auch in der und für die Moderne (vgl. Blumenberg 1979), indem sie Sinn stiften, Orientierung verleihen und damit u. U. das Selbstverständnis von Menschengruppen stärken, ohne dabei in irgendeiner Weise »beweisführend« sein zu können. Der Mythos ist kein Argument. Gewissermaßen erschwerend für die rationalistische oder wissenschaftliche ablehnende Haltung kommt hinzu, dass sich der Mythos nicht in eine nicht-bildhafte bzw. nicht-metaphorische Sprache übersetzen lässt. Die mit ihm verbundene Vieldeutigkeit und Vielwertigkeit macht seinen Reichtum aus. Etwas als mythisch oder Mythos zu entlarven, *scheint* daher »kritisch« anzumuten, doch der Charakter dieser Kritik wird überschätzt. Che Guevara – »Jesus mit der Knarre« (so bezeichnete ihn vor Jahren Wolf Biermann in einem Lied) – als Mythos zu »entlarven«, macht keinen Sinn und ist auch nicht kritisch. Natürlich war auch Ernesto Guevara »nur« ein Mensch, aber er ist fraglos zu einem Mythos *gemacht* geworden, ebenso wie Maria Montessori oder Diego Maradona.

Die sieben Mythen des Lernens, denen ich mich hier aus ganz unterschiedlichen Perspektiven widme, werden also nicht »entlarvt«. Genauer betrachtet ist – um hier eines der sieben Beispiele zu nehmen – nicht die »Eigenerfahrung« selbst der Mythos, sondern die *Bedeutung*, die dem Phänomen der Eigenerfahrung im Reden über das Lernen zugeschrieben wird. Mythisch ist also vielmehr der übertriebene *Stellenwert* und die bedauerliche *Eindeutigkeit* der Eigenerfahrung im pädagogischen »Diskurs« und die viel zu hohen *Erwartungen* und nicht einlösbaren *Versprechen*, die damit implizit oder explizit zum Ausdruck kommen. Eigenerfahrung ist nicht *die* Lösung, digitales Lernen ebenso wenig und das selbstorganisierte Lernen auch nicht.

Daher ist diese Schrift keine Streitschrift. Man könnte ihr vorwerfen, nicht »konstruktiv« zu sein, dass es nichts bringe, diese sieben – letztlich gutgemeinten – Mythen und die entsprechenden Slogans zu kritisieren. Das kann man anders sehen. Die sieben Mythen sind passende Beispiele für *schlechtes* pädagogisches Denken und »auch schlechte Beispiele sind lehrreich« (Neiman 2014, S. 210). Die kritische Auseinandersetzung wird von der Frage und der Sorge getragen, welche problematischen Wirkungen politisch und pädagogisch gute Absichten mitverursachen mögen, auch und wenn gerade dieselben von einer breiten Allgemeinheit kopfnickend unterstützt wird. Weder kann die Frage hier empirisch gelöst werden noch löst sich die Sorge durch Nachdenken auf. Als Allgemeiner Pädagoge beschäftige ich mich vor allem mit *pädagogischen Ideen, Konzepten* und – wie man heute gerne und meist reichlich unbestimmt sagt – *Diskursen*. Es gibt auch in der Erziehungswissenschaft und Bildungsforschung eine Art Arbeitsteilung. Bedeutsame Einsichten und Sichtweisen von zahlreichen, meist geschätzten Kolleginnen und Kollegen, die ihre Arbeit der Bildungsgeschichte, Chancengleichheitsforschung, Migrationsforschung und Sozialisationsforschung in empirischer Hinsicht widmen, müssen im Folgenden ignoriert werden. Die Schrift handelt nicht vom Versuch, aufzuzeigen, dass die Schule von massiven Gerechtigkeitsproblemen und die Pädagogik von Legitimationsproblemen geprägt ist. Das ist m. E. schon lange klar und vergleichsweise gut untersucht. Wie kann es möglich sein und vor allem toleriert werden, dass das Bildungssystem demokratischer Gesellschaften so vielen Menschen und umfangreichen Gruppen von Menschen nicht gerecht werden kann? Dies wird hier nicht behandelt. Aber die These lautet, dass auch das sich universell und eindeutig gebärdende pädagogische Denken einen wesentlichen Anteil an diesem nicht tolerierbaren Zustand hat. Dieses Denken könnte in altmarxistischer Manier als ideologischer »Überbau« der zeitgenössischen Pädagogik in unseren Breitengraden bezeichnet werden, welcher die pädagogische Wirklichkeit der »Basis« zumindest vieler Schülerinnen und Schüler ignoriert oder verklärt. Dabei spielt eine wichtige Rolle, dass es sich dabei um liebgewordene sowohl politisch korrekte als auch humanistisch bedeutungsvolle pädagogische Mythen handelt, hinter die ja kaum jemand ernsthaft zurückfallen möchte, die aber dennoch zum Bereich des Mythischen gehören. *Dass sie »politisch korrekt« sind, wird ebenfalls nicht kritisiert.* Auch diesbezüglich ist eine dialektische Sicht m.E. überzeugender. Denn obwohl es nicht geringe, semantisch fragwürdige Auswüchse des politisch korrekten Vokabulars zu konstatieren gibt, welches heute jeden gesellschaftlichen Bereich zu betreffen scheint, kann und sollte die mit politischer Korrektheit verbundene »Verhaltenszähmung« insgesamt gutgeheißen werden, umso mehr als von ihr im Grunde antidiskriminierende Wirkungen erwartet werden dürfen.

Die Schrift versteht sich als – zugegeben etwas langen – Essay. Ein Essay kann und muss sich mehr erlauben als eine wissenschaftlich halbwegs solide Abhandlung. Die sogenannte Wertfreiheit, das vermeintliche Ideal der Neutralität oder der ausgewogenen Argumentation waren mir bei der Niederschrift keine Leitkriterien. Manchmal geht es darum, einen Ausdruck für das Unbehagen zu finden, das man empfindet; in diesem Fall geht es um das Unbehagen mit dem Oberflächenrealismus pädagogischer Denk- und Redegewohnheiten, die sich durch eine erstaunliche Irritationslosigkeit auszeichnen, die unaufrichtig erscheint und als Indiz einer tiefergehenden, letztlich kulturellen Krise zu deuten ist, deren Offenlegung vielleicht auch keinen unmittelbaren Nutzen verspricht. Pädagogische Vokabeln und

Slogans können als solche kritisiert werden. Das ist wenig interessant. Interessanter ist es, sich zu fragen, wofür sie ein Indiz sein könnten.

Auf die Mühe der minutiösen Auflistung von Text-Nachweisen habe ich, mit einigen wichtigen Ausnahmen in Form von Hinweisen in Fußnoten, im vorliegenden Essay verzichtet. Die Bearbeitung von Themen, mit denen man sich über Jahre, teilweise sogar Jahrzehnte immer wieder beschäftigt hat, bringt es mit sich, dass auch dem Autor selbst nicht immer klar ist, wann er sich wo und wie schon mit ähnlichen Gedanken, Formulierungen und Textpassagen geäußert hat.

Einleitung

> ... mir gefällt nicht,
> was ich von meiner Klasse sehe.
>
> Catherine Liu

Die folgenden Ausführungen, die aus didaktischen Gründen nicht immer ohne polemische Spitzen auskommen, fallen im Rahmen einleitender Bemerkungen vergleichsweise lang aus. Das hat auch damit zu tun, dass sie den ideellen bzw. theoretischen Hintergrund der anschließenden »Mythen-Kritik« darstellen sollen und sich dabei vier, allerdings von einander nicht unabhängigen Perspektiven und Phänomenen widmen, namentlich der Natur-Metaphorik, dem Wesen von Ideen und zeitgenössisch typischen Beispielen sowie ihrer »Sakralisierung«. Abschließend wird ein mögliches Verständnis von »pädagogischen Privilegien« erläutert.

a) Natur-Metaphorik

In einem rohstoffarmen Land sei Bildung besonders wichtig, heißt es. Sie sei der einzige »Rohstoff«, dem es sein Fortbestehen und seine Prosperität verdanke. Die pathetische Floskel und Metapher sind nicht ohne Ironie. Auf viele Stunden, Tage, Wochen und Jahre des häufig als sinnfrei empfundenen Lernens, der Langeweile, aber auch der Sorge und des Stresses könnten Tausende von Schülerinnen und Schülern, Auszubildenden und Studierenden verzichten, würde das Land nur über natürliche Rohstoffe verfügen – sei es Erdöl, Erdgas, Kohle, Silber oder Gold, Kupfer, Nickel oder Zink. Doch nichts von alledem ist vorhanden. So muss der Rohstoffarmut des Landes mit Schul- und Berufsbildung als einer aufwändigen und im Einzelfall selbstwertgefährdenden Kompensationsstrategie begegnet werden. Kein Wunder, dass die Schule kritisiert wird, denn es will nicht gelingen, bloßen Rohstoffersatz attraktiv zu finden. Es gibt nichts, was an der Schule nicht kritisiert wird (die Schülerinnen und Schüler bleiben allerdings verschont). Annette Pfisterer (2003) unterscheidet pädagogische von psychologischen, medizinischen, soziologischen, politischen und institutionellen Aspekten der Schulkritik. Darunter werden 22 Problemfelder allein der pädagogischen Kritik genannt (aus insgesamt 69 schulkritischen Positionen). Kritisiert werden, um einige Beispiele zu nennen, etwa die *Lehr-* und *Lerninhalte:* Den einen sind sie zu »kopflastig« und einseitig »wissenschaftsorientiert«, den anderen viel zu »lebensfern«, den dritten nicht »kindgerecht«, den vierten im Gehalt zu »anspruchslos«, wiederum anderen aber zu »anspruchsvoll«. Die einen kritisieren die »Leistungsorientierung« der Schule, die anderen die »mangelnde Objektivität« der Leistungsbeurteilung, wieder andere allein die Ziffernnoten. Manche bringen Schule ohne weitere Probleme mit »Seelenmord« in Verbindung, andere kritisieren bloß den Mangel an ganzheitlicher »Persönlichkeitsentfaltung«, und wieder andere finden schlecht, dass die psycho-physiologischen Grundlagen des Lernens in der Schule keine Beachtung fänden. Gern werden auch pathologische Effekte des Lernens mit Prüfungsdruck hervorgehoben, manche wissen, dass Schule als Institution »generell krank« macht, einigen ist die Schule selbst eine kranke Einrichtung und wenn sie nicht krank ist, so bringt sie doch lebensfeindlichen Stress und stressbedingte Störungen mit sich. Jedenfalls ist die Schule körper- und/oder leibfeindlich, und es herrscht dort – in den Augen mancher – ein umfassender Bewegungsmangel, darüber hinaus eine fundamentale sensorische Deprivation und bedauernswerte Entsinnlichung. Die Schule produziere viele »sozial untaugliche Individuen«, benachteilige ganze Bevölkerungsgruppen, von denen gern gesagt wird, sie seien »bildungsfern« (wohl, weil sie sich der Rohstoffarmut im Land nicht ganz bewusst sind), jedenfalls verteile Schule die Lebenschancen ungerecht, sei mittelschichtsorientiert, selektiere statt zu fördern, sondere aus statt zu integrieren und reproduziere die

a) Natur-Metaphorik

Drei-Klassen-Gesellschaft – nicht zu reden von den Eigenarten der Lehrpersonen und ihrer in irgendeiner Hinsicht meist problematischen Persönlichkeiten.

Ein Großteil der auch heute noch formulierten Schulkritik hat mit der Rohstoffmetaphorik gemeinsam, dass sie sich aus dem organischen Bereich nährt.[1] Die Naturmetaphern und speziell die Wachstumsmetapher gehören zu den ältesten und beliebtesten überhaupt (vgl. Demandt 1978; auch Meyer 1969). Unter den Fahnen der Natur und des Natürlichen stehen auch momentan populäre und wirksame Formen der Schulkritik, auch wenn sie untereinander nicht konsistent sind. Drei Beispiele: Die erste Gruppe von Schulkritikerinnen und -kritikern weiß offenbar ganz über das »natürliche« Verhältnis zwischen Alt und Jung Bescheid und sie weiß, dass in den Schulen zu viel gekuschelt und zu wenig geführt wird. Mit der Kuscheldiagnose – eine bodenständige, aber dennoch imaginäre Ferndiagnose – und dem Führungsmotiv kann auf aufgeregte Weise Bildungspolitik betrieben werden. Die zweite Gruppe weiß im Unterschied zu den Kuschelkritikerinnen und -kritikern vor allem, dass die Schulen nicht kindgerecht sind, aber es unbedingt werden sollten, denn es gehe nicht darum, das »Kind schulgerecht«, sondern die »Schule kindgerecht« zu machen. Auch hier spielt das sogenannte Natürliche die wesentliche Rolle: letztlich die Natur, nicht die Gesellschaft, nicht die Zivilisation und nicht die Kultur des Wissens. So weiß diese zweite Gruppe ziemlich alles über die »wahre Natur« des Kindes und seine Entwicklung. Eine dritte, jüngere und laute Gruppe weiß plötzlich alles über das Gehirn und dieses hat ja von Natur aus nur eines im Kopf: Lernen, lernen, lernen! (Das Gehirn habe etwas »im Kopf«, diese Rede muss erlaubt sein, denn bei diesem Ansatz wird davon ausgegangen, dass das Gehirn denkt, nicht der Mensch oder die Person. Man möchte zunächst meinen, der Mensch denke mithilfe seines

---

1 Der Bereich des Organischen ist natürlich nicht der einzige Bezug pädagogischer Metaphorik, aber doch ein so relevanter wie virulenter (vgl. beispielsweise Scheuerl 1959; Oelkers 1991; de Haan 1993; Meyer-Drawe 1999; Reichenbach 2003a&b).

Gehirns, doch nein, es ist anders, das Gehirn denkt anstelle der Person ...). Wenn also das Gehirn nur immer lernen will, warum lässt man es nicht? – so fragen die Vertreterinnen und Vertreter dieser Gruppe. Warum schläft das Hirn in der Schule vielmehr links- und rechtshälftig ein und schrumpft Jahr für Jahr weiter? Jedenfalls leuchtet es nicht mehr so schön in all den bunten Farben in den diversen Arealen. Die Pädagogik ist zwar nicht mehr schwarz, sondern grau, scheint es, und die bildgebenden Verfahren sind dramatische Onto- und Topologisierer, Fetische der Hirnforschung.

Aus dieser dritten Gruppe stammen kuriose Formulierungen. Ein Fundstück stammt aus Manfred Spitzers Feder, der alles über das Gehirn und damit – in seinen Augen – auch alles über die Schule und ihre Verbesserungsnotwendigkeit und -möglichkeiten weiß. Das Beispiel stammt aus einem Artikel mit dem Titel »Neurobiologische Erkenntnisse für die pädagogische Praxis« (Spitzer 2010, S. 65):

> »Lernen findet immer statt, wenn im Gehirn Prozesse des Erlebens, Fühlens, Denkens, Entscheidens und Handelns ablaufen. Daraus folgt, dass das Gehirn nicht zwischen Erziehung und Bildung unterscheidet – genauso wenig wie die Engländer [...].«

Interessant sind schon die impliziten Vorstellungen von Lernen, welches »immer stattfindet«, wenn »im Gehirn Prozesse [...] ablaufen«. Es handelt sich um ein Beispiel für die heutzutage weitverbreitete Transformation des »Tuns« in ein »Geschehen«, das unbeteiligte Lernen im Gehirn (etwa der Schülerin oder des Schülers). Der Täter wird »eliminiert«, so Lutz Koch (2002), das Tun zur Wirkung des Gehirns »verdinglicht«. Dass schulisches Lernen, pädagogisch betrachtet, aber wesentlich mit Anstrengung und Bemühung, mit Ringen um Aufmerksamkeit und Verständnis, mit Denken, Nachdenken und Überdenken, mit Üben und Wiederholen, Nachfragen und Suchen zu tun hat (vgl. Koch 2002, S. 85), entgeht der naturalistischen Hirnperspektive naturgemäß. Darüber hinaus entzieht sich dieser Perspektive auch die *Logik des Lernens*, wonach es beim schulisch zu verantwortenden Lehren und Lernen um Kriterien der Wahrheit, der Deutlichkeit und der Anschlussfähigkeit geht, ebenso um seinen

a) Natur-Metaphorik

kommunikativen Charakter (vgl. Koch 1991, 2002), in welchem Rede, Frage und Antwort sowie das Gespräch die zentrale Stellung einnehmen. In diesen sozialen Praxen werden wechselseitig hermeneutische Grundoperationen geübt, Verständigungsformen wie das Begründen, Erklären, Beweisen und Widerlegen, Exemplifizieren, Induzieren, Deduzieren und Analysieren. Davon ist sowohl in der naturalistischen Kritik des Kuschelns und der Führung als auch der Kritik der Kindsgerechtigkeit einer Institution wie auch der Kritik der Hirnforschung nichts zu vernehmen.

Der Spitzer'sche Befund, wonach das Gehirn »nicht zwischen Erziehung und Bildung unterscheidet – genauso wenig wie die *Engländer*« (Spitzer 2010, S. 65, Herv. R. R.) –, führt nun aber zu wirklich interessanten Nachfragen. Offenbar besteht eine gewisse Affinität zwischen dem Gehirn und den Engländern, die anderen Nationen verwehrt bleibt. Das deutsche Gehirn etwa unterscheidet – man weiß mit Spitzer jetzt: fälschlicherweise – immer noch zwischen Erziehung und Bildung! Warum es das macht? Man kann nur spekulieren. Dennoch ist Spitzer als Deutscher selbst draufgekommen (präziser formuliert: nicht Spitzer, sondern sein Gehirn).

Die neue Passivität des Menschen und das Verschwinden der Person im hirngerechten Ansatz erinnern ironischerweise an den zu Unrecht gescholtenen, da nicht in seinem historischen Kontext verstandenen »Nürnberger Trichter« – »ironischerweise«, weil in manchen pädagogischen und didaktischen Sichtweisen eine dimensionale Entgegensetzung von *Instruktion* und *Konstruktion* gemacht wird (so kommt es eben, möchte man sagen, wenn man sich nicht so richtig anstrengen mag und das Hirn nur leuchtet). Jedenfalls ist der Nürnberger Trichter das Abschreckmodell der konstruktivistischen Perspektive, welche ihrerseits – naturmetaphorisch verankert – aus der Biologie stammt wie auch die damit verbundene Systemtheorie (vgl. Lüdemann 2004; Pongratz 2009). *Selbstregulierende* Systeme bereiten dem modernen Selbstverständnis große Freude – Bildung als *Autopoiesis* und die oder der selbstregulierte Lernende gehören zu den heute machtvollsten Bildern in Politik und Bildung. Da dampft es zwar etwas weniger warm als in der religiösen Biologistik der Pä-

23

dagogik Montessoris und es weht im Gegensatz dazu ein liberaler, humanwissenschaftlicher Hauch, in welchem die Autonomie des Menschen nicht etwa als kontrafaktische Zumutung und politisches Ideal, sondern als allseitig bejahtes Naturprodukt fungiert. Doch das »Eintrichtern« von Lernstoff ist eben gar nicht möglich. Schön wäre es! Denn wie viele Schülerinnen und Schüler hätten sich so kaum anstrengen müssen! Die Metapher des Nürnberger Trichters, die Georg Philipp Harsdörffer (1607–1658) ins Leben gerufen hat, war ja auch ganz gegenteilig motiviert, gewissermaßen pädagogisch edel: Es ging Harsdörffer (1648–1653/1971) um die Vermittelbarkeit und Lernbarkeit der Poesie.[2]

Um mit der Natur-Metaphorik schulkritisch zu argumentieren, muss eine ganze Reihe von gesellschaftlich bedeutsamen Aufgaben und (theoretisch unbestrittenen) Funktionen der Schule ignoriert werden. Denn: Metaphern »highlight and hide«, sie heben bedeutsame Aspekte hervor und verdecken andere, wie sich mit der bekannten und gewiss radikalen Metaphern-Theorie von George Lakoff und Mark Johnson (1980/2000) sagen lässt. Ignoriert werden je nach Perspektive eine oder meist mehrere der Funktionen der Schule als (1) Sozialisationsinstanz, als (2) Legitimationsinstanz (der politischen Integration), in der Regel weniger als (3) Bildungs- oder Personalisationsinstanz und als (4) Qualifikationsinstanz, jedoch häufig als (5) Selektionsinstanz (d. h. Instanz sozialer Reproduktion), als (6) ökonomischer Institution, als (7) administrativer Institution, als (8) autozentrischer und autonomer Institution, als (9) Zwangsanstalt und als (10) reine Aufbewahrungsanstalt.

Die Gemeinsamkeiten der naturalistischen Schulkritik (stamme sie aus Bildungspolitik, Kindermedizin oder Hirnforschung) bestehen in fünf Punkten, namentlich ihrer (1) theoretischen bzw. konzeptionellen Schlichtheit (d. h. in ihrer Ignoranz gegenüber der Vielschichtigkeit und Multifunktionalität des Bildungssystems), (2) ihrem Reduktionismus, dem alleinigen Fokus auf eine personalistische bzw.

---

2 Der »Nürnberger Trichter« heißt im Originaldokument entsprechend »Poetischer Trichter« (vgl. Harsdörffer 1648–1653/1971).

a) Natur-Metaphorik

mikrosystemische Sicht (das Kind, die Lehrperson, das Hirn), (3) ihrer mehr oder weniger romantischen Dichotomisierung von »Schule« und »Leben«, d.h. (sinnhaftem) kindlichem bzw. lebensweltlichem Lernen versus (sinnfreiem) schulischem Lernen, (4) ihrem Fokus auf Verfügungswissen (Praxisrelevanz, Nützlichkeit, Kompetenzorientierung statt so genanntem »trägem Wissen«) und (5) dem Fokus und Mythos der »intrinsischen Motivation« (Lernen soll Spaß machen oder – auf welcher Grundlage auch immer – wie von allein passieren, bzw. das Hirn will »lernen, lernen, lernen«).

Allerdings gibt es seit gut zwei Jahrzehnten eine vierte Gruppe von virulenter, im Grunde »krypto-organischer« Kritik an der bestehenden Schule. Eine Kritik, die nicht von außen oder unten, sondern sozusagen von oben und/oder innen kommt: Geht es um Schule, reden die zahlreichen Vertreterinnen und Vertreter dieser Perspektive vorwiegend noch in Termen von »Input« und »Output« und begrüßen oder akzeptieren zumindest den Wechsel von der sogenannten Input- zur Outputsteuerung im Bildungswesen. Hier wird das Gesamtbildungssystem zu einem Organismus, der im Wesentlichen zwei Körperöffnungen aufweist. Während bis vor kurzen vor allem interessierte, was in diesen Organismus hineingeht oder hineingestopft wird bzw. werden soll, oder sagen wir neutraler: Eingang finden soll, interessiert bei der nun mehr oder weniger radikalen Outputsteuerung nur noch, was »hinten raus« kommt. Wie kam es zu dieser Fokusverschiebung im Ernährungs- und Verdauungskanal des Bildungssystems? Auch wenn die Gründe vielleicht nie genau nachvollzogen werden können, so ist ziemlich sicher, dass die diversen Bildungsreformen, welche international betrachtet, von der Forderung nach Vergleichbarkeit schulischer Leistung über die Standardisierung der Bildungsinhalte zur Leistungsmessung von Kompetenzniveaus führen sollen, nicht so leicht rückgängig gemacht werden können. Die Verschiebung von der – psychoanalytisch gesprochen – oralen auf die anale Fixierung erscheint manchen als Fortschritt. Jedenfalls ist der dringende Wunsch danach, zu erkennen und immer genau zu verstehen, was gelernt worden ist, dieses Lernen zu kontrollieren, seine Wirksamkeit zu kanalisieren und unmittelbar

25

hinsichtlich seines Transfernutzens beurteilen zu können, ziemlich auffällig. Schon hobbymäßige psychoanalytische Kenntnisse reichen m. E. aus, um das Muster der hier zum Ausdruck kommenden Phase und Fixierung zu erkennen. Dieses wütige Moment kann als Indikator für eine Gesellschaft interpretiert werden, die anale Züge trägt. Auch wenn der französische Pop-Philosoph Michel Onfray mit seinem *Anti-Freud* (2011) maßlos übertreibt, d. h. selbst wenn die psychoanalytische Deutung letztlich nur auf eine einzige Person anwendbar wäre bzw. zutreffen würde, nämlich allein auf Sigmund Freud und sonst auf gar niemanden, bleibt doch bemerkenswert, wie die Bildungswelt nun von drei Merkmalen geprägt wird, die mit der Beherrschung der Körperfunktionen bzw. Reinlichkeitserziehung zu tun haben: namentlich (1) Besitz, (2) Produktion und (3) Zeit. Mit diesen drei Kategorien wird im Wesentlichen noch öffentlich über Bildung gesprochen: Sie wird erstens wie ein *Besitz von Einzelpersonen* behandelt, zweitens als ob sie ein Gut wäre, das regelrecht *herstellbar* und nach Gutdünken *modifizierbar* ist und das drittens möglichst *zeitökonomisch* hergestellt werden soll.

In dieser vierten naturalistischen Schulkritikperspektive erscheint das Bildungssystem als ein riesiger Einverleibungs-, Verwertungs- und Ausstoßungsorganismus, den es nach zeitökonomischen und Effektivitätskriterien zu steuern und kontrollieren gilt. Dieses Tier muss gezähmt werden. Noch nie war so viel von Kontrolle und Rechenschaft im Bildungswesen die Rede wie heute. Auch die Metaphorik des sogenannten Bildungsmonitorings ist in diesem Zusammenhang von Interesse. *Monitoring* meint das ständige, sorgfältige Untersuchen, Überprüfen und *Überwachen* von bestimmten Gegebenheiten – typischerweise in der Ozeanographie bzw. Hydrologie, der Seismologie sowie der Medizin. Monitoring dient der Verhinderung oder wenigstens der Voraussage von kleinen und großen Naturkatastrophen. Die Sprache verrät den Geist.

In der Einleitung zu seinem Buch *Schulreform und Schulkritik* schrieb Jürgen Oelkers (2000, S. 11):

a) Natur-Metaphorik

»›Schule‹ ist zunächst immer das *Bild* von Schule, ›Bild‹ verstanden als ästhetische Konfiguration und damit verbunden als generalisierte Erwartung. Reflexionen *über* Schule, *mit* Schule und *gegen* Schule operieren bildabhängig, es gibt keine öffentliche Diskussion, die nicht Bilder kommunizieren würde. Es gibt eine Bildschicht hinter oder besser *in* der Verbalität, von der die Rhetorik sowohl der Schultheorie als auch der Schulkritik getragen wird.«
Metaphern dienen nicht nur in der politischen, sondern auch in der pädagogischen Kommunikation als Erkenntnis- und Erklärungsmittel (Haefliger 1996; Moser 2000). Ebenso sind sie Mittel der Beeinflussung und besitzen eine subversive Macht (vgl. Gamm 1992). Als »deviante Namensgebungen«, »semantische Abkürzungen«, »abgekürzte Vergleiche« bzw. »kalkulierte Kategorienfehler« (vgl. Strub 1991, S. 79) sind Metaphern so suspekt wie unvermeidbar. Metaphern können – im Unterschied zu den zum Scheitern verurteilten Versuchen, ohne jede Analogie zu reden – Erfahrung überhaupt erst verständlich und artikulierbar machen. Darin liegt ihre Leistung. Der Preis dafür ist, dass Metaphern »dirigieren, führen und verführen« (Blumenberg, 1997, S. 14). Rätselhaft bleibe dennoch, so Hans Blumenberg (1997, S. 87), weshalb Metaphern »überhaupt ›ertragen‹ werden«. Zwar würden sie den »Reichtum ihrer Herkunft« konservieren, »den die Abstraktion verleugnen« müsse (Blumenberg 1997, S. 90), aber das »Suggestive aller Metaphorik« (Blumenberg 1997, S. 92) führe doch immer wieder zu Irreführungen. Und so sind Kinder eben keine Pflanzen, Lehrpersonen sind keine Gärtnerinnen oder Gärtner und die Schule ist keine Polis, so wie sie auch keine embryonale Gesellschaft ist; diese und viele andere pädagogisch relevanten und vielleicht auch zu begrüßenden Bilder als Bilder zu erkennen, ist bedeutsamer Teil auch pädagogischer Bildung.[3] Die Beschäftigung mit

---

3 Während Israel Scheffler (1960/1971) noch argumentierte, die pädagogische Sprache sei in die drei großen Klassen der Definitionen, der Slogans und der Metaphern aufzuteilen, würde man aus einer zeitgenössischen metapherntheoretischen Perspektive radikaler formulieren wollen, dass jede Sprache, auch die disziplinäre bzw. wissenschaftliche, von Metaphern geradezu durchdrungen ist.

der Bildhaftigkeit des Denkens überhaupt ermöglicht Einsichten in die sich immer neu gestaltenden pädagogischen Ideologien, die ja regelmäßig einen *monistischen* Metaphergebrauch darstellen, der aus ästhetischer Sicht in Kitsch mündet und aus ethischer Sicht problematisch ist (Reichenbach 2003a & 2003b).

»Monistisch« ist der Gebrauch von Metaphern, wenn nur aus einer Metaphergruppe heraus oder allein mit konsistenten Metaphern argumentiert wird. Monismus bietet Kohärenz; die damit verbundene Widerspruchslosigkeit ist die Basis für *Kitsch* (vgl. Reichenbach 2001). Sich der Komplexität des Bildungssystems bewusst zu sein und sich derselben verpflichtet zu sehen, bedeutet aber ein Stück weit, auf Kohärenz verzichten zu müssen und statt konsistenter Metaphoriken mitunter *katachrestisch*, also »bildbrüchig« zu sein. Bewusste Bildbrüchigkeit könnte in diesem Zusammenhang als epistemische Tugend diskutiert werden.

Betrachten aber pädagogisch Interessierte die Welt des Kindes und seiner Entwicklung, dann ist die Wahrscheinlichkeit groß, dass sie dabei auf organische bzw. Natur-Metaphern zurückgreifen. Wohl entscheiden sich für ein Pädagogik-Studium insbesondere Menschen, die das Kind implizit als Pflanze begreifen. Und so trifft es sich, dass die Metapher *Das Kind ist eine Pflanze* kompatibel ist mit der Metapher *Die Gesellschaft ist ein Organismus.* Wer im Kind hingegen eine »kleine Erwachsene« oder einen »kleinen Erwachsenen« sieht, mit der oder dem kann etwas nicht in Ordnung sein – wahrscheinlich wird aus ihr keine »gute Pädagogin« oder aus ihm kein »guter« Pädagoge werden, denn: *Kinder sind anders* (Montessori 1952/1985). Das Montessori'sche »Kinder sind anders« ist Ausdruck einer vielleicht etwas skurrilen Alteritätsphilosophie oder -religion. Die Metapher *Das Kind ist anders* ist im Grunde eine »absolute Metapher« (vgl. Blumenberg 1999), sie ist sakral, möglicherweise Abglanz der Metapher *Gott = unfassbar.* Damit soll gesagt sein: Metaphern transportieren Moral. Gute Pädagoginnen und Pädagogen sind Gärtnerinnen und Gärtner und nicht etwa Floristinnen und Floristen, die mit den Pflanzen zu gestylt und ästhetisiert umgehen, aber auch nicht Waldarbeiter, die zu ungehobelt sind, sondern tatsächlich Gärtnerinnen und Gärtner im häuslichen Sinn: Die Gärtnerinpädagogin und der Gärtnerpädagoge stehen dem Oikos näher als der Agora. Montessori-Einrichtungen haben zu Recht einen guten Ruf. Es stellt sich die Frage: *Trotz* oder *wegen* der Pädagogik Montessoris? Wer Montessori liest (das muss man ja ganz offensichtlich nicht, um sie gut zu finden), fragt sich früher oder später, wie dieser gute Ruf zustande kommen konnte. Die Metaphorik Montessoris ist natürlich ein abendfüllendes Thema, hier trieft der Schmalz und »schwulstet« das Pathos. Diese frechen Kommentare müssen untermauert werden. Daher sei aus den letzten Abschnitten von *Kinder sind anders* zitiert:

> »Das Kind wird den Leidensweg Christi zu gehen haben [...].
> Die Schule war für das Kind die Stätte größter Trostlosigkeit. [...] Die Familie ließ das Kind allein, verließ es an der Schwelle jenes Gebäudes: jenes Tor war wirklich eine Sperre, eine klare Trennungslinie zwischen zwei Lagern und zwei Verantwortlichkeiten. Und das Kind schien, weinend, hoffnungslos und von Furcht bedrückt, über jenem Tor Dantes Höllenschrift zu lesen: ›Durch mich gelangt man in die Stadt der Schmerzen‹ in die Stadt, wo das verlorene Volk wohnt, das Volk, von dem die Gnade sich abgewandt hat.
> [...]
> Da sitzt nun das Kind in seiner Bank, ständig gestrengen Blicken ausgesetzt, die zwei Füßchen und zwei Händchen dazu nötigen, ganz unbewegt zu bleiben, so wie die Nägel den Leib Christi an die Starrheit des Kreuzes zwangen.
> Und wenn dann in jenes nach Wissen und Wahrheit dürstende Gemüt die Gedanken der Lehrerin entweder mit Gewalt oder auf irgendeinem anderen gutbefundenen Weg hineingepresst sind, dann wird es sein, als blute dieses kleine, gedemütigte Haupt wie unter einer Dornenkrone« (Montessori 1952/1985, S. 301 f.).[4]

---

4 In einem Interview mit dem Zürcher »Tages-Anzeiger« (April 2013) wurde der populäre Schulkritiker Richard David Precht gefragt, ob wir »vor einem Revival der Reformpädagogik wie etwa der Montessori-Schulen« stünden. Seine Antwort: »Ich denke ja. Die Chancen sind heute weit größer, diese Ideen flächendeckend zu realisieren. [...] Die hochkomplexen kreativen Anforderungen der Dienstleistungsgesellschaft bieten heute weit mehr Chancen, die Ideen der Reformpädagogen umzusetzen. Heute braucht die Gesellschaft genau solche Kinder. Die Stunde dieser Ideen ist gekommen – allerdings neu

Es ist immer wieder bemerkenswert, welch großen Stellenwert der Rekurs auf Natur bzw. Metaphern des Natürlichen in der kritischen Betrachtung der Schule aufweisen. Hier kommen auch *antiinstitutionelle, antigesellschaftliche, antiurbane* und insgesamt *antimoderne* Reaktionsneigungen und Motive zum Tragen. Dies lässt sich auch »positiv« ausdrücken: Es kommen romantische Motive zum Tragen! Aus gutem Grund: Mit spezifischen Gemeinschaften mag man sich u. U. identifizieren, doch die Gesellschaft als widersprüchliches Ganzes kann man nicht so wirklich lieben. Die Schule steht aber – zumindest idealerweise – für die Gesamtgesellschaft. Wer sich der Vielfalt und Widersprüchlichkeit der gesellschaftlichen Aufgaben und Funktionen des Bildungssystems bewusst ist, wird hingegen nicht mehr so leicht das Hirn, das Kind oder die pädagogische Führung als einzigen Ausgangs- oder Endpunkt der Kritik bemühen können. Wird dennoch das Hirn, das Kind oder die Führung (oder auch der Output) als Primärproblem oder Angriffspunkt des Schulsystems fokussiert, so ist die Wahrscheinlichkeit eines monistischen Metaphergebrauchs hoch. Dieser korreliert in ästhetischer Hinsicht wie erwähnt mit Kitsch und kann daher als eine Form von *Ideologie* besprochen werden. Erziehungswissenschaft aber hat sich oder hätte sich, wie jede Wissenschaft, auch dem zu widmen, was einmal »Ideologiekritik« genannt worden ist.

---

reflektiert und in manchem verändert« (Strehle 2013). Was mit »diesen Ideen« gemeint sein könnte, erfährt die Leserin oder der Leser zwar nicht konkret, aber sie oder er darf Prechts pädagogischer Urteilskraft trauen, denn: »Ich habe sehr viele Schulen besucht und auch Elternerfahrung mit meinem Sohn und drei Stiefkindern in verschiedenen Schulsystemen.« Außerdem sei seine Schwester Lehrerin in Dänemark.

b) Pädagogische Ideen

Ideen als sprachliche (oder mitunter noch nicht sprachlich artikulierte) Gebilde sind nicht kontrollierbar und werden in der Regel daher auch nicht zu kontrollieren versucht. Ideen betreffen alle Symbolsysteme und führen und *verführen* uns in der Weltdeutung und Lebenspraxis – um einige zu nennen – als religiöse Ideen, politische Ideen, ethische Ideen sowie auch pädagogische Ideen. Indem sie bei unserer Verständigung über die Welt, über uns selbst und das Zusammenleben bewusst oder nicht bewusst in Anspruch genommen, hundertfach und millionenfach wiederholt werden, helfen sie uns dabei, Perspektiven aufzubauen und zu verstetigen, die unser Denken, Fühlen und Handeln beeinflussen, vielleicht bestimmen oder wenigstens prägen. Der Hammer der Repetition spielt hierbei eine wesentliche Rolle. Wenn wir schon als Kind und über die ganze Lebensspanne hinweg hören und lesen, dass wir Kinder Gottes seien und Gott die Welt in sieben Tagen erschaffen habe, so ist zu erwarten, dass wir uns (zunächst) auch als Gottes Kinder verstehen und glauben, dass Gott die Welt in sieben Tagen erschaffen habe. Hören wir hingegen, dass die Erde vor einigen Milliarden Jahren aus einer Verdichtung aus Kometen, Asteroiden, Gas und Staub und das menschliche Leben letztlich aus bakteriellen Einzellern entstanden ist, so übernehmen wir diese Sicht und Tatsachenbehauptung. Später lernen wir möglicherweise, die biblische Schöpfungsgeschichte sei wissenschaftlich nicht zu erhärten, also überzeugt uns möglicherweise eher die wissenschaftliche Erklärung der Erdgeschichte, obwohl uns diese möglicherweise weniger sympathisch als die biblische Erzählung erscheint, da sie mit einem *Sinnlosigkeitsverdacht* behaftet ist.

Das Beispiel der Gegenüberstellung von *Genesis* und *Urknall* ist nicht zufällig gewählt. Die Schöpfungsgeschichte ist eine *Geschichte*, die Theorie des Urknalls beansprucht dahingegen, kein bloßes »Narrativ« zu sein, sondern eine »wissenschaftliche« Theorie bzw. Erklärung. Geschichten bzw. Erzählungen evozieren *Sinn* (oder sie sind keine Geschichten bzw. schlechte, gleichsam *sinnlose* Erzählungen). Wissenschaft jedoch befasst sich mit dem Beschreiben und Erklären von Phänomenen, sie kann aus sich heraus keinen Sinn generieren. Wissenschaftliche Befunde mögen die Sinnhaftigkeit von Erzählungen oder Mythen bestätigen oder aber in Frage stellen. Dennoch passen Wissenschaft und Sinn nicht richtig zusammen. So fallen auch Erziehungswissenschaft und Pädagogik keineswegs zusammen. Eine allein auf wissenschaftliche Befunde beruhende Pädagogik ist unmöglich bzw. eine bedauerliche Illusion. Die *Agoge* (altgriechisch ἀγωγή bzw. agogé) meinte (zunächst allein in Sparta) die Leitung, Führung und Erziehung von Kindern bzw. Knaben. Aus diesem Namen leitet sich Pädagogik – die Führung bzw. Erziehung von Kindern – ab. Pädagogik ist vor allem Führungslehre (lateinisch *ex-ducere*, »herausziehen«, »hinausführen« – daher *education, éducation*, was identisch im althochdeutschen *irziohan*, »herausziehen«, anklingt – daher *erziehen* bzw. *Erziehung*). Auch Schülerinnen und Schüler werden »hinausgeführt« oder sollten hinausgeführt werden, *hinaus* in die Welt und *heraus* aus der Unwissenheit, der Trägheit, der Schüchternheit, der Mutlosigkeit, der Langeweile, der Angst und vielen anderen Zuständen mehr.

Gleichgültig, wie man zu konkreten pädagogischen Praxen stehen mag, sie sind vor allem *wertgebunden* und daher *sinnhaft*. Werte und Sinn fußen nicht auf Wissenschaft oder wissenschaftlichen Erklärungen, daher kann Erziehungswissenschaft in pädagogischen Fragen auch nicht das letzte Wort haben. Die Transformation der *Pädagogik* in die *Erziehungswissenschaft*, die sich in den 1970er-Jahren im deutschsprachigen Raum insbesondere auf Ebene der Universität vollzogen hat, ist also nicht als eine Ersetzung der Pädagogik durch Erziehungswissenschaft und/oder Bildungsforschung zu verstehen. Und so erstaunt letztlich auch nicht, wie wenig die Erziehungswissenschaft zu *konkreten* pädagogischen Fragen zu sagen hat. »Zu den Seltsamkeiten der Erziehungswissenschaft gehört«, so Klaus Prange (1999, S.14),

b) Pädagogische Ideen

»dass sie ihr Kernthema: Erziehung und Kindheit wie eine fremde Provinz behandelt und sich angestrengt bemüht, das Erziehen durch andere Veranstaltungen zu ersetzen und beschwichtigend lieber von ›Amikation‹ und ›Begleitung‹, ›Hilfe‹ und ›Aushandlung‹ zu sprechen, als sei das Erziehen etwas Peinliches, von dem man nur durch die Blume eines Ersatzjargons sprechen darf.«

Pädagogische Praxis ist immer *konkret*. Es stellt sich die Frage, was mit der Wissenschaft der Erziehung als einer anthropologischen Grundpraxis gemeint sein kann. Sicher ist, dass es sich bei der Erziehungswissenschaft nicht um eine Disziplin handelt (obwohl dies vielfach behauptet wird). Die Erziehungswissenschaft ist vielmehr ein Fach (wie etwa die Gesellschaftswissenschaft oder die Geographie), d. h. es sind vor allem die »Nachbardisziplinen« der »Erziehungswissenschaft«, welche den wissenschaftlichen Status des Faches zu begründen oder zu beanspruchen vermögen. So gibt es Perspektiven einer *Psychologie* der Erziehung, einer *Soziologie* der Erziehung, einer *Geschichte* der Erziehung oder einer *Philosophie* der Erziehung (und andere mehr). Erziehungswissenschaft ist keine *Nomie* (wie die Ökonomie), denn über Gesetzmäßigkeiten von Erziehung und Bildung weiß sie letztlich wenig zu berichten; eine *Logie* (wie die Psycho-, Sozio- oder Theologie) möchte sie vielleicht sein, aber den Anspruch, mehr Logos als Lehre zu sein, kann sie kaum aufrechterhalten, auch wenn sie das Technologiedefizit von Erziehung und Bildung durchaus eigenständig analysieren kann; eine *Prudenz* (wie die Jurisprudenz) könnte sie im Sinne der Klugheit im Umgang mit Fragen von Erziehung und Bildung sein, doch so heißt sie nicht, da sie ja mehr sein möchte, zumindest Wissenschaft. Als Pädagogik war sie eine *Agogik* (wie die Mystagogik oder die Demagogik), eine Lehre des Führens und Anleitens von Menschen, allenfalls Führungskunde. Und als *Sophie* (wie die Philosophie) gibt sie zumindest zu, keine Wissenschaft zu sein. Um aber als Disziplin gelten zu können, ist die Erziehungswissenschaft hinsichtlich ihres Selbstverständnisses, ihrer Fragestellungen, Methoden und Anliegen allzu heterogen und gesellschaftlich und politisch stark eingebunden bzw. verflochten (vgl. Stichweh 1994). So ist sie zu einer *embedded science* geworden, scheint es, zu einer Zulieferantin für Bildungsadministration und Bildungspolitik (was nicht verwerflich ist, auch Auftragsforschung kann methodisch anspruchsvoll und gesellschaftlich relevant sein).

Auch keine der oben genannten (nachbar-)disziplinären Perspektiven kann letztlich begründen, worin die *gute* und *richtige* Erziehung und Bildung, das *gute* und *richtige* Lernen tatsächlich bestehen, wenn auch ihre Vertreterinnen und Vertreter dies glauben mögen. Werden Bildungsforscherinnen und -forscher und Erziehungswissenschaftlerinnen und -wissenschaftler zu *konkreten* pädagogischen Problemen und ihrer Bewältigung befragt, fallen die Antworten entsprechend vage und enttäuschend, häufig ausweichend aus. Die normativen Kategorien des Guten und Richtigen sind vielmehr in ethische und politische Denkweisen, Werthaltungen und Diskurse eingebettet. Das wissenschaftliche Kriterium der sogenannten *Wertfreiheit* verlangt von Erziehungswissenschaftlerinnen und -wissenschaftlern und Bildungsforscherinnen und -forschern hingegen ethisch-politische Enthaltsamkeit und epistemische Bescheidenheit, während Pädagoginnen und Pädagogen bzw. Erzieherinnen und Erzieher umgekehrt gerade wissen müssen (oder sollten), wofür sie einstehen und welche Welt sie für die Kinder und Jugendlichen *repräsentieren*. Die letzteren sind im Unterschied zu den ersteren Vertreterinnen und Vertreter sowie Stellvertreterinnen und Stellvertreter dessen, was *kulturell* für gut, richtig und wichtig gehalten wird.

Pädagogische Perspektiven auf der einen Seite und erziehungswissenschaftliche Perspektiven auf der anderen haben unterschiedliche Motive, Zielsetzungen und Legitimationsformen. Weder macht es Sinn, sie als *Gegensätze* zu konzipieren, noch ist es überzeugend, sie *versöhnen* zu wollen. Während sicher ist, dass sowohl wissenschaftliche als auch nichtwissenschaftliche »Sprachspiele« ihre eigenen Ansprüche haben, so kann mit Jean-François Lyotard (1993, S.119) festgehalten werden, dass die Wissenschaft, welche ihr eigenes Spiel spielt, keine anderen Sprachspiele legitimieren kann; vor allem entgeht ihr jenes der *Präskription*. Dennoch hat Wissenschaft »bisweilen die Neigung, bei strenger Leugnung der Existenz Gottes dessen Stelle

b) Pädagogische Ideen

einzunehmen«, könnte mit Peter Strasser (2018, S. 8) kommentiert werden.

Nehmen wir – aus metaphorischen und didaktischen Gründen – nochmals die Gegenüberstellung oder Frage »Schöpfung versus Urknall« auf, hinter welcher sich hier die Gegenüberstellung von Pädagogik und Erziehungswissenschaft versteckt. Vielleicht ist es (manchen) gleichgültig, ob eher die Kreationistinnen und Kreationisten oder doch die Evolutionistinnen und Evolutionisten überzeugendere Argumente vorweisen können. Der Alltag ist in der Regel von anderen und als dringlicher empfundenen Fragen geprägt. Dennoch kann man am Versuch interessiert sein, die beiden sich offenbar *widerstreitenden* Deutungen in einen Zusammenhang zu bringen, wenn nicht zu versöhnen, beispielsweise indem dahinterliegende Konzepte wie »Erde« und »Welt«, »Wirklichkeit« und (symbolische) »Wahrheit«, »Erzählung« und »Beschreibung« unterschieden werden. Wohl bringen aber auch das tiefere Nachdenken und solide Information am Ende keine befriedigende Lösung oder Einsicht als die, dass es sich um *unterschiedliche Perspektiven* auf Fragen nach der Entstehung der Erde und des Menschen handelt – narrative und wissenschaftliche, sinnbehaftete und sinnfreie. In der Gegenüberstellung von Genesis und Urknall würde Toleranz wohl weniger bedeuten, dass man die konfligierenden Narrative als »gleichberechtigt« betrachtet, als vielmehr fähig ist, die Existenz der jeweils anderen – (quasi) »falschen« – Sicht auszuhalten bzw. zu akzeptieren. Das wäre eine weniger *kognitive* als vielmehr *affektive* Leistung. Dass aber konfligierende Perspektiven jeweils als gleichwertig zu betrachten seien, bleibt eine brave Einstellung. Sie ist ein positives Vorurteil. Die These der Gleichwertigkeit konfligierender Perspektiven (Ideen, Deutungen, Erklärungen) ist zeitgenössisch beliebt und verbreitet. Die ihr innewohnende Vorurteilsstruktur muss den Vertreterinnen und Vertretern dieser Position nicht bewusst sein.

Pädagoginnen und Pädagogen streiten sich nun aber – außer teilweise in den USA – nicht über die Frage »Genesis oder Urknall«. Sie interessieren sich eher für die Ontogenese als für die Genesis – und damit verbunden für die Möglichkeiten und Notwendigkeit der guten und richtigen Förderung der Entwicklung des Einzelmenschen (handele es sich um Kleinkinder, Kinder, Schulkinder, Jugendliche, Studierende). Auch Pädagoginnen und Pädagogen sowie Erzieherinnen und Erzieher frönen einerseits Erzählungen, die einen »biblischen« und mitunter »sakralen« Charakter aufweisen, und sie rekurrieren andererseits ebenso auf »urknallhafte« Theoriebruchstücke (heute insbesondere aus der Psychologie). Nicht selten bleibt unklar, ob die Ideen und die damit verbundenen explizit oder implizit vertretenen pädagogischen bzw. normativen Positionen eher in *sakralen*, *wissenschaftlichen* oder schlicht *logozentrischen* Vorannahmen gründen. Die Ironie ist kaum zu übersehen: Pädagogische »Kreationistinnen und Kreationisten« und bildungswissenschaftliche »Evolutionistinnen und Evolutionisten« teilen in mancher Hinsicht eine auffällig ähnliche Sprache. Beide Lager haben ja auch ähnliche, edle Motive; sie sind am Wohl des Kindes und seiner Entwicklung meist aufrichtig interessiert. Sie teilen Ideen, von denen nicht immer klar ist, ob sie einen primär *normativen* oder aber einen *deskriptiven* Charakter haben, ob sie dem pädagogischen Denken oder wissenschaftlichen Einsichten entstammen. Dies sei an ein paar recht modischen pädagogischen Ideen erläutert.

Eine dieser Ideen ist die Behauptung, dass Kinder »von Natur aus neugierig« seien. Kinder wollen »eigentlich« vor allem lernen, denn der Mensch sei vor allem *homo discens*, ein lernendes Wesen. Es stellt sich die Frage: *Ist* der Mensch ein lernendes Wesen oder *sollte* es eines sein? Handelt es sich um eine Beschreibung oder eine Wunschvorstellung bzw. Normierung? Wenn ersteres zutrifft: Ist, wer nicht lernen mag, kein Mensch? Oder lässt man ihn sein Menschsein vielleicht nicht genügend entfalten? Bleiben wir zunächst dabei und behaupten also, der Mensch sei das lernende Wesen. Manche reduzieren diese gewiss auch schöne und eine gute Portion pädagogische Zuversicht aussprühende Idee heute – sozusagen »wissenschaftlich« unterstützt – auf das *Hirn* des Kindes oder der Schülerin und des Schülers, wie oben mit Rekurs auf Spitzer (2010) gezeigt worden ist. Und ist nicht die Hirnforschung die von vielen Zeitgenossinnen und Zeitgenossen anerkannte Grundlagendisziplin, wenn es um den

b) Pädagogische Ideen

Menschen geht? Dann wiederum ist es komisch, dass das Hirn zwar lernen will, aber nicht unbedingt die Schülerin oder der Schüler! Wie ist das zu verstehen? Warum lässt das Hirn die Schülerin oder den Schüler nicht lernen, unter deren oder dessen Schädel es ja steckt? Oder ist umgekehrt zu fragen? Warum lässt die Schülerin oder der Schüler ihr oder sein Hirn nicht lernen? Wie man es auch dreht, man merkt, die Hirnforschung führt in metaphysische Fragen!

Nehmen wir eine andere Situation: Das Kind will einfach nicht ins Bett. Ist es, weil sein Hirn in Wirklichkeit noch lernen will (oder muss)? Eine pädagogisch relevante Frage könnte lauten: Darf das Kind ins Bett geschickt werden, wenn sein Hirn noch lernen will? Anders gefragt, sollte die Pädagogik nicht mehr auf die Spitzers dieser Welt hören? Und schaut man sich diese Schulen an: In kurzer Zeit schafft es die institutionelle Bildung, die *natürliche Neugierde und Lernfreude des Kindes* zu dezimieren oder ganz zu zerstören! Der gute und natürliche Geist wird den Kindern in der Schule ausgetrieben, es mutet wie ein negativ gepolter pädagogischer Exorzismus an. Daher verlangen manche eben eine »kindgerechte« Schule, die heute eine »hirngerechte« Schule sein muss. Einmal auf natürliche und kluge Weise etabliert, wird dort wie von alleine gelernt, ganz so wie die Natur es für die Kinder – eigentlich – vorgesehen hat. Gegenüber der Idee der natürlichen Neugierde des Kindes sieht die Realität von Bildung und Erziehung insgesamt schlecht aus. So ist das mit den pädagogischen Ideen.

Eine zweite schöne pädagogische Idee ist jene der *Eigenerfahrung* (von der noch ausführlich die Rede sein wird), d.h. die weit verbreitete Überzeugung, dass Eigenerfahrung für Lern- und Bildungsprozesse bedeutsamer sei als Fremderfahrung. Also sollte es in Erziehung und Bildung vor allem darum gehen, Kindern und Jugendlichen möglichst viel Raum für Eigenerfahrungen zu schaffen, meint man zu wissen. Doch schon die Idee, dass »Eigenerfahrungen« pädagogisch »ermöglicht«, d.h. »indirekt hergestellt« werden können, zeugt von einer impliziten Allmachtsphantasie. Die Schülerinnen und Schüler sollten – um die obige Frage wieder aufzunehmen – »selbst« herausfinden, ob sie eher der biblischen Erzählung oder dem

Urknall folgen wollen. Wir wollen ihnen nichts aufdrängen! Man kann sie ja unter einander darüber diskutieren lassen. Sind nicht der Dialog und das Austauschen von Argumenten für oder gegen eine Sichtweise die beste Pädagogik, die uns zurzeit vorliegt? Zwar sind die persönlichen (»eigenen«) Erfahrungen sowohl mit der Überprüfung des Wahrheitsgehalts der Genesis als auch mit der historischen Geologie nicht nur gering, sondern inexistent, doch das muss ja nicht die entscheidende Rolle spielen! Man kann ja offenbar auch »wichtige Erfahrungen« machen, wenn man von der Sache, über die man sich austauscht, keine Ahnung hat! Natürlich wäre es in diesem Fall hingegen gut, man würde sich für den Gegenstand wenigstens ein bisschen interessieren. Leichter gesagt als getan. Denn es sind vor allem andere Dinge im Leben, die interessant sind – nicht der Inhalt der schulischen Unterrichtsfächer. Doch auch das muss ja nicht gegen die Didaktik der Eigenerfahrung sprechen – denn sie stimmt immer! Allerdings: Wer möchte in einer Welt leben, in welcher die Person nur kennen und wissen würde, was sie durch Eigenerfahrung erworben hätte? Wäre diese höchstpersönliche »Welt« nicht vor allem öde, beschränkt und ohne Inspiration? Ist es denn wirklich problematisch, wenn man den Beweis für die Behauptung, die Erde sei eine Kugel, nicht selber erbracht hat? Kann man sich nicht auf andere verlassen? Natürlich glauben heute fast alle, die Erde sei eine Kugel. Sie glauben es nicht nur, sondern meinen es auch zu *wissen*, weil sie den Wissenden, die sie in diesem Fall (wie in Tausenden von anderen Fällen) gar nicht kennen können, *Glauben schenken.* Ohne dass zunächst *geglaubt* wird, kann auch kaum etwas *gewusst* werden!

Man kann und muss auch im vorangeschrittenen Alter denjenigen glauben, die glaubwürdig erscheinen. Nichts gegen Eigenerfahrung, sie bleibt wichtig! Zum Beispiel Erfahrungen mit Knieschmerzen. Die Ärztin sagt, es handele sich um eine Kniearthrose. Der Patient glaubt ihr sofort. Nun »weiß« er, dass er eine Kniearthrose hat. Zumindest hat er ein Wort gelernt, das er mit seinen Schmerzen im Knie verbinden kann. Dennoch hat er wahrscheinlich keine Ahnung, was eine »Arthrose« genau ist. Er meint vielleicht zu wissen, denn er hat Eigenerfahrungen. Jedenfalls weiß er, wie sich die Schmerzen anfühlen.

b) Pädagogische Ideen

Das wusste er allerdings schon vor dem Erlernen dieses Wortes (»Kniearthrose«). Bei Eigenerfahrungen ohne jede Verbindung mit Fremderfahrung könnte es sich also primär um sprachloses Empfinden handeln. Kurz: Wir brauchen die anderen, um uns selbst und die Welt (besser) zu verstehen und uns darin verorten zu können, auch dann noch, wenn wir längst erwachsen sind. Die Kinder und Jugendlichen benötigen unsere Erfahrung und die Weitergabe unserer Erfahrungen benötigen sie noch mehr.
»Woher weißt Du das?«, fragen wir. Das Kind antwortet mit großer Sicherheit: »Die Lehrerin hat's gesagt!« Also muss es ja stimmen. Aber Kind, wo bleibt denn dein »kritisches Denken?«, fragt die progressive Pädagogin oder der progressive Pädagoge. So geht das gar nicht, denn heißt die Losung der Aufklärung nicht, selber zu denken? Man kann doch nicht einfach der Autorität folgen! Die Fähigkeit zum sogenannten kritischen Denken ist auch ein allgemein geschätztes Bildungsziel, eine weitere schöne pädagogische, aber auch politisch bedeutsame Idee, wie man zu wissen meint. Also lässt man die Schülerinnen und Schüler »kritisch denken« – meist heißt das: mehr oder weniger diskursiver Unterricht, also Austausch von Argumenten. Der pädagogische Fetisch der Argumentation passt ja immer. Zwar will man schon lange keine »kopflastige« Schule mehr (denn: lieber Eigenerfahrungen ermöglichen), aber Argumentieren findet man gut. Doch wie inspirationslos sind Situationen, in denen Leute – seien es Kinder, seien es Erwachsene – zu »argumentieren« meinen und von der Sache, die sie verhandeln, so wenig Ahnung haben. Argumentieren ohne Wissen ist – wenn überhaupt – Austausch von Meinungen. Die Kinder und Jugendlichen werden aufgefordert, ihre »eigenen« Meinungen auszudrücken, ja, sie sollen sogar zu ihnen »stehen«. Auch hier wird supponiert, dass alle Meinungen gleichberechtigt sind, und übersehen, dass sich eine Meinung nicht dadurch qualifiziert, dass sie »meine« Meinung ist. Auch wird die pädagogische mit der politischen Bedeutung verwechselt. Das politische *Recht auf freie Meinungsäußerung* impliziert ja nicht, dass jede Meinung gleichwertig oder gleichermaßen bedeutsam ist. Eine Meinung ist unsicher, lässt sich offenbar (noch) nicht beweisen. Meinung ist *doxa*;

es stellt sich also die Frage, ob es überhaupt »eigene« Meinungen geben kann. Der Fetisch bleibt stark. Was ist nun deine oder meine »Meinung« zur Frage »Kreation« oder »Evolution«? Sagt man »Kreation«, ist *das* die »eigene« Meinung, sagt man aber »Evolution«, so ist *dies* die »eigene« Meinung. Egal, was gesagt, es ist »eigene« Meinung, weil *ego* es sagt. Tatsächlich handelt es sich streng genommen in keinem der beiden Fälle um eine »eigene« Meinung, sie ist und bleibt übernommen (und sie ist auch kein Produkt der Eigenerfahrung). Mit der Übernahme sei sie die »eigene« Meinung geworden, meint man, doch tatsächlich man nimmt nur an der *doxa* teil, an dem, was »man« so meinen kann.

Die sogenannte »eigene« Meinung hat mit Kritik als *Erkenntniskritik* überhaupt nichts zu tun, und mit *Selbstkritik* noch weniger. Kritisches Denken wird nicht durch Austausch von Meinungen erworben, sondern durch das *Überprüfen* der Triftigkeit der Gründe bzw. Validität der Belege, die für eine Behauptung (Meinung) vorgetragen werden, sei es von *ego*, sei es von *alter*. Und die Behauptung könnte wahr sein, obwohl die angegebenen Gründe nicht zu überzeugen vermögen. Grundlose Behauptungen – *doxa* – sind im Leben unumgänglich. Sie können funktional sein und sie müssen ernst genommen werden, wenn sie von vielen geteilt werden. Im Lager der Kreationistinnen und Kreationisten kann man am Urknall zwar heldenhaft festhalten, aber der Austausch mit diesen Leuten wird höchstwahrscheinlich niemandem viel bringen. Sie können noch so lange überzeugen wollen, doch sie bringen den Vertreter des Urknalls mit keinem ihrer Argumente in die Nähe des bärtigen, weißhaarigen und gütigen Schöpfergottes. Das ist Meinungsaustausch. Viele Lehrpersonen scheinen zu meinen, es handele sich um Argumentationserfahrungen, welche das kritische Denken fördern. Das ist ein Irrtum. Besser wäre es, sich mehr darüber zu informieren, worüber argumentiert werden könnte – falls dies wirklich nötig ist. Doch die Schülerinnen und Schüler kennen das didaktische Spiel. Sie haben auch fast keine andere Wahl, als sich wenigstens dem Schein nach darauf einzulassen. Und sie wissen: Es ist egal, welche Meinung du hast, die Lehrperson wird sie akzeptieren. Sie wissen auch zum Vornehereín: Du wirst jetzt nichts lernen, dafür wird es für dein Hirn aber auch nicht anstrengend sein. Kein so schlechter Deal.

Der Austauschpädagogik sind die Inhalte letztlich gleichgültig, es geht ja nicht darum, Geltungsansprüche zu überprüfen, denn alles ist gleichgültig, gleichermaßen gültig. Die Austauschpädagogik folgt letztlich einer Plapperdidaktik, die vom frommen Wunsch geleitet wird, dass man der Wahrheit durch den Austausch von Meinungen näherkommt. Da die Wahrheit der Lehrperson ebenfalls nicht bekannt ist, sonst würde sie oder er sie weitergeben wollen, ist es gleichgültig, welche Meinungen vorgetragen und wie sie bewertet werden. Der Scheindiskurs entlastet die Schülerinnen und Schüler: Sie müssen sich nicht anstrengen. Er entlastet auch die Lehrperson: Sie oder er muss sich ebenso wenig anstrengen. So sind alle entlastet, alle sind gleich, alle sind tolerant. Dass solche artifiziellen Dialoge und inszenierten Diskurse im Leben niemals vorkommen, spielt auch keine Rolle. Es ist ja Schule. Denn Schule ist ja nicht Leben! Das Leben ist nicht Schule, es wird der Schule mitunter sogar entgegengesetzt. Und es hat einen guten Ruf! Denn niemand ist gegen das Leben. Arme Schule.

Diese Bemerkungen zum »kritischen Denken« als pädagogische Idee sind keine Stellungnahme gegen Ideen diskursiver Pädagogik, sondern wollen nur die pädagogisch inszenierten Scheindiskurse und die häufig so unglaublich flachen Meinungsaustauschprozesse ein wenig aufs Korn nehmen. Wohl stimmt es manchmal: Das Hirn möchte lernen...

c) Pädagogische Sakralität

»Natürliche Neugierde«, »Eigenerfahrung«, »eigene Meinung« und »kritisches Denken« sind nur einige der beliebten Vokabeln des pädagogischen »Gottesdienstes«. Das ist nicht die These dieses Textes, sondern die Voraussetzung der zu erläuternden These. Gegen

Gottesdienste ist nichts einzuwenden. Im Gegenteil, Menschen, die sich nicht (auch) für religiöse, theologische oder spirituelle Fragen interessieren, letztlich Fragen, auf die es keine wirkliche Antworten gibt, können mit ihrer Aufklärungsspießerei ziemlich langweilen. Die säkularisierte Welt ist voller Sakralisierungen. Möglicherweise deutet sich damit an, dass »ein Humanismus ohne theologische Grundlage [...] zu fragil« (Steiner 2009, S. 1988) ist oder erscheint. Wenn es nicht Gott ist, dann etwa das »Selbst«, die »Autonomie«, die »Authentizität«, die »gleiche Augenhöhe«, das »selbstorganisierte Lernen« und andere pädagogisch populäre Begrifflichkeiten, die einen *sakralen* Status haben. Denn: Wer *gegen* Eigenerfahrung argumentiert, kann keine gute oder wahre Pädagogin oder kein guter oder wahrer Pädagoge sein. Wer sagt, viele Kinder seien gar nicht so neugierig, der versteht die Natur des Kindes nicht. Wer das kritische Denken hinterfragt, versteht offenbar die demokratische Pointe von Bildung nicht. Wer behauptet, es könne gar keine eigenen Meinungen geben, der will nur provozieren. Wer sich gegen den Diskurs stellt, hat nichts begriffen, ist aus der Zeit gefallen oder ein Querkopf. Das ist aber immer noch nicht die These. Die benannten und viele andere *sakralisierte* Vokabeln sind so zustimmungserheischend, dass der normale pädagogische Kopf nur noch nicken will: Eigenerfahrung ist gut, kritischen Denken ist gut, Selbstbestimmung ist gut ... – Opium für das bunte pädagogische Volk.

Doch was ist mit Sakralität bzw. Sakralisierung gemeint? Hans Joas hat in *Die Sakralität der Person* (2012, S. 94 f.) darauf hingewiesen, dass die Unterscheidung von *säkular* versus *religiös* nicht mit der Unterscheidung von *profan* versus *sakral* verwechselt werden sollte. Vielmehr gibt es »Sakralitätsaufladungen von Gegenständen und Gehalten in sich als säkular verstehenden Weltbildern, im säkularen Nationalismus ebenso wie im Marxismus, aber auch in einem säkularen Liberalismus« (Joas 2012, S. 95). Mit Émile Durkheim diskutiert Joas das Sakrale als Gegenstände, die meistens von »Verboten geschützt und verteidigt« werden, was aber nicht die entscheidende Kennzeichnung sei, sondern die »Tatsache, dass das Heilige als Ort einer ›Kraft‹ erfahren« werde, als eine »›Energie‹, die sich auf das

c) Pädagogische Sakralität

Profane auswirkt, während das Profane nur die Fähigkeit hat, die Entladung dieser Energie herbeizuführen und sie in ihrem Charakter umzuwandeln, von Reinheit zu Unreinheit, von Heil zu Unheil« (Joas 2012, S. 92). Ein zweites Moment der Sakralitätsvorstellung betrifft das Missverständnis, wonach Sakralität »im Gegensatz zur Idee und Praxis vernünftiger Argumentation und Diskussion« stehen würde (Joas 2012, S. 95). Diesem Missverständnis sei insbesondere Jürgen Habermas erlegen, als er von der »Versprachlichung des Sakralen« gesprochen habe, welche er im Grunde als radikale Säkularisierungsthese oder -konzeption verstanden haben will. In dieser Sicht verlieren Sakralisierung und die ihr Ausdruck verleihenden rituellen Praktiken zunehmend ihre Bedeutung und werden durch den rationalen Diskurs ersetzt. Doch, so Joas, die »Versprachlichung des Sakralen« (2012, S. 96) könne auch anders verstanden werden, nämlich nicht als Ersetzung des Sakralen durch Sprache, sondern als sprachlicher Ausdruck des Sakralen. Die Kultur der rationalen Argumentation ist so verstanden nur eine Transformation und keine Substitution des Sakralen:

> »Auch die Institutionalisierung rationaler Argumentation – im Parlament, in der öffentlichen politischen Diskussion, im wissenschaftlichen Seminar oder Kongress – bleibt jeweils selbst auf eine auch *emotionale Bindung an Werte und Praktiken* angewiesen« (Joas 2012, S. 96; Herv. R. R.).

Moderne Welt ist geprägt von *Ent*-Sakralisierungen etwa hinsichtlich Verrechtlichungsprozessen, die auch als Entmoralisierungen verstanden werden können; moderne Kultur ist aber auch von *Re*-Sakralisierungen geprägt, welche mit der Lockerung von einzelnen sozialen Normen einhergehen, nämlich mit einer gesteigerten Sensibilisierung in anderen Bereichen: »Die gestiegene öffentliche Aufmerksamkeit für sexuelle Belästigung im allgemeinen und auf den Missbrauch von Kindern im besonderen etwa«, so Joas' Beispiel, »geht ja gewiss nicht einfach auf eine Zunahme dieser Delikte, sondern großenteils auf einen gestiegenen Sinn für die Destruktivität dieser Taten zurück« (2012, S. 97). Die Sakralisierung der Person motiviert uns nach Joas zur Empathie, doch Empathie allein bringe die Sakralisierung der Person nicht hervor (Joas 2012, S. 101). Auch konkurriert die Sakralisierung der Person ständig mit anderen Sakralisierungen, etwa der Nation oder der klassenlosen Gesellschaft – die deutlichsten Gegenkräfte zur Sakralisierung der Person sind im 20. Jahrhundert der Faschismus und der Nationalsozialismus gewesen (Joas 2012, S. 101 f.).

Modernisierung allein als Rationalisierungsprozess und diesen als mehr oder weniger radikale Entmoralisierung zu verstehen, wie dies etwa Michel Foucault hinsichtlich Strafpraxis und Verbrechen vertreten hat, ist nach Joas irreführend – insbesondere das Gefühl der Empörung entpuppt sich als wichtigster Indikator, wenn es um die Verletzung zentraler Werte, also auch um ihre *Geltung* geht (vgl. Joas 2012, S. 102). Dennoch bleibt die Sakralisierung der Person auch im Westen eine unsichere Errungenschaft, das 20. Jahrhundert ist ja leider sehr viel mehr als nur Ausdruck der Gefährdung dieser modernetypischen Sakralisierungsleistung. Die Sakralität der Person ist vielmehr in stetiger Gefahr; doch es gibt auch die Gefahr, »dass die Menschenrechte durch einen nationalen, kulturellen oder religiösen Triumphalismus zum ideologischen Element einer neuen sozialen Selbstsakralisierung werden« (Joas 2012, S. 280).

Es kann festgehalten werden, dass das Sakrale nicht mit dem Religiösen zusammenfällt, auch nicht mit dem Pseudo-Religiösen. Umgekehrt gibt es wohl keine Religion ohne das Sakrale. Aus diesem Grund wäre es eine zu starke Verallgemeinerung, areligiöse Sakralität allein als Folgeprodukt von Säkularisierungsprozessen zu verstehen. Die These, wonach moderne Pädagogik im Kern als *säkulare Theologie* zu verstehen sei, geht also wahrscheinlich zu weit. Doch das Sakrale habe sich durch Verwandlung erhalten können, so Wunenberger (2019, S. 121), es habe sich zum Konzept der Person (z. B. in der Medizin oder auch den Menschenrechten) einerseits, aber auch zur Kunst hin bewegt.[5]

---

5 »Pourtant les mouvements de désacralisation, de sécularisation, inséparables de l'histoire de l'Occident christianisé, ont permis d'établir que le sacré pouvait se métamorphoser sans disparaître. Pour la modernité occidentale, le

c) Pädagogische Sakralität

Die hier wiederum vertretene These besteht nicht darin zu behaupten, dass die sakralen pädagogischen Vokabeln und damit verbundenen »Mythen« falsch seien, sondern dass sie in ihrer Einseitigkeit den einen nützen bzw. wenigstens nicht groß schaden, den anderen aber tatsächlich schaden – den einen entgegenkommen, den anderen hingegen nicht. Die einen sind die Privilegierten, die anderen sind die wenig oder nicht Privilegierten, d. h. die *Benachteiligten* (frz. *déshérités*, die »Enterbten«; vgl. Brighelli 2023, S. 42). Auch den Privilegierten »nützen« diese Vokabeln streng genommen nicht gerade viel bzw. mehr, aber sie vermögen ihnen kaum zu schaden. Denn die Privilegierten sind in *jeder* pädagogischen und didaktischen Welt privilegiert, sie können mit den didaktischen Spielen umgehen, sie kennen die Regeln des Erfolgs, sie sind zuversichtlich, denn die Welt steht ihnen offen, das spüren sie, sie haben eine individuell attraktive Zukunft vor sich. Die Nichtprivilegierten hingegen werden *nicht* in jeder didaktischen und pädagogischen Welt gleichermaßen in ihrem Nichtprivilegiertsein eingeschlossen. Bei ihnen kommt es sehr darauf an, *wer* vor ihnen steht, wer von ihnen was *verlangt*, wer ihnen was *zeigt* und vor allem, ob sie *unterstützt* und *ermutigt*, aber auch *kontrolliert* und *zurechtgewiesen* werden. Ein wenig »sakral« sollten diese Merkmale der Pädagogik schon sein ...

Doch die »Pädagogik« und »Didaktik«, die die nicht- oder wenig privilegierten Schülerinnen und Schüler nötig hätten, sind im modernen pädagogischen und didaktischen Mainstream kaum repräsentiert. Zwischen gleichgültigen und pingeligen Lehrpersonen würden viele von ihnen – letztlich und hätten sie die Wahl – die »pingeligen« vorziehen (vgl. Meirieu 2023, S. 37). Aber sie treffen auf keine *pingeligen* und *prinzipiengeleiteten*, sondern vielmehr auf *offene* Lehrpersonen, die genau wissen, was gute Pädagogik ist. Denn sie haben sich die Predigten des *modernen* pädagogischen Denkens schon

---

sacré a, par example, migré vers la personne humaine (dans la médecine ou les droit de l'homme), ou, plus récemment, a été réinvesti dans le champ des arts, du poétique par exemple« (Wunenburger 2019, S. 121).

in ihrer Ausbildung als Gut- und Kleingläubige einverleibt – dabei merken sie nicht, dass sie im Dienste der *Pädagogik der Gewinner* stehen. Es handelt sich dabei um eine »innovative« Pädagogik, welche viel Eigen- und Freiraum propagiert (auch wenn ein überstrukturiertes Curriculum vorliegt), immer den sogenannten »Lebensweltbezug« im Auge hat (auch wenn dieser bei den allermeisten Unterrichtsinhalten meist gar nicht auf überzeugende Weise herzustellen ist), die Schülerinnen und Schülern auf »Lerninseln« verteilt (wo sie auf individuelle Weise verloren oder nicht verloren gehen), möglichst digitale Medien einsetzt (denn analoge Medien sind aufwändig und schwerfällig), einem kaum verstandenen »Konstruktivismus« frönt und daher gegenüber Instruktion, Belehrung, Auswendiglernen sowie überhaupt Anstrengung und Leistung kritisch eingestellt ist, während sie zu den ideologischen Versatzstücken »Individualisierung« und »Professionalisierung« und deren Bedeutung und »Umsetzungsschwierigkeiten« gerne lange Ausführungen macht, wenn sich die Gelegenheit dazu ergibt. Doch jede Lehrperson mit genügend Erfahrung weiß letztlich, dass die aus welchem Grund auch immer nicht leistungsstarken und/oder leistungsmotivierten Schülerinnen und Schüler anders als im Sinne der skizierten »innovativer« Pädagogik und Didaktik behandelt werden müssen, damit deren Lernerfolg halbwegs gesichert werden kann – anders als die starken und motivierten Schülerinnen und Schüler. Die erstgenannten benötigen vor allem mehr Instruktion, kleinere Lernschritte, weniger »Eigenverantwortung«, mehr Kontrolle und viel mehr Ermutigung, d.h. letztlich: mehr pädagogischen Einsatz!

Es geht an dieser Stelle nicht darum zu zeigen, dass die Schule und das Bildungssystem ungerecht sind (wiewohl sie es sind, vgl. z.B. Champy & Gauthier 2022) und bestimmte Bevölkerungsgruppen mehr oder wenig benachteiligt werden, wenn auch natürlich und hoffentlich zumindest unbeabsichtigt. Das ist im Großen und Ganzen aus Bildungssoziologie und Schul- und Unterrichtsforschung hinlänglich bekannt und empirisch nicht in Frage zu stellen. Natürlich kann auch nicht gezeigt werden, welche konkreten Wirkungen dieses oder jenes pädagogische Denken in der Unterrichtspraxis und/oder

Erziehungspraxis tatsächlich aufweist, wiewohl dies ja besonders interessant und bedeutsam wäre. Sicher können nicht alle im Folgenden behaupteten empirischen Zusammenhänge belegt werden. Zwar gibt es einige Untersuchungen, die dazu herangezogen werden könnten, doch das steht nicht im Fokus der folgenden Darstellungen und Kommentare. Diese beschäftigen sich aus einer allgemeinen Perspektive vielmehr mit dem pädagogischen Überbau (mit Ideen und Konzepten, die im Denken über und in Darstellungen von pädagogischen Praktiken und Theorien zum Ausdruck kommen). Nicht die *sozialkritische* Position steht im Mittelpunkt, sondern die *pädagogische*. Auch den privilegierten Schülerinnen und Schülern nützen die pädagogischen Mythen und Sakralisierungen wenig, aber sie schaden ihnen weniger als den wenig privilegierten, während sie pädagogisch hingegen *insgesamt* bedenklich und daher überbedenkenswert sind.

d) Pädagogisch privilegiert sein

Einige Bemerkungen zu der einerseits komplexen, andererseits wiederum auch gerade überhaupt nicht komplexen Frage, wer denn zu den »Privilegierten« gehöre und wie »privilegiert sein« im hier verwendeten Sinne zu verstehen sei, sind nun hinfällig. In der hier entworfenen Perspektive seien all jene (Kinder, Jugendlichen, Erwachsenen) als privilegiert bezeichnet, denen es (sehr viel) leichter als anderen fällt, sich im Kontext der zeitgenössischen pädagogischen Moden und ihren temporalen, semantischen, interpersonalen und symbolischen Regimen – die es schon fast erschreckend gut schaffen, den Schein des »Demokratischen« zu wahren – zurechtzufinden. Diese erste allgemeine Aussage mutet zunächst tautologisch an. Doch Privilegien gründen *nicht allein* im sozio-ökonomischen Status (der Eltern bzw. der Herkunftsfamilie), der in einschlägigen Untersuchungen einen zentralen Faktor (und unabhängige Variable) darstellt, wiewohl allein die Anzahl Quadratmeter, die dem Individuum zum Wohnen zur Verfügung stehen, und vor allem der Kauf- oder Mietpreis pro Quadratmeter der betreffenden Immobilie schon hinreichend solide Indikatoren für (die prädiktive Validität von) Bildungserfolg darstellen. Natürlich ist der Korrelation zwischen Reichtum (Vermögen, Einkommen) und Intelligenz zu misstrauen – nicht hingegen jener zwischen Reichtum und Bildungserfolg. Quadratmeterpreis heißt Wohnort. Und zum Wohnort gesellt sich der Schulort. Die Schulen der Reichen sind – an vielen Orten (auch Europas) – nicht die Schulen der »Armen«, deutlich ausgeprägt in dieser Hinsicht sind im europäischen Raum etwa Frankreich (vgl. Brighelli 2023) oder auch England zu nennen (vgl. Hartmann 2007).

Interessant sind in diesem Zusammenhang auch beispielsweise die gehypten und teuren Reformschulen für Kinder der Eliten aus dem Silicon Valley (Viain 2024, S. 19). Diese Kinder sind privilegiert – nicht nur, weil ihre Eltern vermögend sind, sondern weil sie in der Schule ganz andere Erfahrungen machen können als die Gruppe ihrer Gleichaltrigen aus den sogenannten »populären Milieus« (Viain 2024, S. 19). Ironisch mutet (nur auf den ersten Blick) an, dass diese Elite, die mit der innovativen und prosperierenden Entwicklung digitaler Technologien zu großem Reichtum gekommen ist, ihre Kinder lieber in Montessori-Kindergärten und Waldorf-Schulen schickt, wo sie ihre Mobiltelefone spätestens am Eingang abgeben müssen, als in die staatlichen Bildungseinrichtungen, deren Digitalisierung sie auf allen Ebenen und sehr lukrative Weise vorantreiben.

So oder so spielt das meritokratische Prinzip, mit dem in demokratischen Gesellschaften (auch) für die schulische Selektion legitimierende Funktion beansprucht wird, eine letztlich dubiose bzw. heuchlerische Rolle. Denn faktisch ist das Bildungswesen weniger meritokratisch als »heritokratisch« geprägt, d.h. Bildungserfolg wird wie Vermögen vor allem *vererbt*, wobei hierfür niemand eine Erbschaftssteuer bezahlen muss. Es ist und bleibt erstaunlich, wie die strukturelle Ungerechtigkeit der Schule bzw. des Bildungswesens, welche die Versprechen der Demokratie und ihrer Werte auf offensichtliche und im Grunde schamlose Weise unterminieren, von der breiten Bevölkerung so dauerhaft toleriert wird.

d) Pädagogisch privilegiert sein

Freilich gibt es aber auch »natürliche« Privilegien wie spezifische Begabungen, Intelligenz, ein verlässliches Gedächtnis etc., die Kindern, Jugendlichen und später Studierenden dabei helfen können, sich im Milieu der Erfolgreichen einzufinden und sich mit seinen Spielregeln zu arrangieren. Dies ist jedoch nur einer Minderheit in spezifischen historischen, politischen und sozialen Situationen vergönnt. Und es gibt Eltern, die sich um die Bildung ihrer Kinder kümmern, auch wenn sie in ihrer Biografie ihrerseits wenige Chancen in den formalen Bildungsstätten erfahren haben. Deren Kinder sind ebenfalls auf eine gewisse Weise »privilegiert«, jedenfalls haben sie mit ihren Eltern günstigere Ausgangsbedingungen als jene, deren Eltern sich kaum oder gar nicht um die Bildung und den Lernerfolg ihrer Kinder kümmern oder kümmern können. Das ist alles bekannt und muss hier nicht vertieft oder belegt werden. Kurz, es gibt viele Quellen für Privilegien bzw. Privilegiertsein, wobei die sozio-ökonomische Stellung innerhalb der Gesellschaft mit Abstand die größte Wirkungskraft hat – ganz so, als ob sie ein Naturgesetz wäre.

Die Kritik an gesellschaftlichen Eliten und der vielerorts skandalösen Ungleichverteilung der Lebensgüter war lange das zentrale Anliegen der politischen Linken, als sie diesen Namen noch verdient hatte. Privilegien gehörten vielleicht nicht abgeschafft, aber eingeschränkt, dachten diese Leute ernsthaft. Im Unterschied zu der alten, ökonomisch interessierten, informierten und irritierten Linken stellt sich die neue Linke, die sogenannte »Kulturlinke«, kaum noch die Frage der Verteilung und Umverteilung der Lebensgüter. Diese »Linke« – eine Linke der Moral und Besserwisserei – ist primär eine *Bildungslinke*, sie gehört zu einer Klasse, welche die amerikanische Sozialistin Catherine Liu (2023, S. 17) als *Professional Managerial Class* bzw. »PMC« bezeichnet. Diese »Klasse«, die hier »Bildungsklasse« genannt werden soll, rede

> »lieber über Vorurteile als über Gleichheit, über Rassismus als über Kapitalismus, über Sichtbarkeit als über Ausbeutung. Toleranz ist für sie die höchste säkulare Tugend – aber Toleranz hat fast keine politische oder wirtschaftliche Bedeutung. Die Rechte ist sich der liberalen Angeberei sehr wohl bewusst und

49

hat die populären Ressentiments gegen diese Klasse von mutmaßlichen Heuchlern als Waffe eingesetzt« (Liu 2023, S. 26).

Nach 1968 habe sich die Loyalität der Bildungsklasse von der Arbeiterklasse zunehmend hin »zum Kapital« bewegt (wer will nicht erfolgreich sein, gerade auch als »kritischer« Geist?):

> »Seitdem haben die erfolgreichsten und sichtbarsten Teile der PMC ihr Hirn schamlos in den Dienst der Bosse gestellt. Wo Marx noch die Theorie aufstellte, dass der Klassenkampf der Motor des geschichtlichen Wandels und das Proletariat dessen politischer Akteur sei, da versucht die neueste Inkarnation der PMC selbst Geschichte zu schreiben, indem sie die Macht der Arbeiterklasse untergräbt und die Interessen der Arbeiterklasse ignoriert« (Liu 2023, S. 20).

Die Bildungselite sei von ihrer eigenen unanfechtbaren Position überzeugt (Liu 2023, S. 20); und obwohl sie eine zutiefst säkulare Natur habe, sei »ihre Rhetorik *pseudoreligiös*« (Liu 2023, S. 27, Herv. R. R.). Die Mitglieder der Bildungsklasse haben eine hohe »Fungibilität« (Liu 2023, S. 28), die sie sich in der Verwandlung von einer oder einem »Hippie« in eine oder einen »Yuppie« erworben haben (Liu 2023, S. 32). Man müsse »kein Sozialist sein, um zu sehen, dass sich die Reproduktion von Klassenprivilegien auf dramatische und extreme Weise in der Kindererziehung, der Gesundheit sowie der Bildung der Kinder niederschlägt« (Liu 2023, S. 60).

Liu (2023, S. 29) spricht ihre Leserinnen und Leser direkt an: »Da Sie dieses Buch lesen, sind Sie wahrscheinlich, so wie ich, ein ambivalentes Mitglied der PMC. Ich gehöre bestenfalls zur zweiten Generation der PMC, aber mir gefällt nicht, was ich von meiner Klasse sehe [...].« Diese Bildungsklasse ist auch jene »Klasse« (sagen wir: große Gruppe von Menschen), die den pädagogischen Diskurs seit einigen Jahrzehnten prägt. »Wer hat uns verraten? Die Sozialdemokraten!«, hieß ein altlinker, etwas bösartiger, aber wohl nicht ganz unberechtigter Spruch. Schnell wurde ja vergessen, dass es etwa – um prominente europäische Beispiele zu nennen – ein Tony Blair in England oder ein Gerhard Schröder in Deutschland gewesen sind, welche die als »neo-liberal« kritisierte Politik in ihrer bildungspoli-

d) Pädagogisch privilegiert sein

tischen Agenda ohne mit der Wimper zu zucken vorangetrieben haben. Wenn die scheinbar »Kritischen« sich in der Regierung (endlich) etablieren, zeigt sich regelmäßig, dass auch die Linke zu regelrechtem Gehorsam und Spießertum neigen kann. Im Schein der Kritik und Pseudo-Liberalität hat diese neue erfolgreiche Klasse, so nun wieder Liu (2023, S. 110f.) weiter, es geschafft, »die Sprache der progressiven und aufgeklärten Politik zu monopolisieren, während sie die besten Aspekte der liberalen Professionalität und der demokratischen Kultur, in der solche Ideen der intellektuellen Autonomie gedeihen können, aufgegeben hat«. Dabei spielt auf der »theoretischen« oder vielmehr »ideologischen« Ebene der Rekurs der erfolgreichen kritischen Bildungsklasse auf sogenannt poststrukturalistische und postmoderne Perspektiven eine nicht zu unterschätzende Rolle. Sicher gibt es sie noch, die alte ökonomische Elite, aber der »PMC« gehören heute weit mehr Anteile der Bevölkerung an. Diese bestimmen als Bildungsgewinnerinnen und -gewinner und Diskursgewinnerinnen und -gewinner die Gangart des links-liberalen Mainstreams, der praktisch alle Bildungsinstitutionen, insbesondere aber die Hochschulen, dominiert, obwohl sich ihre alte Identität gerade von der sogenannten »Ideologiekritik« gespeist hat. Politische Macht korrumpiert wohl immer, scheint es; die Frage ist nicht *ob*, sondern *wann* und in *welchem Ausmaß*. Das ist das Entscheidende. Das weiß jeder realpolitisch interessierte Mensch.

Die Mentalität der Leute, welche Liu mit dem etwas umständlichen PMC-Label »stigmatisiert« – m. E. zurecht –, zeichnet sich dadurch aus, dass sie sich zugleich für besonders aufgeklärt und kritisch halten, während sie eigenartigerweise kaum noch daran interessiert sind, die wenig und nicht privilegierten Bevölkerungsgruppen in ihrer Politik und Pädagogik in dem zu unterstützen, was einmal »Klassenkampf« genannt worden ist (den die PMC ja gar nicht kennt); vielmehr scheint es ihr – privilegiert, wie sie vielleicht faktisch ist oder sich dafür hält – vor allem darum zu gehen, ihr sakrosanktes Gefühl einer »kulturellen und moralischen Überlegenheit« zu sichern (Liu 2023, S. 107f.). Diese aus Medien, Kultur und Bildung bekannte »Klasse« ist Meisterin darin, sich im Bereich des schnellen Denkens –

den »intelligences horizontales« (Viain 2024, S. 67 ff.) – zu bewegen und dasselbe für persönliche, interpersonale und transpersonale Zwecke nutzen zu können (vgl. dazu Kap. 5). Es kommt ihr entgegen, dass das ganze Schul- und Bildungswesen von einer mangelnden »Systematik« und »vertikalen Einbettung« des Wissens geprägt ist. Der Preis für diese Flexibilität, Fungibilität, Variabilität und liberale Akzeptanz des Ephemeren ist der Verlust des Sinns (der Tiefe) und das Abhandenkommen jeglicher politischer und ethischer Visionen. Dieser Verlust bietet den zeitgenössisch Privilegierten jedoch kaum Sorgen, da sie sich selbst wie polyvalente und multipel einsetzbare Module behandeln (mit ihren BA-, MA-, PhD-, CAS- und MAS-Abschlüssen, ihren unzähligen Bildungs*scheinen* bzw. »*certificates*«), während die Nichtprivilegierten zu der lockeren und selbstbewussten »Denke« der Bildungsklasse keinen Zugang finden, vielmehr einen Verlust empfinden, den sie mit eigenen Mitteln sedieren müssen. Dafür erhalten sie nun ihren »professional BA« und ähnliche Diplome mit euphemistischen Namen. Denn letztlich sind wir ja alle gleich und haben nicht alle ein Recht zumindest auf einen BA?

Privilegiert kann *erstens* genannt werden, wer mit den schnellen Oberflächen der offiziellen pädagogischen Programme – vielfältig, überfrachtet und beliebig, wie sie nun einmal geworden sind – von der Grundstufe bis zur Universität effizient spielen kann, wer auch aus dem kaum Verstandenen, selten Begriffenen und häufig Sinnentleerten dennoch viel für sich »herausholen« und vielfältige »Bezüge« herzustellen vermag und sich dadurch – Kompetenz des Selbstpräsentationsmanagements – als echtes Individuum mit einer gewissen Originalität ausweisen kann. Dabei ist es von großem Vorteil, mit den sprachlichen, sozialen, behavioralen und moralischen »Codes« der Bildungsklasse vertraut zu sein und sie zu übernehmen bzw. imitieren. Diese Codes enthalten kaum noch die Verhaltenserwartungen der alten Schule bzw. der »traditionellen« Pädagogik (die hier nicht verteidigt werden soll), die sich vorwiegend um drei Werte drehte: Arbeit, Leistung, Folgsamkeit.

Privilegiert kann *zweitens* genannt werden, wer sich von der (zu) schnellen und (in Wahrheit) seichten Pädagogik und ihren korre-

d) Pädagogisch privilegiert sein

spondierenden didaktischen »Tools« nicht irritieren lässt, sondern sie – als initiative Akteurin oder als initiativer Akteur sowie als selbstbewusste Darstellerin oder als selbstbewusster Darsteller – mit größter Selbstverständlichkeit an sich zu reißen vermag, um daraus etwas »Präsentables« herzustellen (die ganzen digitalen Tools und neuerdings KI helfen dabei auf effiziente Weise), das auch nicht unbedingt persönlich bedeutsam sein muss, solange es nur den Zweck – voranzukommen auf dem »eigenen« Weg der Bildung und Karriere – erfüllt und, wenn es geht, auch irgendwie schick daherkommt. Wer diese Welt hingegen nicht so richtig versteht oder mit ihr nicht auf die leichte, ironische oder auch beherzte Weise der Gewinnerinnen und Gewinner umgehen kann, ist benachteiligt und fühlt sich angesichts des Primats des offensichtlichen Scheins vor dem verborgenen Sein vor allem mutlos, machtlos und chancenlos – wohl häufig, ohne sich dieser Tatsache und ihren Konsequenzen richtig bewusst zu sein.

Privilegiert ist *drittens*, wer sich seinen Lernerfolg und Schulerfolg selbst zuschreibt, ihrem oder seinem Können und ihrer oder seiner Leistung.[6] Den Erfolg sich selbst zu attribuieren – wenn möglich stabil und internal (z.B. den eigenen Fähigkeiten) – und allfälligen Misserfolg äußeren Faktoren – instabil und external – (z.B. dem »schlechten Tag«, dem »ungerechten« Lehrer etc.), zeichnet die antidepressive Ideologie der »Gewinnerinnen- und Gewinnertypen« aus. Diese werden vom verbreiteten Geist der meritokratischen »Leistungsethik« in ihrer Selbstwahrnehmung unterstützt. Nicht gerade viele der »Erfolgreichen« scheinen die günstigen Voraussetzungen ihres Erfolgs und die Zufälligkeiten des Lebens zu erkennen und schätzen, weil sie wissen, dass es ihnen auch ganz anders hätte gehen können, »wenn nicht die Gnade Gottes, der Zufall der Geburt oder das Mysterium des Schicksals« (Sandel 2020, S. 362) sie davor bewahrt hätte. Wohl gehört zum Umstand des Privilegiertseins, dass jene, »die von den Praktiken der unrechtmäßigen Bevorzugung profitieren, darum meist gar nicht wissen« (Rieger-Ladich 2023, S. 73) bzw. sie wissen »um die hegemonialen Kämpfe, die um die gesell-

---

6 Zur Attributionstheorie vgl. schon Fritz Heider (1958).

schaftliche Ordnung geführt werden, nehmen diese aber aus einer vermeintlich unbeteiligten Beobachtersituation wahr und verstehen sich deshalb als neutrale Betrachter«, wie Markus Rieger-Ladich (2023, S. 74) treffend schreibt.

Wenn sich umgekehrt die wenig oder nicht Privilegierten ihre Misserfolge selbst zuschreiben, etwa ihrer mangelnden Begabung oder Anstrengung, so ist auch dies im Sinne des meritokratischen Prinzips und funktional für eine Gesellschaft, die auf demselben aufbaut. Die »Gewinnerinnen und Gewinner« glauben, dass die Erfolgsbedingungen *in ihnen* liegen, und die »Verliererinnen und Verlierer« gehen ebenfalls davon aus, dass die Misserfolgsursachen *in ihnen* liegen würden. »You can get it if you really want«, sang schon Jimmy Cliff – wahrscheinlich war er bekifft und sich nicht bewusst, dass er hier ganz auf der Linie der Leistungsideologie lag.

Natürlich müssen sich aber Einsatz, Anstrengung und Leistung lohnen – für alle an je ihrem Ort des Lebens, vor allem aber zunächst im Bildungssystem. Es kann nicht darum gehen, das Leistungsprinzip grundsätzlich in Frage zu stellen, was m.E. eine sowohl ethisch als auch politisch unseriöse und vor allem aussichtslose Position ist. Vielmehr geht es darum, zu erkennen, dass der Erfolg der Privilegierten und der Misserfolg der Benachteiligten je ihre *externalen* Gründe aufweisen, dass sie günstig ausfallen bei den ersteren und ungünstig bei den letzteren, und nicht allein *internale* bzw. *personale.* Meritokratie ist dann Ideologie, wenn sie die externalen Bedingungen von Leistungserfolg und -misserfolg schlicht ignoriert. Als solche wird sie leider auch stillschweigend von einer Pädagogik unterstützt, die vor allem von (individuellen) »Begabungen« und kaum von (sozialen) »Bedingungen« spricht.

Natürlich wird die Welt (auch in der Bildung) ungerecht bleiben. Dennoch ist die Gleichheit der Chancen ein ethisches und politisches Regulativ, eine regulative Idee – keineswegs aber Wirklichkeit. Doch wie zeigt sich »Gleichheit« in der pädagogischen Wirklichkeit? Mit Jacques Rancière kann behauptet werden, dass Gleichheit *pädagogisch* letztlich nur im Sinne einer konkreten personalen *Praxis* überzeugen kann, während sie auf Systemebene wahrscheinlich eine Chimäre bleiben muss. »Das Problem ist nicht, Gelehrte zu erzeugen«, schreibt Rancière,

> »es besteht darin, diejenigen dazu zu ermutigen, sich zu erheben, die sich niedrig an Intelligenz glauben, sie aus dem Sumpf zu ziehen, in dem sie verkommen; nicht dem Sumpf der Unwissenheit, sondern der Selbstverachtung, der Verachtung des vernünftigen Geschöpfes in sich« (Rancière 2009, S. 119).

Chancengerechtigkeit und sogar Chancengleichheit zu fordern, ist nicht nur deshalb naiv, weil deren Realisierung unwahrscheinlich oder sogar unmöglich ist, sondern weil die Konsequenzen der Realisierung dieser Ideale nicht ohne ethische Problematik sind! Das Ideal der Chancengleichheit hat allein die Funktion, individuell ungleiche Zukunftschancen zu legitimieren (Heid 1988). Dennoch ist es als Ideal in demokratischen Lebensverhältnissen nicht hintergehbar. Darin zeigt sich – einmal mehr – die *aporetische* Struktur der »moralischen« Demokratie. Doch moderne Politik scheint sich der antitragischen Zuversicht verschreiben zu müssen oder wollen: Die Dialektik des Ethischen hat darin keinen Platz. Das trifft zurzeit umso mehr auf das kulturlinke, sich moralisch sehr bewusste Denken zu, das viele D-Wörter kennt – Diskurs, Dispositiv, Differenz und Dekonstruktion (vgl. Neiman 2023) – aber eines nicht mehr: *Dialektik*. Dieses Wort hüten nur noch die »marxistischen Avatare« (Ott 2019, S. 185).

1 Mythos »Eigenerfahrung«

> Children need other people's testimony
> to make sense of and interpret the world.
> Children themselves recognize that need,
> and that is why they ply their
> attachment figures with questions
> sometimes with great tenacity.
>
> *Paul Harris*

In der Einleitung sind schon einige kritische Bemerkungen zum Mythos der »Eigenerfahrung« als pädagogischer Leitkategorie geäußert worden. Klar ist, dass die »eigenen« Erfahrungen, die wir als Menschen machen (und machen müssen), für unser Selbst- und Weltverständnis von größter Bedeutung sein können. Bildung kann aus diesem Gesichtspunkt als die Arbeit am Ausdruck menschlicher Erfahrung gedeutet werden (vgl. z. B. Gauchet 2002; Park 2022). Die Erfahrung ist kein bloßes Erlebnis, sondern hat zunächst einen *Widerfahrnis-* und *Ereignis*charakter, sei es im positiven oder im negativen Sinn. Etwas ist passiert, was uns zu denken gibt und von uns vielleicht ein *Um*denken verlangt. Der passive, vielleicht zu erleidende, vielleicht zu begrüßende Aspekt des in das Leben Hineingebrochenen zwingt die Person, »aktiv« zu werden, im dahingehenden Sinne, dass sie sich nun dazu auf irgendeine Weise *verhalten* muss (es könnte sich um den Tod eines geliebten Menschen handeln, um eine gravierende medizinische Diagnose, aber auch um einen Heiratsantrag oder die Anfrage, auf einem anderen Kontinent eine Stelle anzunehmen, wie auch die erste Begegnung mit der Musik von Miles Davis, falls ich an Jazz interessiert wäre, oder mit Bildern von Edward Hopper, die ich zum ersten Mal im Original betrachten kann – letztlich irgendetwas, sofern es mein Leben und Denken, meine Wahrnehmung und mein Empfinden auf mehr als nur oberflächliche Weise tangiert). Diese Momente des Lebens und der Biografie sind

1 Mythos »Eigenerfahrung«

pädagogisch nicht herstellbar und didaktisch sowieso nicht bewältigbar, weil sie *ungeplant, unbeabsichtigt* und *unvorhergesehen* auftauchen. Die Momente »eigener« Erfahrungen sind bildungstheoretisch sehr interessant, doch sie lassen sich nicht instrumentalisieren, in eine pädagogische Mittel-Zweck-Relation bringen, auch wenn die Motive dafür gutgemeint sind.

An dieser Stelle könnten die Ausführungen zur »Eigenerfahrung« im Grunde schon abgeschlossen werden. Das wäre eine ökonomisch nachvollziehbare Abkürzung, aber dennoch seien im Folgenden lieber die mögliche und vielleicht plausibel erscheinenden »Hintergrundphilosophie« des pädagogisch-didaktischen Fetischs »Eigenerfahrung« erläutert. Diese ist von einer populären Psychologie geprägt, namentlich der sogenannten »humanistischen« Psychologie, deren Verbreitung sehr stark mit der zweifellos charismatischen Figur Carl Rogers zu tun hat. Natürlich ist Rogers nicht im Geringsten eine dämonische Figur, die für dieses oder jenes pädagogisch und psychologisch wenig komplexe Denken verantwortlich gemacht werden müsste. Vielmehr ist Rogers Denken und Wirken ein vorzügliches Beispiel dafür, was passiert, wenn Expertinnen und Experten aus der Neurosenlehre und Psychotherapie ihr Wissen und ihre Weisheit in den pädagogischen Bereich hineintragen (bzw. vielmehr von diesem aus psychoanalytisch undurchschaubaren Gründen aufgesaugt werden) und dort erklären, was das gute und richtige Lernen ist, was aber das falsche und schlechte! Die damit einhergehenden Dichotomisierungen im »Denken« und »Fühlen« entfalten sowohl diskursive als auch normative Turbulenzen und eine Wucht, die seinesgleichen sucht. Sie ist an Sakralität und triefendem Kitsch schwer zu überbieten, wiewohl sie in ihren *guten* Absichten auch *gut* (und *zu gut*) verstanden werden kann.

a) Leben versus Schule

Der sogenannte »Lebensweltbezug« ist eine didaktische Formel mit Sakralstatus. Die Schule ist dem Leben offenbar entgegengesetzt. Sie soll aber »lebensnah« sein, damit die Kinder und Jugendlichen dort »abgeholt« werden können, wo sie sich befinden. Nicht so einfach, den Lebensweltbezug herzustellen, wenn es um die Russische Revolution, die Osmose, den Satz von Pythagoras oder die unregelmäßigen Verben in der französischen Sprache geht. Nicht einfach, aber meist auch nicht nötig und nicht überzeugend. Wie ist das allgemein anerkannte Dogma zu verstehen? Ist Interesse, wenn nicht vorhanden, durch Bezüge zur Lebenswelt der Schülerinnen und Schüler herstellbar? Kennen die Lehrpersonen überhaupt die Lebenswelt der Kinder und Jugendlichen, die ihnen anvertraut sind? Könnte es auch sein, dass sich manche vor allem für Dinge interessieren, die – schulisch betrachtet – gar nicht in ihrem Interesse sind? Eigenartig, dass die Didaktik der staatlichen Schule, deren Besuch an den meisten Orten Pflicht ist, die Vermittlung von Wissen und Können *dem Schein nach* von den Bezügen des Lebens der Kinder und Jugendlichen abhängig macht. Dabei sollte sie doch – ganz in republikanischer oder auch hegelianischer Manier – die Schülerinnen und Schüler von ihren konkreten Lebensbezügen »befreien«.

Um zu verstehen, dass die Schule mit ihrem *lebensfernen* »Bücherwissen« und das akademische Wissen als Ausdruck von bloßer Buchgelehrsamkeit (engl. »bookishness«: vgl. Steiner 2009, S. 121; frz. »savoir livresque«: vgl. Viain 2024, S. 15) desavouiert worden sind, muss die Betrachtung einige Umwege machen. Die These, dass das Bücherwissen den Menschen vom wirklichen oder wahren Leben wegführe bzw. den Weg zu Wirklichkeit umständlich mache, ist alt. Im 19. Jahrhundert hat beispielsweise der französische Historiker Hippolyte Taine beklagt, dass die akademische Art des Lernens der (damals) letzten Jahrhunderte dazu geführt hätte, dass die Menschen keinen direkten Zugang zu den Dingen mehr haben könnten (Viain 2024, S. 16). Ein anderes – nahezu identisches – Beispiel findet sich in

1 Mythos »Eigenerfahrung«

einer neo-konfuzianischen Schrift aus dem China des 12. Jahrhunderts, dem *Chin-ssu lu* (vgl. Reichenbach 2018a; Reichenbach & Kwak 2020). Und natürlich steht Jean-Jacques Rousseaus *Émile* (1983), erschienen 1762, prototypisch für die Kritik an der Fremderfahrung und das Lob der Eigenerfahrung. Die auffällige Überschätzung der Eigenerfahrung im zeitgenössischen Denken und vor allem Bildungsdenken und der damit verbundene Hang zum Anekdotischen, welchem man überall begegnen kann, sind wohl nicht ohne eine tieferliegende Ethik der Authentizität zu begreifen, welche insbesondere mit der humanistischen Psychologie vor einem halben Jahrhundert einen Höhepunkt erreicht hatte und sich über die Jahrzehnte nicht nur in der Alltagskommunikation, sondern auch in der Pädagogik und ihren Institutionen ausbreiten konnte. Ohne es zu intendieren, haben Schule und Bildungswesen mit ihrem Verdacht gegen das »systematische« Wissen (welches, da nicht unmittelbar »umsetzbar«, als zunehmend nutzlos erschien) zu einer umfassenden »Abflachung« des Denkens und einer Beliebigkeit des Wissens in die Universität geführt (Viain 2024, S. 123).[7] Dagegen setzen sie zunehmend auf die wundersamen Kräfte des Selbst, das Innere des Menschen, ihre oder seine Einzigartigkeit, originelle Schöpfungskraft und individuelle Lebensgeschichte – kurz: ihre oder seine Anekdotenhaftigkeit. Denn es ist wohl wahr: Dem Bildungskanon ist deine Biografie egal! Eigentlich eine gute Voraussetzung für die Gleichheit der Menschen vor den kulturellen Wissensbeständen, könnte man einwerfen. Doch weit gefehlt: Das *Ich* schreit nach *Sinn* und denselben muss das *Ich* möglichst schon *vor* dem Lernen *begriffen* haben, sonst erscheint ihm sein Lernen als *sinnlos*. Die »Geduld des Begreifens« (Steiner 2009, S. 113) ist eine Tugend, die heute wohl noch weniger in unsere Welt passt als vielleicht allein schon ein paar Jahrzehnte zuvor. Sie ist Ausdruck einer

---

7 Vgl. den Ausdruck »l'aplatissement de la pensée« bei Thomas Viain (2024, S. 123): »J'en tirais cette conclusion que l'aplatissement de la pensée, renforcé par le système scolaire, trouvait son refuge dans l'anecdote.«

a) Leben versus Schule

mangelnden Zuversicht zu deuten, welche selber ein transzendentes Wesen aufweist.

Überall ist die Welt *nicht* so, wie man sich sie wünscht! Doch der Trost steht vor der Tür! Mit dir hat das nichts zu tun, du bist unschuldig, du bist nicht verantwortlich für dein Leiden, sondern du bist eigentlich gesund, doch diese Welt ist zu insuffizient für dich. Nun fühlst du dich aber ebenso unzulänglich. Es ist tatsächlich eine günstige historische Epoche, um sich unglücklich und unzulänglich zu fühlen. Die »Rebiologisierung der psychischen Störungen« (Ehrenberg 2008, S. 232) entlastet den Einzelmenschen, indem sie ihm die Schuld für Defizite und Deformationen biographischer Gewordenheit nimmt. Man hat seine je eigene Geschichte, kann aber nichts mehr dafür. Alain Ehrenberg hat als einer der ersten die Verschiebung der psychologischen Kultur von Schuldzuschreibungen zu Verantwortungszuschreibungen beschrieben. Während die Neurose noch das »Drama der Schuld« im 20. Jahrhundert dargestellt habe, kann die Depression nach Ehrenberg (2008, S. 23) als die heutige »Tragödie der Unzulänglichkeit« verstanden werden. Die Depression erscheint als Wesenskrankheit einer Gesellschaft, deren Verhaltensnormen nicht mehr auf Schuld und Disziplin, sondern auf Verantwortung und Initiative gründen (Ehrenberg 2008, S. 20). Die triadische Symptomatik von Asthenie (Kraftlosigkeit), Schlaflosigkeit und Angst versteht Ehrenberg (2008, S. 183 ff.) als »eine verhaltensmäßige und affektive Antwort auf die unaufhörlichen Veränderungen im Alltag der demokratischen Gesellschaften«. Dabei wird Depression nicht etwa als das Gegenteil von Lebensfreude gesehen, sondern vielmehr als eine »Pathologie des Handelns« (Ehrenberg 2008, S. 192).

Die psychischen Nebeneffekte des (nordamerikanischen) Optimismus und Zwangs zur Selbstverwirklichung sind beachtlich und bleiben beharrlich bestehen, während etwa die lateinamerikanische Vergeblichkeitsphilosophie dem Wahn des Sich-selbst-*auf-selbst-gestaltete-Weise*-Seins schon früh und frech, aber natürlich erfolglos, entgegentrat. So schrieb Jorge Luis Borges (2010, S. 5) in einem seiner Essays über die *Nichtigkeit der Persönlichkeit* im Jahre 1922:

1 Mythos »Eigenerfahrung«

»Den außerordentlichen Vorrang, den man heute dem Ego beimisst, will ich beseitigen: ein Unterfangen, zu dessen Durchführung mich sehr feste Gewissheit anspornt und nicht etwa kapriziöser Hang zu ideologischen Schlichen oder leichtsinnigen intellektuellen Streichen. Ich will beweisen, dass die Persönlichkeit ein Trugbild ist, verfügt von Dünkel und Gewohnheit, ohne metaphysisches Fundament oder inwendige Realität.«

Zwischen der Ästhetik einer kultivierten Unmöglichkeitshaltung (Borges) und der Diagnose des Leidens an permanenter Unzulänglichkeit (Ehrenberg) eroberte sich der amerikanische Optimismus seinen kulturellen Platz in Form einer niederkomplexen und wohl auch deshalb erfolgreichen Psychologie, die sich »humanistisch« nannte und sich selbst den letzten Rest des noch verbleibenden alteuropäischen Pessimismus austrieb. Während Freud noch wusste, dass »es« sozusagen schief geht (wobei »es« nicht wenig mit dem »Es« zu tun hat), galt und gilt das Ideal des *authentischen* und zugleich *autonomen* Menschen, der sich selbst bildet – im Sinne von »gestaltet« – mit Rogers, Abraham Maslow und anderen Exponentinnen und Exponenten der humanistischen Psychologie als durchaus realisierbar. Die menschliche »Autoplastin« oder der menschliche »Autoplast« – Selbstgestalterin und -verwirklicherin bzw. Selbstgestalter und -verwirklicher (wiewohl bloße Metaphern) –[8] konnte ihr bzw. sein Glück und ihren bzw. seinen Lebenssinn noch finden bzw. vielmehr selbst »herstellen«.[9] Dieser Verfügbarkeitstraum wird heute mitunter ironisch betrachtet oder sein Verlust wird gar nicht mehr bemerkt. Das Vergessen mindert das Leiden und wer schlecht im Vergessen ist, für den gilt ein »rigoroses Melancholieverbot« (Sloterdijk 2009, S. 74). Den Luxus der depressiven Stimmungen können sich die »Virtuosen des Normalseinkönnens« – wohl die unbekannten psychologischen Heldinnen und Helden der Zeit – nur selten leisten (Sloterdijk 2009, S. 79).

---

8 Ein Ausdruck, den ich einem Vortrag von Johannes Bilstein aus dem Jahr 2003 entnommen habe.
9 Strukturell betrachtet ist auch der systemtheoretische Autopoiesis-Gedanke (Bildung betreffend) über dieses Stadium ja nicht wirklich hinaus.

a) Leben versus Schule

Der defizitäre Mensch hat eine Aufgabe, denn der »wahre Gott« – so Peter Sloterdijk (2009, S. 139) – »ist jener, der den Menschen bedingungslos überfordert, während der Teufel ihn auf seiner Ebene abholt«. Dies ist aus pädagogischer Perspektive interessant: Man soll das Kind nicht »dort abholen, wo es steht«, auch beispielsweise nicht »in die Wüste schicken« oder »im Schilf stehen lassen«, sondern an einem Ort *erwarten*, an dem es nie ankommen wird (einem unmöglichen Ort – was vielleicht noch »humanistischer« ist, als es sozusagen in der Ortlosigkeit zu erwarten ...). Der pädagogische Gott ist der Gegenspieler des psychologischen Teufels. Ironischerweise rutscht auch Sloterdijk in die humanistische Psychologie hinein, wenn er die Schule kritisiert:

> »Jahr für Jahr entlässt [die Schule] mehr und mehr desorientierte Schülerkohorten, denen man ihre Anpassung an ein maladaptiv aus dem Ruder gelaufenes Schulsystem immer deutlicher anmerkt, ohne dass den einzelnen Lehrer oder Schüler auch nur die geringste Schuld daran träfe. Beide sind in einer Ökumene der Desorientierung vereint, zu der sich ein historisches Gegenstück kaum finden lässt [...]« (2009, S. 681).

Darüber hinaus sei das Schulsystem zu einem »selfish system« geworden: Die Schule »produziert Lehrer, die nur noch an Lehrer erinnern, Schulfächer, die nur noch an Schulfächer erinnern, Schüler, die nur noch an Schüler erinnern. Dabei wird die Schule auf inferiore Weise ›antiautoritär‹, ohne aufzuhören, formal Autorität auszuüben« (Sloterdijk 2009, S. 684). Die Lehrpersonen würden nur noch die »Selbstbezüglichkeit des Unterrichts zelebrieren« – selbstbezüglich sei Unterricht, der stattfindet, »weil es in der Natur des Systems liegt, ihn stattfinden zu lassen. Mit der Ausdifferenzierung des Schulsystems ist ein Zustand eingetreten, in dem die Schule ein einziges Hauptfach kennt, das ›Schule‹ heißt: der Schulabschluss. Wer von solchen Schulen abgeht, hat bis zu dreizehn Jahren lang gelernt, sich die Lehrerinnen und Lehrer nicht als Vorbilder zu nehmen. Durch Anpassung an das System hat man ein Lernen gelernt, das auf die Verinnerlichung der Materien verzichtet; man hat, nahezu irreversibel, die Stoffaufnahme ohne aneignendes Üben eingeübt« (Sloterdijk 2009, S. 684 f.).

Das ist nicht die gleiche Kritik, wie sie Rogers (1969) in den 1970er-Jahren an der Schule und der Sinnkrise des schulischen Lernens generell geäußert hat, doch eine frappierende Ähnlichkeit kann in der *entfremdungstheoretischen* Perspektive oder Prämisse gesehen werden, welche Rogers offen und einfach einnimmt (wie er nun einmal war) und Sloterdijk auf hyperkomplexe und sprachzauberische Weise kaschiert (wie er nun einmal schreibt).

b) Therapeutisches Ethos[10]

Rogers (1902–1987) ist sicher einer der einflussreichsten Psychologen der Amerikanischen Geschichte. Sein Einfluss betrifft die Bereiche der Erziehung und Schule, Beratung und Psychotherapie sowie Konfliktlösung und Friedensförderung. An seinem Todestag (04.02.1987) wurde Rogers sogar für den Friedensnobelpreis nominiert. Rogers kann als eine der Schlüsselfiguren des Prozesses der Popularisierung der Psychologie betrachtet werden. Die wesentliche Grundlage dieses »Erfolgs« ist eine »beträchtlich vereinfachte Freud'sche Theorie« (Illouz 2009, S. 267), die, wie angedeutet, den fatalistischen Determinismus und Kulturpessimismus der klassischen Psychoanalyse ins (amerikanisch) Optimistische zu verkehren vermochte. Rogers Theorie fußt auf der »simplen Idee einer Tendenz zur Selbstverwirklichung, verstanden als eine jeder Lebensform innewohnenden Motivation, ihr Potential in größtmöglichem Ausmaß zu entfalten« (Illouz 2009, S. 268).

Die frohe Botschaft und implizite Aufgabe besteht in der voluntaristischen Prämisse, wonach »jede Krise dem Selbst die Möglichkeit

---

10 Die Abschnitte b) bis d) entsprechen einer gekürzten, angepassten und veränderten Version von Reichenbach & Dietschi (2013).

b) Therapeutisches Ethos

[gibt], zu wachsen und die Welt zu meistern« (Illouz 2009, S. 268). Die Wachstums- und Entfaltungsmetaphorik der Psychologie konnte sich mit dem in den USA verankerten und auch beeindruckenden Selbsthilfeethos verbinden und die Sichtweise etablieren, wonach »Wachstum und Reife inhärente Bestandteile des Lebenslaufs« seien, »die durch bewusste Willensakte zu erreichen wären« (Illouz 2009, S. 268). Indem Menschen in der naturalistischen Perspektive als moralisch *prinzipiell gut* und natürliche Entwicklung nun als *prinzipiell gesunde* Entwicklung zu verstehen waren, konnte die geistige und psychische Gesundheit gleichzeitig als *Normalfall* der menschlichen Entwicklung betrachtet werden. Gesund sein heißt somit, jederzeit sein Potential möglichst entfalten (können) – »fully alive« zu sein, wie dies bei Rogers und Freiberg (1994) heißt, eine »fully functioning person« sein, und als Lehrperson »fully alive in the classroom« zu stehen.

Das therapeutische Ethos formuliert und normiert das Ideal des authentischen Lebens. Das Bedürfnis nach Selbstverwirklichung wird so ursprünglich und natürlich begriffen und nicht als raumzeitkulturlich kontingentes Sekundärbedürfnis. Mit dieser natürlichen Entwicklungsleitlinie wird die Person aber auch verpflichtet, freie Akteurin bzw. freier Akteur zu sein: Es wäre »ein Fehler«, wenn Menschen darauf verzichten würden, »aus jedem Moment ihrer Existenz das Beste zu machen und dieser Existenz so gerecht zu werden, wie es ihnen gegeben ist« (Illouz 2009, S. 269). Wer hinter dem psychologischen Ideal der Selbstverwirklichung zurückbleibt, ist letztlich – eine Frage des Maßes – als »krank« zu bezeichnen. Maslow, der von Rogers sozusagen nachgezogen worden ist, formulierte ganz in diesem Sinn: »›Krank‹ nennen wir Menschen, die nicht sie selbst sind, die Menschen, die alle möglichen neurotischen Barrieren dagegen errichtet haben, menschlich zu sein« (zit. nach Illouz 2009, S. 270). Mit dem Zusammenfallen von Gesundheit, Selbstverwirklichung und Menschlichsein ergeben sich zwei Effekte, die den »Erfolg« der humanistischen Psychologie besiegeln: *Erstens* sind nun sehr viele Menschen – »letztlich« alle – als psychisch krank (oder therapiebedürftig) zu bezeichnen und *zweitens* weitet sich der Zuständigkeits-

1 Mythos »Eigenerfahrung«

bereich der (klinischen) Psychologie enorm aus. So vermochte sich das therapeutische Ethos in den Bereichen Staat, Markt und Zivilgesellschaft auszubreiten. Diese Expansionsgeschichte ist nicht allein als eine psychologische, sondern immer auch als eine pädagogische zu verstehen – Psychologisierung und Pädagogisierung gehen Hand in Hand. Der Erfolg bzw. die begriffliche Entgrenzung und die Expansion der Zuständigkeit über alle Lebensphasen und Lebensbereiche bewirkte – nur scheinbar paradoxerweise – auch eine Verunsicherung dessen, was psychologische Deutung und pädagogisches Denken noch sein können und wie sie sich von anderen Rationalitäts- und Interpretationsformen unterscheiden.

Wenn das selbstverwirklichte das glückliche und normale Leben ist, lautet die Lebensmaxime zunehmend: »Ich bin okay und verdiene es, glücklich zu sein« (vgl. Wilson 2009, S. 143). Es handelt sich um ein möglichst selbstverursachtes, zumindest mitfabriziertes und kontrolliertes Glück, für dessen Herstellung »wir alle« bzw. »jede und jeder für sich selbst« verantwortlich sind bzw. ist. Dieser therapeutischen Kultur entspricht das Ideal der *emotionalen Selbstkontrolle* als einem relativ neuen emotionalen Stil. »Ein emotionaler Stil nimmt Form an, wenn eine neue Art des Denkens über die Beziehungen des Selbst zu anderen konzipiert wird, wenn neue Möglichkeiten dieser Beziehung vorstellbar werden« (Illouz 2008, S. 16). Im Zentrum des populären Diskurses der Psychologie, der die geltenden Maßstäbe in Privatsphäre, Arbeitswelt und immer mehr auch Öffentlichkeit prägt, steht eine Form des sozialen Umgangs und der Emotionalität, »an deren Basis sich zwei zentrale kulturelle Motive befinden; das der *Gleichheit* und das der *Kooperation*« (Illouz 2008, S. 32).

Als performativer verändert der therapeutische Diskurs Selbst- und Sozialbeziehungen. Diskurse sind performativ, wenn sie in der Lage sind, Wirklichkeit aus eigener Kraft zu benennen und zu verändern, und wenn jene Personen, die sie führen, für das »symbolische Kapital« der Gruppe stehen, die sie repräsentieren (Illouz 2009, S. 102). Während für Freud Normalität noch ein »hochgradig labiler Zustand, der Endprozess eines komplexen und eher seltenen Reifungsprozesses« (Illouz 2009, S. 81), war, können wir heute – dank den

b) Therapeutisches Ethos

Psychologinnen und Psychologen, die uns überall zu Rate kommen – selber normal werden, wenn wir nur wollen. Das glückliche ist das normale, das unglückliche das kranke Leben: Wir können zwar *nichts* für unsere Krankheit, aber *alles* für unsere Genesung, *nichts* für die Vergangenheit, *alles* für die Zukunft (»but you must try«), wir sind ohne *Schuld*, aber voller *Verantwortung*. Das glückliche Leben ist nota bene auch und vor allem das glückliche Beziehungsleben. Die glückliche (Intim-)Beziehung ist die gesunde Beziehung, die unglückliche Beziehung die kranke. Kann das Glück nicht (wieder-)hergestellt werden, sollte die Beziehung beendet werden. Rat bieten »Psychologinnen und Psychologen«, die sich von anderen Expertinnen und Experten – Juristinnen und Juristen, Ärztinnen und Ärzten oder Ingenieurinnen und Ingenieuren – nach Eva Illouz (2009, S. 95) dadurch unterscheiden, »als sie sich im Laufe des 20. Jahrhunderts zunehmend dazu berufen fühlten, Menschen in praktisch allen Belangen anzuleiten«.

Der Erfolg des therapeutischen Ethos ist wie seine psychopathologischen Grundlagen – dem neuen, zugleich sozial akzeptierten wie auch sensibler wahrgenommenen psychischen Leiden (Stichworte: 1. bewusst leiden und 2. Leiden nicht dulden) – auch als Demokratisierungsnebeneffekt zu hinterfragen. Die psychischen Leiden und Störungen – vernachlässigte Kindheit, Mangel an Selbstachtung, Arbeitssucht, sexuelle Störungen, Missbrauchserfahrungen unterschiedlicher Art, diverse Phobien u. v. a. m. – sind quasi »demokratisch«, »weil sie nicht länger einer Klasse zugeordnet werden können« (Illouz 2008, S. 68); dies etwa im Unterschied zur Epidemiologie, Ätiologie und Psychopathologie zu Beginn des 20. Jahrhunderts.

Auf der Grundlage der allgemeinen Demokratisierung des psychischen Leidens »ist das Heilen« darüber hinaus auch zu einem wichtigen Geschäft bzw. einer blühenden Industrie geworden (Illouz 2008, S. 68). Die Psychoindustrie funktioniert nicht auf der Basis europäischer Melancholie und gründet auch nicht auf kulturpessimistischem Vergeblichkeitsempfinden, sondern benötigt einen Veränderungsoptimismus, wie man ihn vorzugsweise in den USA antrifft. Jedenfalls ist nicht selbstverständlich, wie der psychoanalytisch ge-

1 Mythos »Eigenerfahrung«

fasste Kulturpessimismus Freuds zu Beginn des 20. Jahrhunderts in den USA praktisch zum Optimismus und zur Selbstwirksamkeitsüberzeugung umgepolt werden konnte. Statt nicht mehr Herrin oder Herr im eigenen Haus sein zu können, lernten nun plötzlich alle von den Amerikanerinnen und Amerikanern – in diversen Selbsthilfegruppen, später Encouter-Gruppen – dank dem popularisierten und umgepolten Erbe Freuds »selbst dann Herr in unserem Haus [zu sein], wenn [dieses] brennt« (Illouz 2008, S. 75). Im brennenden Haus zu überleben und neu anzufangen, da sind Formen von Resilienz involviert, welche die psychologische Empirie noch gar nicht kennt.

c) Das Natürliche und das Entfremdete

Die folgenden Erläuterungen zu den von Rogers verwendeten Metaphern und Semantiken sind deskriptiver Art und folgen keiner Metaphertheorie. Auf eine Unterscheidung von »Begriff« und »Metapher«, wie Blumenberg es in seiner Metaphorologie vorschlägt und demzufolge der Metapher eine »epistemische Rolle« zukommt (vgl. Rolf 2005, S. 245f.), wird daher verzichtet. Wiewohl Rogers selbst keine einheitliche Anwendung metaphorischer Begrifflichkeiten erkennen lässt und eher rhapsodisch zu verfahren scheint, treten zwei zentrale Chiffren in Erscheinung: (»natürlich«) die *Natur* und ihr *Entfaltungs-* bzw. *Wachstumsdrang* (vgl. oben: »lernen, lernen, lernen«) und eine gewissermaßen daraus ausfließende Kritik der *Entfremdung*. Dieser strukturellen Dichotomie folgt Rogers insofern, als er mit einer stark kontrastierenden (metaphorischen) Semantik auf moralisch bzw. normativ aufgeladene Gegensatzpaare wie »heil/krank»' »gut/schlecht«, »innen/außen«, »echt/falsch«, »ursprünglich/depraviert« und nicht zuletzt auf den von ihm konstatierten *Antagonismus* von »Natur« und »Kultur« abzielt. In einer erheblich simplifizierten Argumentationsweise beleuchtet er stets die dem Begründungsgang dienliche (positive bzw. negative) Steigerung des

c) Das Natürliche und das Entfremdete

Topos (sozusagen die »Highlight«-Seite der Metapher). Der Vielschichtigkeit aller von ihm verwendeten Metaphern (bzw. den darin eingelagerten gegenläufigen Momenten) schenkt er dabei – wohl nicht zuletzt aus argumentationstaktischen Gründen – gar nicht erst Beachtung (»Hide«-Aspekt). Treten dennoch widersprüchliche Motive zutage – so etwa in der anlässlich seiner Lebens-Rückschau indirekt für sich selbst in Anspruch genommenen Metapher des hegenden Gärtners –, werden diese flugs in einem übergeordneten Sinnbild aufgelöst.

Rogers theoretische Konzeption – von ihm »philosophische Basis« genannt (Rogers 2007, S. 84) – besteht zur Hauptsache in der behaupteten Selbstverwirklichungstendenz, welche als »selektiv« (Rogers 2007, S. 72) und »zielgerichtet« (Rogers 2007, S. 75), kurz: als teleologisches Konzept, verstanden werden muss. Diese »Aktualisierungstendenz« (Rogers 2007, S. 70) besagt, dass »in jedem Organismus auf jedweder Entwicklungsebene eine Grundtendenz zur konstruktiven Erfüllung der ihm innewohnenden Möglichkeiten vorhanden ist« (Rogers 2007, S. 69). Die Verhaltensweisen eines »Organismus« dienen dessen »Erhaltung, Entfaltung und Reproduktion« (Rogers 2007, S. 69). Diese Tendenz kann nicht zerstört werden, außer der Trägerorganismus wird vernichtet. Sie ist Ausdruck einer »zentrale[n] Energiequelle«, über die alle Organismen verfügen und die das ganze System zur Selbsterfüllung und Selbstverwirklichung tendieren lässt. Der Organismus besitzt zwar auch (selbst-)destruktive Potentiale, diese werden aber ausschließlich »unter ungewöhnlichen oder perversen Umständen« aktiviert (Rogers 2007, S. 72). Die sogenannte *formative Tendenz* bildet das kosmische Pendant zur individuellen Selbstverwirklichungstendenz. Im ganzen Universum waltet eine solche Tendenz (als energetisches *Gegenstück* zu Entropie, d. h. der Tendenz zum Verfall bzw. zur Desorganisation, d. h. die Abnahme des Organisationsgrades bei einem Stadienübergang – letztendlich das Prinzip des Absterbens bzw. des *Todes*), die Rogers in Anlehnung an Albert Szent-Gyoergyi »Syntropie« oder dann einen kosmischen »zielgerichteten Evolutionsstrom« (Rogers 2007, S. 78) nennt. Dieser – lebensphilosophisch ausgedrückt – *élan vital* bzw. die *Lebens-*

1 Mythos »Eigenerfahrung«

schwungkraft gilt für alle Seins-Bereiche, anorganische eingeschlossen; sie ist ein Ausdruck des permanenten Wirkens von »sowohl aufbauende[n] und *schöpferische*[n] als auch *destruktive*[n] Kräfte[n]« im Universum und somit auch im Menschen, wobei eine Zunahme der Komplexität auf nächst höherer Stufe, die »aus einer einfacheren, weniger komplexen Form hervorgegangen« ist, zu beobachten sei (Rogers 2007, S. 77).

Das entfremdete Leben ist das kranke und zugleich krank machende. Und die *Entfremdung* ist eine doppelte; sowohl eine *kulturelle* wie auch eine *soziale*. Rogers konstatiert die »Entfremdung des Menschen von sich selbst, von seinem erlebenden Organismus« (Rogers & Rosenberg 2005, S. 94); die *wahre* Bedeutung des *Innenlebens* wird »aus einer Unfähigkeit heraus, mit sich selbst frei zu kommunizieren, negiert oder ignoriert« (Rogers & Rosenberg 2005, S. 94) und mit den von der Welt bereitgestellten Deutungsmöglichkeiten (Sprache, Symbole, Zeichen, kulturelle Praktiken) ersetzt. Anthropologisch-konstitutionell verfügt der Mensch – immer gemäß Rogers – über einen sozusagen privilegierten Zugang zu den kognitiven und emotionalen Ereignissen in seinem Innern; er muss lediglich lernen, seinen »eigenen Gefühlen, Wünschen, Erfahrungen [zu] vertrauen« (Rogers & Rosenberg 2005, S. 97). Die wahre Bedeutung des *inneren Erlebnisstroms* ist eigentlich evident, wird aber durch die Bedeutung von Symbolen, Zeichen, der Sprache und von Praktiken überformt. Dies führt zu einer »fatalen Zweiteilung«: eine »›äußere‹ Fassade und die tiefere Ebene unseres Erlebens« (Rogers & Rosenberg 2005, S. 94). Nun muss der Mensch aber, um sich (z.B. sein physisches und emotionales Innenleben; Rogers bezeichnet solches etwas sperrig, als den »psycho-physiologische[n] Erlebensfluss« [Rogers & Rosenberg 2005, S. 78]) überhaupt verstehen (d.h. ihm eine Bedeutung zuschreiben) zu können, eine Sprache haben; sie oder er muss Begriffe erlernen und sie dann zum geeigneten Zeitpunkt auffinden können sowie anzuwenden verstehen. Eine solche Sprache bietet ihr oder ihm aber nun mal die kulturelle Welt (welche immer »schon da« ist, wie Hannah Arendt festgestellt hat), deren Bedeutungen werden geteilt und verändern sich (individuell wie auch kollektiv) im Verlaufe eines

c) Das Natürliche und das Entfremdete

Lebens. Dieser Umstand ließe sich allenfalls als *genuine* Entfremdung bewerten, die den Menschen (tragisch) konstituiert. Die von Rogers monierte kulturelle Dimension der Entfremdung ist dann aber bestenfalls eine Folge anthropologischer Verfasstheit und ihre Ursachen liegen weniger in gesellschaftlich-kulturellen Umständen begründet. Weiter beklagt Rogers (gewissermaßen als soziale Entfremdung) die »Isoliertheit« bzw. die »Abgeschnittenheit« des modernen Menschen, die sich in Form von »Einsamkeit« (Rogers & Rosenberg 2005, S. 95) äußert. Als Gründe ortet er die fortgeschrittene Pluralisierung der Lebenswelten und -stile sowie die zunehmende Individualisierung in der westlichen Welt. Die soziale Isoliertheit führt das moderne Subjekt in ein Dilemma. Zwar weiß das Subjekt, dass es zum Preis der Selbstentfremdung (im Sinne obiger Beschreibung) eine »Fassade« aufgebaut hat, vermittelst der die Teilhabe an den Bedeutungen einer »sozialen Gruppe« möglich wäre (Rogers & Rosenberg 2005, S. 95). Nun gibt es aber leider fast keine »homogenen sozialen Gruppen« (Rogers & Rosenberg 2005, S. 95) mehr, mit denen der Mensch potentiell seine kulturelle (Selbst-)Entfremdung teilen könnte bzw. im Schoße derer sie oder er Trost und Verständnis finden und mithin seine doppelte Abgeschiedenheit wenigsten teilweise mildern könnte. Und falls sich dann doch Vertraute finden lassen, versteht sie oder ihn niemand, denn niemand kann wirklich *zuhören.*

Der fortschreitenden *Entfremdung* von den ursprünglichen und natürlichen Grundlagen des menschlichen Lebens stellt nun Rogers einen »neuen Menschen« entgegen. Ausgestattet mit einer Persönlichkeit, die über ein immenses Potential an »nicht-bewusste[r] Intelligenz« (Rogers 2007, S. 180) verfügt, welche sie erweiterten Bewusstseinszuständen verdankt, die zuvor durch »psychologische Verfahren« (Rogers 2007, S. 177) erlangt worden sind. Rogers schließt gar die »Evolution eines Suprabewusstseins« und eines »Superverstandes« nicht aus (Rogers 2007, S. 178). Die derart verfassten neuen Menschen – Ansätze dazu meint der Visionär in seinen »Encounter-Gruppen« aufgespürt zu haben (vgl. Rogers 2007, S. 183) – organisieren sich basis-demokratisch und *selbstverwaltet* und überwinden dadurch die »große[n] Institutionen, Konzerne und Bürokratien«

(Rogers 2007, S. 180). »Dieser neue Mensch lebt in einem neuen Universum, aus dem alle vertrauten Vorstellungen verschwunden sind – Zeit, Raum, Objekt, Materie, Ursache, Wirkung –, nichts bleibt als Schwingungsenergie« (Rogers 2007, S. 181); und selbstredend die enge Verbindung mit der (nach wie vor sehr wohl vertrauten) »ursprünglichen Natur« (Rogers & Rosenberg 2005, S. 211). Aber nicht erst der anvisierte neue Mensch trägt phantastische Züge. In Rogers Selbst-Konzeption des aktuellen Menschen steht das *Innen* für das *Gute*, Wohlwollende, Prosperierende; in ihr hat das Selbst ein (prinzipiell) unbegrenztes Potential zur Selbstentfaltung (»Selbstaktualisierung«). Dem gegenüber steht das *entfremdende* und deformierende *Außen*, die *Welt* der rationalistischen Autoritäten, die der oder dem Einzelnen etwas ihr oder ihm Fremdes überstülpen wollen (eine »Haut« von »fremden Überzeugungen und Meinungen«; Rogers 2007, S. 94). Die Welt hält das Selbst von sich *selbst* – so wie es *eigentlich* ist – ab; dieses trägt nämlich »die Quellen für das gute Leben in sich selbst« (Rogers 2007, S. 70).

Die pädagogische Konsequenz der Betonung des Selbst und der Eigenerfahrung gegenüber der entfremdenden Wirkungen der Welt zeigt sich in Rogers' *Lernen in Freiheit* (Rogers & Freiberg 1994), in welchem das dichotome Denken, welches für eine Anzahl der pädagogischen Mythen, die hier diskutiert werden, auf die Spitze getrieben wird.

d) »Lernen in Freiheit«

Freedom to Learn ist 1969 erschienen und nach etlichen Auflagen und Übersetzungen folgte 1994 eine Überarbeitung (mit und durch Jerome Freiberg [Rogers & Freiberg 1994]). Die Einleitung ist von pessimistischen Diagnosen geprägt – »Our schools constitute the most traditional, conservative, rigid, bureaucratic institution of our time« (Rogers & Freiberg 1994, S. x) – und benennt die Ziele des Buches: den

d) »Lernen in Freiheit«

Lehrpersonen dabei zu helfen, ein Vertrauensklima zu schaffen, partizipative Entscheidungsfindungen zu praktizieren, den Lehrpersonen wie auch den Schülerinnen und Schülern Selbstvertrauen und Selbstwertschätzung zu ermöglichen, ihnen das Lernen zu erleichtern, als Personen zu »wachsen« (»grow as persons«) und »rich satisfaction in their interaction« zu finden sowie zu merken, dass das »good life« *in* allen Personen steckt und nichts ist, »that is dependent on outside sources« (Rogers & Freiberg 1994, S. xxi–xxv).

Das Buch ist geprägt von Gegenüberstellungen zwischen guten und schlechten Formen von Schule, Unterricht und Erziehung. So gibt es *zwei* Arten von Klassenzimmern: zum einen Klassenzimmer, in denen die Schülerinnen und Schüler zu *Konsumentinnen und Konsumenten von Information* degradiert werden – »tourist classrooms« –, und zum anderen jene, in denen die Schülerinnen und Schüler *Ideenproduzentinnen und -produzenten* sein können – genannt »citizen classrooms« (Rogers & Freiberg 1994, S. 8). Es gibt auch nur *zwei* Formen des Lernens, namentlich das *emotionslose* Lernen ohne persönliche Bedeutung bzw. inneren Bezug zum Gegenstand und das persönlich *bedeutungsvolle, experimentelle* Lernen, das sogenannte »whole-person learning« (Rogers & Freiberg 1994, S. 36). Dieses gute Lernen komme in den US-amerikanischen Schulen kaum vor. Als Hauptgründe können die Folgenden aufgeführt werden: der Instruktionsmodus, die standardisierten Tests, die Evaluationskriterien, die Noten, die von den Lehrpersonen bestimmt werden, u.a. (Rogers & Freiberg 1994, S. 37). Die traditionelle Schule ist die schlechte Schule und Rogers Hauptfrage ist daher, wie die verstaubten Klassenzimmer in »facilitative classrooms« transformiert werden können, in welchen Lehrpersonen und Schülerinnen und Schüler *sich selbst werden* (»to become real«), *sich selbst entdecken* (»self-discovery«) und sich in ihren je eigenen Lebensläufen situieren, denn Lernen ist ja »a lifetime journey«. Doch auch die Schulleitungen und -administrationen müssen bzw. sollten »facilitators of learning« werden.

Was ist »facilitation of learning«? Rogers (zusammen mit Freiberg) definiert es wie folgt: »*Teaching* means ›to instruct‹. Personally, I am not so much interested in instructing another in what she should

1 Mythos »Eigenerfahrung«

know or think, though others seem to love to do this« (Rogers & Freiberg 1994, S. 151); und: »Teaching is, for me, a *relatively unimportant and vastly overvalued activity*« (Rogers & Freiberg 1994, S. 151, Herv. R. R.). Die folgenden Gründe lassen sich ausmachen: zum einen würden sich Gesellschaft und Umwelt so schnell *verändern* (»changingness of the environment« [Rogers & Freiberg 1994, S. 152]), zum anderen *veralten* damit die Lerninhalte ganz rasant: »The one thing I can be sure of is that the physics taught to the present-day student will be outdated in five years or less« (Rogers & Freiberg 1994, S 152). Es ist und bleibt erstaunlich, wie schnell sich gerade die Inhalte des Physikunterrichts verändern bzw. wie schnell sie veralten ...

Auf die Lern*inhalte* kommt es deshalb auch nicht an, sondern vielmehr

> »[to] free curiosity, to permit individuals to go charging off in new directions dictated by their own interests, to unleash the sense of inquiry, to open everything to questioning and exploration, to recognize that everything is in process of change – here is an experience I can never forget« (Rogers & Freiberg 1994, S. 153).

»Facilitation of learning« beschreibt einen Prozess, den Weg »in which we might develop the learner and the way in which we can learn to live as individuals« (Rogers & Freiberg 1994, S. 153). Erfahren die Schülerinnen und Schüler *Authentizität, Wertschätzung, Vertrauen* sowie *empathisches Verständnis*, so entsteht ein *freies* Lernklima und die Lehrpersonen verändern sich zu »catalyzers, facilitators, energizers«, »they give students freedom and life and the opportunity to learn. Most important, they are co-learners with students« (Rogers & Freiberg 1994, S. 167).

»Facilitator of learning«, erfährt die Leserin oder der Leser, »is not just a fancy name for teacher«, im Gegenteil: »There is *no resemblance* between the traditional function of teaching and the function of the facilitator of learning« (Rogers & Freiberg 1994, S. 170, Herv. R. R.). Die Methoden der Fazilitation bzw. Förderung des Lernens sind »self-assessment«, »inquiry«, »projects«, »role-plays« und/oder »con-

d) »Lernen in Freiheit«

tracts«, wobei die Rolle der Gruppe und des Teamteachings hervorgehoben werden.

Am hohen Stellenwert der Eigenerfahrung im pädagogischen und didaktischen Denken zeigt sich, wie eine pseudo-humanistische, letztlich therapeutische und wenig reflektierte psychologische Position die Bedeutung des in der Schule gelehrten und zu erlernenden *Wissens* diskreditiert. Es ist, als ob die (quasi selbstverständliche) Einbettung der Schule in eine *Kultur* des Wissens, des Könnens und der Werte wie eine riesige Störvariable des Eigentlichen und Guten betrachtet würde, welches sich auf wundersame Weise im Kind entwickelt, wenn man es nur seinen natürlichen Wachstumsneigungen überlässt. Diese doch deutlich heruntergekommene Version von Rousseauismus lebt von der *manichäischen* Opposition von Person und Institution, Bildung und Kultur, Autonomie und Heteronomie, »eigen« und »fremd«. Dabei ist klar, dass die Person, die Bildung, die Autonomie und das Eigene die »gute Seite« dieses dichotomen Moralismus darstellen, während die Institution, die Kultur, die Heteronomie und das Fremde die (zumindest potentiell) »böse« Seite repräsentieren. Es ist also, als ob die Welt den potentiellen Feind des Selbst darstellen würde und als ob die ganze Welt im Kind stecken würde, das sich nur nach seinen natürlichen Kräften zu entfalten habe. Es wirkt, als ob die ältere Generation nicht wüsste, welches Wissen und Können, welche Einstellungen und Haltungen sie weitergeben sollte und möchte, als ob sie sich nur ja nicht aufdrängen dürfte.

Arendt sprach in einem Vortrag im Jahre 1958 von der doppelten Verantwortung, welche die ältere Generation in der Erziehung übernehme, der Verantwortung »für das Leben und Werden des Kindes« sowie »für den Fortbestand der Welt« (Arendt 1994b, S. 266). Die beiden Verantwortungen könnten »in einen gewissen Widerspruch miteinander geraten« (Arendt 1994b, S. 267). Da die Erwachsenen aber nicht mehr bereit seien, die für die Erziehung notwendige Autorität zu repräsentieren, sondern diese vielmehr abgeschafft hätten, könne dies »nur eines besagen, nämlich dass die Erwachsenen sich weigern, die Verantwortung zu übernehmen, in welche sie die

1 Mythos »Eigenerfahrung«

Kinder hineingeboren haben« (Arendt 1994b, S. 271). Mit Erziehung sei keine neue Welt zu bauen: »In Wahrheit verhält es sich ganz anders. Die Welt, in die [...] die Kinder hineingeführt werden, ist eine alte, d.h. vorgegebene, von den Lebenden und Toten erstellte Welt, die nur für diejenigen neu ist, die neu in sie hineinkommen, durch Geburt oder Einwanderung« (Arendt 1994b, S. 258). Diese vielleicht grob und pauschal erscheinende Argumentation Arendts sei hier herangezogen, um zu suggerieren, dass der auffällige und eigentümliche Fokus auf die Vokabel »Eigenerfahrung« in letzter Konsequenz als eine Verweigerung pädagogischer Verantwortungsübernahme zu deuten ist. Mag Spitzer mit »lernen, lernen, lernen« die Lernbereitschaft des Hirns treffend beschrieben haben, so besteht das pädagogische Pendant dazu im »zeigen, zeigen, zeigen« (vgl. Prange 2005; Harris 2012). Wer ein Musikinstrument erlernen oder in einer Sportart vorankommen will, die oder der muss viel lernen und sich anstrengen. Das gelingt in der Regeln nur, wenn ihr oder ihm sehr viel *gezeigt* wird. Immer geht es dabei um die mitunter mühsame *subjektive* Aneignung *objektivierter* Kultur- und Wissensbestände. Das zunächst »Fremde« oder fremd erscheinende macht man sich *zu eigen*, wie der Prozess der Bildung metaphorisch manchmal gefasst wird. Das »Eigene« entsteht immer erst und nur durch *Äußeres*, das sich die Person *angeeignet* hat. Diese elementare Interaktion und Dialektik zwischen dem Eigenem und dem Fremden, dem Innerem und dem Äußerem im pädagogischen Denken so sehr vernachlässigt und ignoriert zu haben, verdanken wir dem zeitgenössisch so bedeutsamen wie offenbar auch häufig unverstandenen Mythos der »Eigenerfahrung«.

2 Mythos »selbstorganisiertes Lernen«

> Wenn du Gott zum Lachen bringen willst,
> erzähle ihm von deinen Plänen!
> *Blaise Pascal*

Mit »organisieren« meint man u. a. etwas mit Sorgfalt und der nötigen Systematik *vorbereiten*, etwas *strukturieren*, dafür sorgen (sich drum kümmern), dass etwas *herbeigeschafft* wird bzw. ein bestimmter Zweck einheitlich gestaltet wird, oder aber sich als Gruppe von Menschen *zusammenschließen*, um ein – z. B. politisches – Anliegen zu verfolgen. Manchmal ist es nötig bzw. für manche wäre es günstig(er), den Alltag besser zu »organisieren«, d. h. die Aufgaben, die zu *erledigen* sind, in eine zeitliche Ordnung zu bringen, frühzeitig zu bedenken, zu überlegen, was als erstes getan werden sollte oder könnte, und wie es dann weitergehen soll mit den vielfältigen Geschäften und Besorgungen, die *anstehen*, auf Erledigung warten. Planen kann helfen, das ist sicher. Dann wird man aber abgelenkt, kommt in einer Sache nicht voran, bleibt gewissermaßen stecken, Unerwartetes ereignet sich oder man ist dann doch zu genervt oder zu müde, unfähig oder nicht motiviert, und es kommt anders raus als geplant.

Kann man Lernen »organisieren«? Und wenn ja, was heißt es, das Lernen »selbst« zu organisieren? Sicher ist zunächst: Man kann den Lernprozess niemandem abnehmen. Die Person kann nur *selbst* lernen. Natürlich braucht sie dabei vielleicht Hilfe (z. B. von Lehrpersonen), häufig geht es gar nicht ohne Hilfe. Doch Lernen tun wir immer selbst. Es könnte also sein, dass das Wort »selbst« in der Begrifflichkeit »selbstorganisiert« nicht sehr viel an Bedeutung hinzufügt, um Lernen besser zu verstehen oder es zu verbessern. Es könnte sich um eine *Überredungsvokabel* handeln.

2 Mythos »selbstorganisiertes Lernen«

Dann aber: Was heißt »organisiertes« Lernen? Wenn dieses Wort einen Sinn im Kontext des Lernens bzw. für das Verstehen des Lernprozesses aufweisen sollte, so müssten wir wissen, was »unorganisiertes« Lernen ist. Dann könnte man der Suggestion besser folgen und behaupten oder aufzeigen, dass *organisiertes* Lernen besser (z. B. effizienter) sei als *unorganisiertes*, aber besonders gut sei Lernen darüber hinaus, wenn es *selbstorganisiert* ist. Wenn es organisiertes Lernen (zur Erinnerung: wir reden nicht von *Lehren*) gibt, dann muss es auch unorganisiertes Lernen geben, d. h. auch unorganisiertes Lernen muss möglich sein. »Unorganisiert« hat einen negativen Touch, man könnte von »nicht organisiert« sprechen (wenn wir wüssten, was dies in Bezug auf Lernen heißt). Könnte es auch ein »selbst*un*organisiertes« Lernen geben?

Man merkt schnell, dass die Wörter »selbst« und »organisiert« Teil einer *loaded language*, einer emotional geladenenen Sprache sind; wir »mögen« diese Wörter (irgendwie). So scheint es unmöglich zu sein, »selbstorganisiertes« Lernen abzulehnen. Diese Unmöglichkeit ist jedoch keine Tugend dieser Begrifflichkeit oder der dahinterstehenden Idee, sondern ein Laster. Ganz sicher kann und muss man sich z. B. ein Studium »organisieren«, das ganze *Drum und Dran* irgendwie »auf die Reihe kriegen« (z. B. muss es finanziert werden), vielleicht auch selbstorganisieren (z. B. es in Teilen oder ganz selbst finanzieren). Aber kann das *Lernen* selbst wirklich organisiert bzw. selbstorganisiert werden? Besser gefragt: Bezeichnet die Rede des selbstorganisierten Lernens tatsächlich irgendwelche möglichen Merkmale des Lernens selbst, d. h. des *Lernprozesses?* Oder handelt es sich um Attribute, die mit dem Lernprozess letztlich wenig bis nichts zu tun haben, aber viel mit dem Versuch und dem nicht gerade soliden Versprechen, Lernen neu zu erfinden und definieren, auf scheinbar neue Weise »planbar«, »handhabbar« und »verfügbar« zu machen?

a) Die bloße Lernhilfe

Die Lehrperson habe nicht mehr »im Mittelpunkt« zu stehen, sondern allein das Lernen der Kinder und Jugendlichen. Die sogenannte »Lehrpersonenzentriertheit« soll schlimme Folgen haben – und so verflüchtigt sich die Lehrperson in den zeitgenössischen Diskursmoden. Es interessiert methodisch vor allem das Hirn, das Kind und ihr oder sein Lernen, während die gesellschaftliche und kulturelle Bedeutung des Lehrgegenstandes kaum noch Erwähnung findet. Aus dieser pädagogisch und didaktisch verkürzten Sicht wird die Lehrperson vor allem noch auf die Begleitaufgabe der Lernhilfe reduziert: Sie soll vor allem noch die selbstorganisierten Lernprozesse der Schülerinnen und Schüler stimulieren. Diese bemerkenswert schlichte »Lernutopie« wird zurzeit bekanntlich unter Vokabeln wie »Kompetenzentwicklung«, »selbstorganisiertes Lernen« und »konstruktivistische« Arrangements individuellen Lernens vorgestellt bzw. verhandelt. Hierbei wird die Möglichkeit der Verwendung und Neubildung von zusammengesetzten Nomen rege benutzt. Im Bildungsdiskurs der letzten Jahrzehnte hat sicher das Wort »Kompetenz« die größte Anbändelungswut bewiesen. Sein linguistisches Appetenzverhalten wirkt obszön, unseriös und häufig lächerlich. Das Wort »Kompetenz« ist sich nie zu schade, sich mit jedem anderen Wort zu verbinden, sofern dieses andere Wort zum Nomen bzw. zur Substantivierung in irgendeiner Weise taugt. »Die Tatsache, dass niemand an die Realität der Substantive glaubt, hat paradoxerweise zur Folge, dass ihre Zahl unbegrenzt ist«, meinte Jorge Luis Borges (2018, S. 64) einmal.

Die drei genannten Vokabeln sind nicht nur aufdringliche Orientierungspunkte sowohl des populären als auch des erziehungswissenschaftlichen Bildungsdiskurses, sondern verkörpern in gewisser Weise auch bedeutsame theoretische und teilweise empirische Konzepte. Alle drei Vokabeln beziehen ihre Relevanz aus dem mittlerweile für den modernen Kontext allgemein anerkannten Zwang zum lebenslangen Lernen, womit auch impliziert wird, um es mit Werner

2 Mythos »selbstorganisiertes Lernen«

Loch zu sagen, dass der *homo educandus* vom *homo discens* – dem lernenden Menschen – abgelöst worden ist oder abzulösen sei (vgl. Buck 2012). Erziehung und Lehre fungieren damit primär noch als *Lern*hilfen. Loch (1999) stellte die Lernhilfen in einem 22-stufigen (!) System über den ganzen Lebenslauf vor, namentlich beispielsweise von der »Wachstumshilfe« über die »Organisationshilfe«, die »Orientierungshilfe«, die »Identifikationshilfe« – die noch typisch für das Kindesalter sind – bis hin zur »Entspannungshilfe«, »Erinnerungshilfe«, »Besinnungshilfe«, »autobiographischen Reflexionshilfe« und schließlich – angesichts der Nähe des Todes – auf der letzten Entwicklungs- und Kompetenzstufe, Nr. 22, zur »Konsolationshilfe«.

Das Schöne an dieser »finalen Lernutopie« ist sicher, dass der Mensch bei Loch wenigstens noch trostfähig ist, gewissermaßen *konsolationskompetent.* Loch scheint die antitragische Zuversicht der modernen Pädagogik also noch ganz zu teilen. Im Gegensatz dazu ist der Mensch in Blumenbergs Anthropologie (Blumenberg 2014) zwar trostbedürftig, aber untröstlich – daher taugt Blumenberg wahrscheinlich auch nicht als Lernutopist und gehört nicht zur Gruppe der pädagogischen Optimisten. Denn von solchen mehr oder weniger tragischen oder zumindest dramatischen Konstellationen ist der populäre und szientifische Lern- und Bildungsdiskurs natürlich weit entfernt. Hier hat sich auch die letzte existentialistische und nihilistische Irritation verflüchtigt und das Leben befindet sich ganz positiv im klaustrophobischen Kasten der reinen Immanenz. Das Leben soll dort möglichst souverän, d. h. selbstorganisiert, absolviert und effizient durchgezogen werden soll. Manche Kolleginnen und Kollegen scheinen diese »Utopie« sehr zu begrüßen, wiewohl der dystopische und beklemmende Charakter dieses Verständnisses doch eigentlich erschrecken könnte (und auch sollte).

Wo der Sinn für Paradoxie, Dialektik und Ironie vollständig verloren gegangen ist, entwickelt sich nicht einmal mehr der Sinn für die Sinnfrage. Diese – die Frage nach dem Sinn – meldet sich dann aber natürlich immer wieder mit dem sogenannten Leben zurück, d. h. mit der individuellen und kollektiven Geschichte, die das wohlgeordnete und geplante, sicher möglichst selbstorganisierte *curriculum vitae* nachhaltig zu stören und manchmal sogar zu zerstören vermag. Gut, so mag man einwenden, wenn das selbstorganisierte *Leben* schon nicht möglich ist, so soll es wenigstens das selbstorganisierte *Lernen* sein.

b) Zur »Definition« des »selbstorganisierten« Lernens

Die lebenslange und zunehmend vom Individuum verantwortete *Organisation* ihres oder seines Lernens, dem sogenannten Lebens*lauf* oder »*curriculum vitae*«, wird also durch die leidige Lebens*geschichte*, d. h. die *diskontinuierlichen* Erscheinungsformen des Lebens, mehr oder weniger deutlich gestört, sodass curriculare Bildungsprozesse, die teilweise sicher kontrollierbar und in ihrer Mittelzweckhaftigkeit nachvollziehbar sind, von Lebensereignissen und -situationen relativiert werden, die letztlich nach *Umlern*prozessen verlangen, d. h. nach mühsamen Transformationen in der Selbstverständigungshermeneutik. Dabei geht es nicht um die Erhöhung eines Könnens oder um den Erwerb neuer Kompetenzen, sondern vielmehr um die Neuinterpretation der Situation, in der sich das Individuum befindet oder zu befinden glaubt. Die Pointe ist natürlich die: *Umlernen ist weder frei gewählt noch selbst zu organisieren.* Im Sinne des strukturgenetischen Paradigmas sensu Jean Piaget könnte also die Hypothese formuliert werden, wonach die »Utopie« eines breiten, zeitgenössischen Lernverständnisses darin besteht, Lernen allein noch als *Assimilati*onsprozess zu verstehen und gestaltbar zu machen (quasi: allein im Sinne von *poiesis* und *techné*). Hier hat sich das Selbst, Ich oder Subjekt – man wähle das geeignet scheinende Wort je nach metaphysischer, d. h. ontologischer und epistemologischer Provenienz – wenigstens noch im Griff: Es muss ja nur ein wenig Neues in ihre oder seine ansonsten intakte kognitive Struktur bzw. ihr oder sein Bild von sich selbst integrieren. Das geht ja noch! Das schaffen wir! Doch Akkommodationsprozesse setzen die Souveränität des Selbst, Ichs oder Subjekts eben zumindest zeitweilig außer Gefecht, sodass die Pädagogik wieder einmal mehr nicht zu halten vermag, »was man sich von ihr verspricht«, um es mit Siegfried Bernfeld (1994, S. 9) zu sagen. Hier schreit die Dissonanz,[11] doch der Schrei beliebt stumm. Er bleibt unerhört und das ist das Unerhörte dieser Utopie, die eben eine Dystopie darstellt – ein schlechter Ort.

Schnell vorgetragene Vorstellungen von Kompetenzentwicklung, selbstorganisiertem Lernen und der Konstruktion individuellen Lernens prägen auch die Rede um die Aufgaben und Professionalität der Lehrperson. Die damit verbundenen metaphysischen Grundannahmen oder Voreinstellungen werden in der Regel souverän ignoriert. Das sei am Beispiel der manchen Menschen ja so sympathisch anmutenden und sich nun einmal tatsächlich im Reich des »Postfaktischen« befindlichen Idee des »selbstorganisierten Lernens« verdeutlicht.

Es beginnt schon mit der dubiosen Semantik. Was kann man sich unter einem Lernen vorstellen, das sich »selbst organisiert«? *Lernen, das sich selbst organisiert:* Ist das wie ein Rennen, das von alleine läuft? Eine Nahrungsaufnahme, die sich selber das Besteck gibt? Oder ein Kochen, das sich selbst am Herd verbrennt? Ein Studium, das sich selber evaluiert? Oder bloß ein Denken, das sich selbst reflektiert? Kurz: Der Ausdruck »selbstorganisiertes Lernen« ist reichlich ungenau gewählt, denn offensichtlich *organisiert* sich beim »selbstorganisierten Lernen« nicht das *Lernen* selbst, sondern immer nur die oder der *Lernende.* Das ist – abgesehen vom »Lernen« der künstlichen Intelligenz – in der Regel eine *Person.* Die Person und das Lernen sind aber natürlich nicht das gleiche. Offenbar spielt diese Differenz jedoch beim »selbstorganisierten Lernen« keine größere Rolle. Würde aber die Sprache präziser und nicht – sei es unbewusst oder nicht – so missbräuchlich eingesetzt, so entfiele die wichtigste Quelle der

---

11 Der Ausdruck »schreiende Dissonanz« findet sich bei Bernfeld (1994, S. 40).

b) Zur »Definition« des »selbstorganisierten« Lernens

Überredungsmacht der Vokabel des »selbstorganisierten Lernens«: Das Vorgaukeln des Utopischen hätte quasi ausgespielt, die Nacktheit des Kaisers, die Banalität des Konzepts könnte erkannt werden. Das Gutgemeinte präziser formuliert: Es geht nicht um das Lernen, sondern also vielmehr um die *Person* (etwa der Schülerin bzw. des Schülers), welche jene praktischen Schritte selbst zu initiieren und organisieren vermag, die ihr oder ihm das Lernen erleichtern oder sogar ermöglichen sollen. Diese praktischen Schritte sind jedoch nicht das Lernen selbst. Inwiefern kann eine Person über ihr oder sein *Lernen* so verfügen, dass das Attribut »selbstorganisiert« berechtigt erschiene? Gehen wir zur Prüfung dieser scheinbar einfachen Frage nicht von komplexen Umlern- bzw. Akkommodationsprozessen aus, sondern von einem relativ überschaubaren Prozess der Aneignung von Tatsachenwissen.

Situation 1: Ich höre beiläufig (d. h. ungeplant), dass Addis Abeba die Hauptstadt von Äthiopien sei. Habe ich dieses Lernen selbstorganisiert? Im Sinne des »selbstorganisierten Lernens« wahrscheinlich nicht!

Situation 2: Ich will wissen, wie die Hauptstadt von Äthiopien heißt, und überlege mir, wie ich das herausfinden kann. Mir kommt die Idee, dass ich in *Google* »Hauptstadt von Äthiopien« eintippen könnte. Gedacht, getan und ich lese *Addis Abeba.* Wäre dies ein Beispiel für Lernen im Sinne des »selbstorganisierten Lernens«, das auch wirklich »selbstorganisiert« wäre? Wahrscheinlich schon!

Im Unterschied zum ersten Fall bin ich im zweiten Fall *selbsttätig* geworden (landläufig »aktiv« genannt): *Weil* ich X wissen wollte, habe ich nach X gesucht. Meine Fähigkeiten und der Wille zu dieser Suche haben mich zum Erfolg geführt, denn nun weiß ich, wie die Hauptstadt von Äthiopien heißt. Ich habe *gelernt*, dass die Hauptstadt von Äthiopien Addis Abeba heißt; in Bezug auf den Namen der Hauptstadt von Äthiopien bin ich *wissender* geworden. Aber es macht semantisch keinen Sinn zu sagen, *dass* sich mein *Lernen* selbst organisiert hätte! Die *Suche* nach dem fehlenden Wissen – und das ist nun einmal nicht das Lernen (oder hier der Wissenserwerb) selbst – habe ich zwar selbsttätig geleistet, aber die *Aneignung* und vor allem *Bestimmung* des

Tatsachenwissens (den Namen der Hauptstadt von Äthiopien) – also hier das Motiv und Objekt des Lernens – kann ich gar nicht selbst *organisieren*. Das kann vielleicht nur Gott. So ist jedenfalls mit einem der schlechtesten Lieder von Bob Dylan zu vermuten, in welchem es heißt: »God gave names to all the animals, in the beginninng, in the beginning ...«. Auch die selbstorganisiert*este* Lernerin bzw. der selbstorganisiert*este* Lerner besitzt nicht die originäre Macht, die Namensgebung der Hauptstädte zu »organisieren«. Seit Gott tot ist, ist sein Platz vakant. Dies hinterlässt eine große Lücke, könnte man sagen, und selbst die Pädagogischen Psychologinnen und Psychologen (und nicht nur durch den Tod Gottes traumatisierte Bildungsphilosophinnen und Bildungsphilosophen) sind daran interessiert, diese Lücke mit allerlei Lernkonzepten zu füllen, in denen das Selbst – die letzte sakrale Instanz – die zentrale Rolle einnehmen soll, letztlich jene der Kreatrix oder des Kreators, die oder der sich und ihre oder seine Welt aus dem Nichts heraus erschafft. Wo Gott war, soll »SOL« werden (vgl. weiter unten).

Die scheinbar spitzfindige Differenz (zwischen Lernen und Selbsttätigkeit) spricht nicht gegen die noblen Intentionen, die mit dem Konzept des selbstorganisierten Lernens verbunden werden. Vielmehr machen sie deutlich, wie sprachlich ungenau zentrale Konzepte heute auch in Erziehungswissenschaft und Bildungsforschung vorgestellt werden und offenbar ungestraft bleiben. Dabei scheinen die sprachlichen Probleme den Vertreterinnen und Vertretern entweder nicht bewusst oder aber nicht von Relevanz zu sein. Beide Positionen wären als problematisch zu bezeichnen.

Sicher ist es aber wünschenswert, wenn Schülerinnen und Schüler z.B. ihre Bücher *selbst* hervorholen oder in der Bibliothek suchen gehen, *selbst* im Internet eine Recherche tätigen, ihre Farbstifte *selbst* spitzen, *selbst* überlegen, wie die Innenwinkelsumme eines Dreiecks berechnet werden könnte, *selbst* den Aufbau des Aufsatzes bestimmen, den sie schreiben sollen usw. usf., denn die Lehrpersonen wollen und sollen für die Kinder einfach nicht die Bücher aus deren Pulten holen, sie wollen und sollen auch nicht deren Farbstifte spitzen, deren Aufsätze schreiben, und der Sinn der Innenwinkelberechnung besteht zunächst darin, dass die Schülerinnen und Schüler diese selber versuchen und vollziehen, denn die Lehrpersonen sind ihnen in dieser Kompetenz hoffentlich schon voraus. Kurz: *Jede* Pädagogik und Didaktik zielt auf *in diesem Sinne* auf Selbstorganisation, die Unterschiede in der konkreten Entwicklung und Gestaltung der Selbstorganisation – früher Selbsttätigkeit genannt – sind Oberflächenphänomene, die methodisch und vielleicht auch didaktisch bedeutsam und mehr oder weniger förderlich für das Lernen sein können.

c) Chimäre oder Banalität?

Das Konzept des »selbstorganisierten Lernens« kann also entweder als Chimäre oder aber als Banalität behandelt und kritisch betrachtet werden. Der erste Teil der Ausführungen ist der ersten Variante gefolgt, sozusagen der Chimärenkritik, der zweite Teil der Banalitätskritik. Das ist nur eine Frage des Gustos, des kritischen Appetits. Manche mögen die Keule schwingen, andere mit Dessertgäbelchen picken, das Eiersoufflé dieser »Lernutopie« wird entweder wie ein müder Ballon in sich zusammensacken oder aber platzen. In *The Structure of Appearance* schreibt und übertreibt Nelson Goodman (1951):

> »Jede Anstrengung der Philosophie, das Dunkle und Obskure aufzuklären, hat etwas Unerfreuliches; denn als Strafe für Misserfolg droht Konfusion, als Lohn des Erfolges winkt Banalität. Jede Lösung, ist sie erst einmal gefunden, ist bald langweilig; und es bleibt nur die Bemühung übrig, das ebenso langweilig zu machen, was noch dunkel genug ist, um uns zu fesseln« (zit. n. Hogrebe 1992, S. 68 f.).

Nicht übertrieben ist hingegen die Feststellung, dass wenn eine Begrifflichkeit sich einmal im »Diskurs« etabliert hat, es in der Folge fast unmöglich ist, *nicht* davon auszugehen, dass sich hinter der Worthülse eine mehr oder weniger klar umrissene Realität verberge (vgl. Parker 1992).

In der Einleitung ihres 2012 erschienenen Abschlussberichts zur Evaluation des »Selbstorganisiertes Lernens (SOL) an Zürcher Mittelschulen – neue Lehr- und Lernformen« schreiben die Autorinnen und Autoren:

»Die Fähigkeit zum selbstorganisierten Lernen kann als Kompetenz verstanden werden, die den Schüler/innen ermöglicht, ihr Lernen selbstständig zu organisieren, zu planen, durchzuführen und zu evaluieren. ›Selbstorganisiertes Lernen‹ unterstützt den Erwerb fachlicher Kompetenzen, befähigt aber darüber hinaus die Schüler/innen, zukünftig im Studium oder im Beruf komplexe Herausforderungen und Aufgaben zielorientiert eigenständig zu lösen. Eine bedeutende Grundlage für das lebenslange Lernen der Schüler/innen wird damit gelegt« (Maag Merki et al. 2012, S. 7).

Diese scheinbare Definition – die einzige im Bericht – beginnt zunächst als Tautologie: »Die Fähigkeit zum selbstorganisierten Lernen kann als Kompetenz verstanden werden, die den Schüler/innen ermöglicht, ihr Lernen selbstständig zu organisieren.« Festzuhalten ist also *erstens:* Die Fähigkeit ist eine Kompetenz, und *zweitens:* Das selbstorganisierte Lernen ist das *selbstständig* organisierte Lernen. Nach dem tautologischen Beginn führt die »Definition« dann über das semantische Feld des Attributs »organisieren« unvermittelt hinaus: »[...] zu organisieren, zu planen, durchzuführen und zu evaluieren«. *Drittens:* Selbstorganisation ist Selbstorganisation und darüber hinaus auch Durchführung und Evaluation des Selbstorganisierten. Kurz: Selbstorganisation ist mehr als Selbstorganisation. Das Konzept »des selbstorganisierten Lernens« wird von den Autorinnen und Autoren für die Evaluationsstudie dann mit zwei Kriterienkatalogen »operationalisiert« (Maag Merki et al. 2012, S. 11), wobei das erste Merkmal lautet: »Lernende sind aktiv an ihrem Lernprozess beteiligt!« Wahrscheinlich ist es besser, aktiv als nur passiv am eigenen Lernprozesse beteiligt zu sein. Es ist schwer sich vorzustellen, wie das sein könnte, »passiv« am »eigenen« Lernprozess »beteiligt« zu sein.

c) Chimäre oder Banalität?

Die *Person* der oder des Lernenden wird in dem langen Katalog genau einmal explizit genannt (Maag Merki et al. 2012, S. 11). Dass Lernende *aktiv* an ihren *eigenen* Lernprozessen *beteiligt* sein sollen, gehört nun allerdings zu einem schönen Beispiel für emotional aufgeladene Sprache und ihrer persuasiven Wirkung im Bereich der Bildung (vgl. Reichenbach 2004). Helmut Heid (2002, S. 103) hat folgende drei (hier auf das Wesentliche verkürzte) Aussagen von namhaften Pädagogischen Psychologen, nämlich (1) »Kinder sind dann mit der größten Wahrscheinlichkeit produktiv, wenn sie aktiv an ihrem eigenen Lernprozess beteiligt sind«, (2) bzw. wenn »der Lernende im Mittelpunkt des Lernprozesses« steht und (3) Lernen sei »ohne Beteiligung des Selbst nicht vorstellbar«, mit der folgenden Aussage verglichen: »Gelungenes Trinken setzt voraus, dass der Trinkende sich an seinem Trinken beteiligt.«

»Aktiv« ist gut (sicher besser als »passiv«), »eigenes« Lernen sicher besser als »fremdes« (?), Prozessorientierung sicher besser als Produktorientierung und Beteiligung (Partizipation) ist sowieso immer gut. Was in diesem Duktus als quasi utopisch oder innovativ erscheinen mag, ist bei Lichte betrachtet vor allem pädagogischer Sloganismus der kaum reflektierten Sorte, der aber für Kriterien der politischen Korrektheit sensibel zu sein scheint. Gibt es eine Möglichkeit, der Aufdringlichkeit und diskursiven Macht solcher pädagogischer Slogans zu entkommen? Wahrscheinlich nicht.[12]

Pädagogische Slogans arbeiten häufig mit der Formel »Von X zu Y«, z. B. »von Stoffen zu Kompetenzen« oder »vom Lehren zum Lernen« oder auch mit der Formel »X statt Y«, z. B. »lebendiges Lernen *statt* Stoffvermittlung«, »subjektive Wirklichkeiten *statt* objektive Wahrheiten«, »Wissenskonstruktion *statt* Wissensreproduktion«, »Vernetzung *statt* Linearität«, »Beziehung *statt* Erziehung«, »Vereinbarungen *statt* Durchsetzung«, »Kompetenz- *statt* Defizitorientie-

---

12 In einem Gespräch zwischen Jorge Luis Borges und Ernesto Sabato, das 1975 in Buenos Aires stattgefunden hat, fragt Borges: »Was meinst Du, sollen wir uns umbringen, um uns von dieser erbärmlichen Musik zu befreien?« (Borges & Sabato 2013, S. 142).

rung«, »Unterstützung *statt* Belehrung«, »Team *statt* Einzelkämpfertum« u.v.a.m. Dabei bedienen sie sich einer (emotional) aufgeladenen Sprache, sogenannter *loaded language*. Typische aufgeladene Terme ergeben sich durch positiv konnotierte Adjektive: »aktives« Lernen, »offenes«, »entdeckendes«, »ganzheitliches«, »kooperatives«, »selbsttätiges«, »eigenständiges«, »nachhaltiges«, oder eben »selbstorganisiertes« Lernen. Das sind alles »gute« Adjektive und Attribute. »Gut« im Sinne von: Wir können einfach nicht dagegen sein, auch wenn wir uns noch so anstrengen – es ist ganz aussichtslos, gegen die Macht der so *simplen* wie *suggestiven* Sprache ankämpfen zu wollen. Damit muss man leben. Ärgerlich bleibt es aber, wenn der entsprechende Sloganismus von Vertreterinnen und Vertretern der Lehrpersonenbildung sowie der Bildungsforschung mit der größten Selbstverständlichkeit selbst aufgenommen wird.

Die Gemeinsamkeit der zeitgenössischen Slogans in Lehrpersonenbildung, Pädagogik, Erziehungswissenschaft und Bildungsforschung kann in impliziten oder auch expliziten Zuschreibungen von Subjektivität und Selbstsein vermutet werden: Das »selbstorganisierte« Lernen ist wenigstens nicht »fremdorganisiert«! Da spielt es offenbar keine Rolle, dass sich Lernen auch nicht »fremdorganisieren« lässt. Dennoch macht die »Selbst-«Vokabel nur in ihrer *kontrastiven Suggestion* Sinn – als Konterpart zu »fremd« (ähnlich wie »aktives« Lernen sich im Grunde von »passivem« Lernen zu unterscheiden sucht – und dabei muss dahingestellt bleiben, was denn passives Lernen im Kontext der Schule überhaupt bedeuten könnte). Die offenbar völlig unbedachte Metaphysik des Selbst und die damit suggerierten Illusionen von Selbstsein und Autonomsein scheinen konstitutiv für ein heute weitverbreitetes Lernverständnis zu sein. Daran ist nichts Utopisches oder Innovatives zu erkennen, sondern vielmehr die machtvolle Realpolitik der Sprache, die mit einer *normativ aufgeladenen* Innen-Außen-Optik und -Metaphorik operiert, welche mit den Differenzen von Autonomie und Heteronomie, Selbst- und Fremdbestimmung im oberflächlichen Bildungsdiskurs zusammenzufallen scheint: »Von innen« ist (immer) gut, »von außen« nicht so gut, »intrinsisch motiviert« zu sein immer besser als bloß »extrinsisch motiviert« zu sein.

Der Schlüssel der Wirkungsmacht der »selbst«-bezogenen Sloganistik und Metaphorik liegt letztlich im impliziten Konzept der *Selbstkontrolle*. David Smail schreibt in *The Nature of Unhappiness* (2001, S. 82):

> »The great error [...] of psychology has been to consider individual meaning-systems as somehow belonging to and in the control of the people of whom they form a part. Over and over again the assumption is made that things like beliefs and attitudes are located *inside* a person and that, while they may indeed be seen as guiding his or her conduct, they are also, in some way which is almost always left mysterious, subject to operations of his or her will.«

Überzeugungen und Einstellungen können zunächst von der Person deshalb nicht kontrolliert werden, weil sie *konstitutiv* für das Personsein sind! Und natürlich sind dabei die sogenannten »›inner resources‹ [...] most usually *outer* resources which (people) [...] have acquired over time. The idea of an ›inner world‹ is in this way the transmission of a temporal phenomenon into a spatial metaphor« (Smail 2001, S. 83).

Die Idee des letztlich trivialen Konzepts des »selbstorganisierten Lernens« besteht auch darin, die Institution nur in ihren *förderlichen* oder *hemmenden* Wirkungen für das zu betrachten, was »selbstorganisiertes Lernen« genannt werden will. Eine »gute« Institution ist dann die, welche das »selbstorganisierte Lernen« fördert, während eine nicht so gute Institution das »selbstorganisierte Lernen« der Person nicht oder in geringem Ausmaß fördert. Ironischerweise beansprucht genau solche Bildungsforschung, frei von normativen Setzungen zu sein. *Was* aber genau gefördert werden soll und *wofür* die Institution – außer als Förderin von individuell einsetzbaren Fähigkeiten – einsteht, d. h. ihre kulturelle *Repräsentationsfunktion*, bleibt in solchen, nur scheinbar personalen Konzepten des Lernens, nicht nur unterbelichtet, sondern unbeleuchtet.

Konkrete Umsetzungs- und Unterrichtspraxen des Konzepts des selbstorganisierten Lernens kommen ganz sicher jenen zugute, die eh leistungsmotiviert und vergleichsweise leistungsstark sind. Diese können sich eben auch besser selbst organisieren (was sich positiv auf ihre Lernfortschritte auswirkt). Schon vor 25 Jahren haben Alois Niggli und Bernd Kersten die Auswirkungen des sogenannten »Wochenplanunterrichts« untersucht, nach welchem sich die Schülerinnen und Schüler das Lernen bzw. die Lernaufgaben, die in einer Woche anstehen, weitgehend selbst einteilen können (Niggli & Kersten 1999). Der Erstautor hat über Jahre die sogenannten »Erweiterten Lernformen« vorangetrieben und dazu viele Schulen beraten. Das soll gesagt werden, weil Niggli gerade zu den Vertretern dessen gehörte, was heute unter dem Label »selbstorganisiert« weiterhin an Schulen und leider in der Lehrpersonenbildung als besonders bedeutsam verhandelt und vermittelt wird. Während die nichtkognitiven Fähigkeiten in der Vergleichsstudie (mit oder ohne erweiterte Lernformen) zumindest nicht negativ tangiert worden sind, zeigte der Befund im Fach Mathematik, dass nur die leistungsstarken Schülerinnen und Schüler im Setting der erweiterten Lernformen ihr Niveau aufrechterhalten konnten, während der Lernerfolg bei den mittelstarken und leistungsschwachen Schülerinnen- und Schülergruppen gesunken ist. Das wird niemanden erstaunen, die oder der jemals unterrichtet hat.

Obwohl heute u.a. mit John Hatties (2009, 2012) groß angelegten, sehr weit rezipierten (und auch kritisierten) Metastudie zu den Faktoren des Lernerfolgs eine von der Anzahl der eingeschlossenen Studien her geradezu erschlagende Evidenz vorliegt,[13] welcher Unterricht am ehesten Lernerfolg verspricht, nämlich genau nicht derjenige, der den Schülerinnen und Schülern viel Eigenverantwortung für ihr Lernen einräumt, wird am offenbar pädagogisch und politisch genehmen Mythos – sei es unter dem Label »selbstorganisiert«, sei es unter einem anderen Label – treu und ohne jede Irritation festgehalten. Das ist erklärungsbedürftig. Der hier festzustellende Verblendungszusammenhang ist beeindruckend. Er würde zum Anstoß und Politikum, wenn die Bildungsklasse (PMC) den Schuler-

---

13 Vgl. z.B. Köller (2014).

c) Chimäre oder Banalität?

folg ihrer insgesamt privilegierten Kinder (nicht mit Lernerfolg zu verwechseln) durch die »neuen« Pädagogiken nicht sichern könnte. Doch das ist nicht der Fall. Die Mythen des neuen und guten Lernens schaden ja nicht primär ihnen. Dennoch gibt es eine sich ausweitende Schulkritik der Bildungsklasse, die – wenn sie können – ihre Kinder lieber auf eine Alternativ- bzw. Reform- bzw. Privatschule schicken, weil sie sich um das Lernen ihrer Kinder Sorge machen und der »Pädagogik« misstrauen, die sie in der Staatsschule erleben bzw. zu beurteilen können meinen. Liebe Bildungsklasse, möchte man diese Eltern trösten, Euer Kind wird es auch ganz gut in der Staatsschule schaffen, ihr oder sein Erfolg ist praktisch gesichert, denn unsere Pädagogik richtet sich in Wirklichkeit ja gar nicht nach den Bedürfnissen der Leistungsschwächeren, sondern just nach den Kindern, wie Sie eines haben!

3   Mythos »digitales Lernen«

> Jedes Gedicht ist der Anti-Computer
> *Paul Celan*

Alle kennen die Ambivalenz der Digitalität, ihre großartigen Möglichkeiten und ihre destruktiven Wirkungen. Sie hilft uns, Zeit zu sparen, gleichzeitig ist sie die Zeitvernichterin *par excellence*. Sie verbindet uns mit sonst Abwesendem und zersetzt unsere Fähigkeit, eigene Bilder zu schaffen. Sie bringt uns auf neue Ideen, doch sie hat eine sedierende Wirkung, wenn wir es mit ihr übertreiben. Die wahre »digitale Kompetenz« besteht darin, sich von ihrer Aufdringlichkeit nicht bestimmen zu lassen. Die uns mittlerweile so gut vertraute Doppeldeutigkeit der digitalen Welt hindert viele Bildungsverantwortliche in Politik und Verwaltung jedoch keineswegs daran, dem Mythos des »digitalen Lernen« zu frönen und es für »innovativ« zu halten.

a)   Viel heiße Luft ...

Schleierhaft, dieses digitale Lernen! Feststeht, es gibt digitale Medien. Und es gibt digitale Lehrmittel. Aber was zum Kuckuck ist digitales Lernen? Jedenfalls ist es »innovativ«. Kein Lebensbereich wird nicht von der Digitalisierung geprägt. Natürlich auch nicht die Bildung. Und das ist o.k. Denn: überall ist »Digitalisierung« – man kann das Wort doch kaum noch hören. »Facebook liefert die Traumwohnung, Wikipedia die Bildung, LinkedIn den Job, Tinder die Liebe, Twitter die Anerkennung und YouTube macht uns alle zum Star«, so Milos Matuschek (2019) in einer Kolumne.

a) Viel heiße Luft ...

In der *Neuen Zürcher Zeitung* stand unter dem Titel »Schweizer Jobwunder dank Digitalisierung« vor wenigen Jahren: »Der technologische Fortschritt verleiht dem hiesigen Arbeitsmarkt Schwung – nicht alle Arbeitnehmer jedoch profitieren« (NZZ, 9.9.2019, S. 19). Ob auch Lehrpersonen zu den Profiteurinnen und Profiteuren der sogenannten »digitalen Revolution« gehören, war jedoch nicht das Thema. Manche glauben noch, der Lehrberuf sei einer der am wenigsten digitalisierbaren Berufe, andere meinen – wie in einem Lokalblatt zu lesen war –, Lehrpersonen seien wie »Plattenspieler«, heißt: Es gibt sie zwar noch, aber man brauche sie eigentlich nicht mehr (*Anzeiger von Saanen*, 10.9.2019, S. 3). Davon sei im Folgenden nicht die Rede. Auch nicht von der »digitalen Bildungsrevolution«, deren blinder Fleck die digitalen Medien selbst sind, wie der Medienwissenschaftler Roberto Simanowski in seinem Buch *Stumme Medien. Vom Verschwinden der Computer in Bildung und Gesellschaft* (2018) moniert und darin eine Medienbildung fordert, die über eine digitale Didaktik und anwendungsbezogene Medienkompetenz hinausgeht und natürlich auch die gesellschaftlichen Folgen der Digitalisierung reflektiert (vgl. dazu auch Reichenbach & Simanowski 2018). Es sei auch nicht Thema, dass mit der Digitalisierung der Grundstein für eine auf Selbstkontrolle und Selbstoptimierung orientierte kybernetische Gesellschaft gelegt wird bzw. werden kann, wie sie in China mit der Einführung des *Social Score Systems* aufscheint. Noch sei von höchst bedenklichen Bildungsapplikationen wie *ClassDojo* die Rede, das in US-Schulen benützt wird und mit welcher Lehrpersonen das Verhalten der Schülerinnen und Schüler bewerten und die Bewertung den Eltern in Echtzeit übermitteln sowie unter der Schülerinnen- und Schülerschaft als Wettbewerbsmotivation einsetzen können. Vielmehr sei zunächst von diesem so aufdringlichen wie auch seichten Diskurs die Rede, mit welcher insbesondere von bildungspolitischer und bildungsadministrativer Seite die Notwendigkeit der »digitalen Bildung« bzw. des »digitalen Lernens« postuliert wird. Allein die Idee, dass Lernen, d.h. Lernprozesse, »digital« sein könnten, zeugt von einem (weiteren) so unbekümmerten Sprach- und Konzeptgebrauch,

3 Mythos »digitales Lernen«

übrigens auch innerhalb der Erziehungswissenschaft, dass man sich nur fragen kann: »Est-ce que ce monde est sérieux?«

Bei Verben kommt das Suffix »-isieren« häufig vor. So kann man demoralisieren, entmilitarisieren, karamellisieren, pauperisieren oder auch vulgarisieren. »*Isieren*« bringt eine Veränderung (oder eine Verhaltensweise) zum Ausdruck. Heute ist also viel von »Digitalisierung« die Rede; die Welt sei digitalisiert, heißt es, oder zunehmend digitalisiert. »Wenn heute von digital und analog die Rede ist«, schreiben Kathrin Passig und Aleks Scholz (2015, S. 77), »dann ist das Digitale immer das Neue, und das Analoge war schon vorher da. Mehr noch, das Digitale ist menschengemacht, artifiziell, während Analoges irgendwie natürlich ist«. Im EDV-Bereich meint »analog« *kontinuierlich* bzw. *stufenlos*, während »digital« auf das englische *digit* (»Ziffer«) bzw. das lateinische *digitus* (»Finger«) zurückgeht, also den Finger betreffend, z.B. mit dem Finger ein nicht analoges, diskretes oder abgestuftes Signal betätigen. Man würde denken, der Unterschied zwischen »analog« und »digital« sei klar. »Den lebensweltlichen Hintergrund des scheinbar alternativlosen Begriffspaars bildet nicht etwa der Computer oder das Internet, sondern die Uhr«, meinte Walther Zimmerli (2018). Die Verwendung des Begriffs »digital« werde in der Regel auf den Hinweis hinauslaufen, »dass in einer digitalen Anzeige die Uhrzeit in Zahlen ausgedrückt wird, im Gegensatz zu einer analogen Uhr, die die Zeit durch die Stellung der Zeiger zueinander anzeigt« (Zimmerli 2018). Darüber habe sich die phänomenologisch ausgerichtete Philosophie schon vor Jahrzehnten Gedanken gemacht,

> »etwa, dass die analoge Zeitanzeige bis hinein in ihre sprachliche Repräsentation lebensweltlich den Vorteil habe, die Zeit räumlich anschaulich zu machen. Die analoge Uhr ist sozusagen eine der Urformen des Tortendiagramms; sie zeigt uns nicht nur an, wie viel Zeit bereits verstrichen ist, sondern sie informiert uns auch auf einen Blick darüber, wie viel Zeit jeweils noch zur Verfügung steht, und zwar in Gestalt ganzzahliger Brüche: Es ist halb, Viertel vor oder Viertel nach« (Zimmerli 2018).

Aber auch dieses Beispiel sei so einfach nicht:

a) Viel heiße Luft ...

»Zum einen hat sich nach einer Phase, in der digitale Zeitmesser, zum Beispiel als Armbanduhren, angesagt waren, vorwiegend im Luxussektor die analoge Anzeige wieder erfolgreich durchgesetzt. Zum anderen aber ist das Innenleben der Uhren weder digital noch analog, sondern mechanisch und/oder elektronisch. Und um die Verwirrung noch weiter zu steigern: Die analoge Zeitanzeige erfolgt über Zeiger (›hands‹) oder Finger (›digits‹). Kurz: Schon etymologisch verweist das scheinbar ausschließende Begriffspaar ›analog oder digital‹ nicht auf eine Disjunktion, sondern eher auf ein komplexes Geflecht« (Zimmerli 2018).

Wer es mit dem begrifflichen Denken hält, dem zerbröseln die scheinbar klaren Konzepte wie trockene Kekse. »Digitale Welt«? Ob die Welt in ihren »Grundfesten nun digital oder analog« sei, das Universum eher »wie ein Computer oder wie ein Schieberegler« funktioniere, »die Materie digital oder analog« sei, das sind Fragen, über die sich »theoretische Physiker und Philosophen gerne streiten« (Passig & Scholz 2015, S. 79f.) und – ganz im Unterschied zu Bildungspolitikerinnen und Bildungspolitikern, Bildungsverwaltenden und Hochschulverantwortlichen – bisher nicht endgültig beantworten konnten. So existiert Materie in Raum und Zeit, doch kann »man Raum und Zeit in Scheibchen zerlegen?« (Passig & Scholz 2015, S. 80).

Die scheinbar »sauberen Kategorien digital und analog sind Menschenwerk. Man wird sich Mühe geben müssen, genau zu sagen, was man mit ›Digitalisierung‹ eigentlich meint, auch wenn man deshalb zwei Tweets statt nur einen benötigt« (Passig & Scholz 2015, S. 81). Wohl wäre es sinnvoll, »Digitalisierung« als einen *umstrittenen* Begriff zu akzeptieren. Damit ließe sich die Dramaturgie und Rhetorik des zeitgenössischen Digitalisierungsdiskurses in seiner scheinbaren Dringlichkeit insbesondere im Bereich der Bildung jedoch kaum aufrechterhalten, und das wäre bildungspolitisch wohl dysfunktional. Alle sollen möglichst schnell auf die neue Welt der Digitalisierung reagieren: »Die Auswirkungen der Digitalisierung sind offenbar selbst digital, schwarz und weiß, dazwischen gibt es nichts« (Passig & Scholz 2015, S. 75).

Nüchtern betrachtet ist das Phänomen der Digitalisierung jedoch nicht neu, nur die bombastische Rede dazu:

3 Mythos »digitales Lernen«

> »Computer haben das analoge Stadium ab den 1940er Jahren allmählich verlassen. Banken, Versicherungen und zahlenintensive Verwaltungsbereiche digitalisierten ihre Rechenvorgänge ab den 1960er Jahren. Polizei und Geheimdienste arbeiteten seit den 1970er Jahren mit Datenbaken. Ebenfalls seit den 1970er Jahren werden Krankenhauspatienten auf der Intensivstation mithilfe von Computern überwacht und die erhobenen Messwerte digital gespeichert. [...] Ende 1997 war das deutsche Telefonnetz vollständig digitalisiert. Fotografie und Film folgten« (Passig & Scholz 2015, S. 75).

Die Darstellung sogenannter analoger Größen durch endlich viele Ziffern ist bekannt und »die Einführung und verstärkte Nutzung von Digitaltechnik, Computern und Internet im öffentlichen Leben, in der Wirtschaft und im privaten Alltag« (Passig & Scholz 2015, S. 75) gang und gäbe.

Natürlich: »Gerade für ein ressourcenarmes Land wie die Schweiz ist es wichtig, die Chancen, die sich durch die Digitalisierung ergeben, bestmöglich zu nutzen«, schreibt das schweizerische Staatssekretariat für Wirtschaft SECO (2023). Die Schülerinnen und Schüler der ressourcenarmen Länder sollten weniger Gedichte auswendig lernen oder Berg- und Flussnamen büffeln, sondern vielmehr »digital befähigt« werden: So hat das schweizerische Staatssekretariat für Bildung, Forschung und Innovation (SBFI) und die schweizerische Konferenz der kantonalen Erziehungsdirektorinnen und -direktoren (EDK) die sogenannte »educa.ch« mit der Leitung der »Fachagentur für ICT und Bildung« beauftragt. Und aus dieser Fachagentur war zu vernehmen, dass es Aufgabe der Schule sei, Kinder und Jugendliche auf lebenslanges Lernen in einer immer komplexeren Gesellschaft und einer Arbeitswelt in dauerndem Umbruch vorzubereiten.

Also schauen wir uns diese Kinder und Jugendlichen einmal genauer an und bereiten sie dann in der Schule möglichst gut auf das *lebenslange Lernen* vor und auf die immer *komplexer werdende Gesellschaft* und auf die sich in *dauerndem Umbruch* befindliche Arbeitswelt! Also machen wir das. Aber wie? Mit Rechnungsaufgaben, in denen Äpfel und Birnen vorkommen, obsoleter Schönschrift, Aufsätzen über Ferienerlebnisse, Singen von Quodlibets und altertümlichen Kanons sowie Waldexkursionen wird dies nicht zu meistern sein! Vielleicht aber mit Turnen. Denn es ist immer gut, wenn auch die individuelle körperliche Verfasstheit es zulässt, sich den globalen Herausforderungen zu stellen. Präziser ausgedrückt: nicht mit »Turnen«, sondern mit *Sport* – die Sportifikation des Turnens war ein wichtiger Schritt in Richtung globales Leistungsethos. »Frisch, fromm, fröhlich, frei«, das war einmal, alter Turnverein, jetzt geht es zunächst darum, den kindlichen BMI in den Griff zu bekommen. Wie groß ist der Anteil an adipösen Führungsfiguren noch?

Die Fachagentur schreibt weiter:

> »Eine der Herausforderungen besteht darin, der Schweizer Bevölkerung die Möglichkeit zu bieten, mittels ICT kompetent an politischen, sozialen, wirtschaftlichen und kulturellen Prozessen teilzunehmen sowie risikobewusst und eigenverantwortlich mit den Gefahren im Online-Bereich umgehen zu können. Die Rahmenbedingungen zur Steuerung und Organisation müssen darauf ausgerichtet sein, Potenziale auszuschöpfen und einen hohen Sicherheitsschutz zu gewährleisten« (ebd.).

Das ist sehr schön, »*mittels ICT kompetent an politischen, sozialen, wirtschaftlichen und kulturellen Prozessen teilnehmen*« – das soll also die Schule lehren: mittels ICT kompetent an der Welt teilnehmen. Es wird nicht spezifiziert, ob schon die Grundschulkinder »mittels ICT« kompetent an *politischen* Prozessen teilnehmen sollen, oder ob zumindest die Jugendlichen auf Sekundarstufe I schon »mittels ICT kompetent« an *wirtschaftlichen* Prozessen teilnehmen sollen. Teilnahme an sozialen und kulturellen Prozessen ist dahingegen fast immer möglich, warum dies aber nun »mittels ICT« gelernt werden soll, wird nicht erläutert. Es muss nicht erläutert werden, denn diese »Digitalisierung« bestimmt ja nun unser ganzes Leben. Zu »ICT« – *information and communication technologies* – gehören Radio, Fernsehen, Mobiltelefone, Hardware und Software für Computer und Netzwerke sowie Satellitensysteme. Mit Radio und Fernsehen an kulturellen und sozialen Prozessen teilnehmen? Mit Mobiltelefonen? Mit dem Computer? Mit Satelliten? Könnte die staatliche Fachagentur dieses »*mittels ICT an der Welt teilnehmen*« ein wenig konkreter fassen? Oder unterlässt sie dies, weil sonst offensichtlich würde, wie viel warme Luft sie letztlich ausstößt?

Manchmal wird auf die schnelle Entwicklung und Vermehrung des Wissens verwiesen, die sogenannte Halbwertszeit des Wissens, die sich immer mehr verkürze. Ist das ein gutes Argument für »digitales Lernen«. Es ist bemerkenswert, dass die Namen der Flüsse und Hauptstädte so schnell veralten. Das war mir nicht bewusst. Da sollte man sie besser gar nicht auswendig lernen. Verhält es sich auch mit den binomischen Formeln oder mit dem lästigen Subjonctif so? Aber es stimmt natürlich, die Grammatik und Satzstruktur sowie das Vokabular scheinen sich sehr schnell zu ändern, jedenfalls kommt es einer oder einem so vor, wenn man manchen Studierenden zuhört oder korrigieren muss, was sie geschrieben haben. Das sind ja ganz neue Ausdrucksweisen, Satzzeichen mit bisher unbekannten oder ohne Funktionen, Substantive werden klein oder großgeschrieben, je nachdem, das ist heute flexibler, die Sprache ist sehr lebendig. »Auswendiglernen« hat also ausgedient. Kaum lernt man einen Inhalt auswendig und es läutet zur Pause, und flupp, schon ist das Wissen veraltet.

b) Die träge Bildung und Grundfunktionen von Lehrmitteln[14]

Ein allgemeinpädagogischer Kommentar zum Einsatz digitaler Medien in Schule und Unterricht muss Umwege machen. In den Kurven verliert man viel Zeit, doch wer keine Verzögerungen in Kauf nehmen will, wird das Ziel nicht erreichen. Die »oberste, wichtigste und nützlichste aller Regeln der Erziehung« heiße nicht: »Zeit gewinnen,

---

14 Dieser Abschnitt ist eine Adaption eines Zeitungsartikels (vgl. Reichenbach 2014).

b) Die träge Bildung und Grundfunktionen von Lehrmitteln

sondern: Zeit verlieren!«, lautet eine vielzitierte Stelle aus Rousseaus *Émile* (1983, S. 72). Mit dem Satz kann eine Menge pädagogischer Unfug und didaktischer Leerlauf gerechtfertigt werden. Einerseits. Andererseits kommen damit eine Intuition, eine Einsicht und eine Erfahrung zum Ausdruck, die mehr sind als launenhafte Lust an der Paradoxie. Die Menschen leben immer länger als die Generationen vor ihnen, aber auch immer schneller, und überall entdecken sie lästige Zeitverschwendung, alles dauert immer mehr zu lange. Zum Beispiel manche Studentinnen und Studenten: Zwei Stunden an einem etwas schwierigen Text sitzen, das schaffen sie nicht! Aber haben immer eine Meinung zu allem, ohne sich mit der Materie eingehend beschäftigt zu haben. Eigenartig.

Vor einiger Zeit gab es noch schwarze Tafeln in den Schulzimmern, dazu weiße und farbige Kreide. Ein paar Schülerinnen und Schüler hatten »Wandtafeldienst«, sie mussten die Tafeln immer wieder putzen. *Deleten.* Der geschriebene Text oder die Kreidezeichnung wurden immer wieder gelöscht und verschwanden für immer. Welche Verschwendung! Später musste das Gleiche womöglich erneut geschrieben oder gezeichnet werden, um dann kurz drauf wiederum gelöscht zu werden. Die Wandtafel speicherte nichts. Dafür wurde abgeschrieben, abgezeichnet. Eine Schülerin oder ein Schüler fragte vielleicht, ob die Überschrift »zwei Häuschen« groß sein und ob sie in Rot geschrieben werden müsse. Ob man auch eine andere Farbe benützen könne. Ja, sagte die Lehrperson vielleicht, aber nicht gelb, das sehe man kaum. Pädagogische Ineffizienz: Die Lehrperson schreibt – Schönschrift – an die Tafel, die Klasse schreibt ab. Später werden die Hefte korrigiert und zurückgegeben. Versehen mit kleinen Kommentaren, je nach Fehler und Schriftbild. Oder die Klasse behandelt das Thema »Hund«, die Lehrperson hat am Vorabend einen Hund an die Tafel gemalt, das dauerte, sie hat sich Mühe gegeben. Man erkennt, es ist ein Hund, allerdings ein mittelmäßiger Hund. Am nächsten Morgen werden die Tafelflügel geöffnet, eine Art theatralische Inszenierung, und der mittelmäßige Hund erscheint. Die Kinder sind beeindruckt: Erstens ist es ein Hund, zweitens möchten sie auch so zeichnen können. Später weigern sich die beiden Schülerinnen und/oder Schüler des Wandtafeldienstes lange, den Hund auszulöschen, denn er wird für immer verschwinden. In der Stunde zeichnen die Kinder den Hund in ihre Hefte, das sieht meist noch mittelmäßiger aus, aber sie sind ganz bei der Sache und geben sich Mühe, wie abends zuvor die Lehrperson. Hinsehen, um etwas zu reproduzieren, ist etwas ganz anderes als nur zu schauen. Doch es gibt ja so gute Filme über Hunde, Hunderassen, Hundedressur, den vielfältigen Einsatz von Hunden für den Menschen, was man will, Tausende von attraktiven Bildern; aber die Kinder wollen nicht, dass dieser im Grunde mickrige Kreidehund gelöscht wird. Es ist, als ob sie mehreren Umständen Anerkennung zollen würden: dass es diesen Wandtafelhund nur einmal gibt und nur kurz, dass die Lehrperson ihn allein für sie gezeichnet hat, dass sie sich offenbar Mühe gegeben hat, dass sie Zeit »verloren« hat. Sie hätte effizienter sein können, Arbeitsblätter oder ein Film wären informativer gewesen, vielleicht hätten die Kinder auch inhaltlich mehr gelernt. Hier aber haben sie gemerkt: Die Lehrperson investiert viel Zeit in uns, und ganz sicher mag sie Hunde.

Lehrmittel zeigen nicht nur die Sache, sondern geben auch Auskunft über die Beziehung zwischen der Lehrperson und den Schülerinnen und Schülern. Sie zeigen mitunter, wie »ernst« es die Lehrperson meint. Das tönt wie pädagogische Nostalgie, die nicht mehr sein soll! Gute und effiziente Lehrmittel erübrigen diesen – scheinbaren – Fokus auf die Lehrperson, wirklich »gute« Lehrmittel scheinen die Lehrperson selbst zu erübrigen. Sie oder er verwaltet im Hintergrund den Einsatz digitaler Mittel, »professionell«, wie es heißt, und doch »kindzentriert«, individuell angepasst und der Sache verpflichtet. Das ist nur Schein, es verhält sich anders. Und nicht nur auf der Grundstufe, vielmehr auf jeder Bildungsstufe.

Lehren ist Vermittlung von Wissen und Können. Die Mittel dieser Vermittlung sind die *Lehrmittel*. Die Lehrmittel sollen den Lernprozess erleichtern, allenfalls zunächst einmal stimulieren. Während die Lehrmittel der Welt des Sichtbaren zugehören, ist und bleibt der Kern des Lernens unsichtbar. Zwar können wir Verhaltensweisen beobachten, etwa das Üben, welches wir dem Lernen zuordnen, aber der

b) Die träge Bildung und Grundfunktionen von Lehrmitteln

Prozess des Lernens ist unsichtbar, während das Lern-Produkt – in Grenzen – sichtbar gemacht und bewertet werden kann. Die Funktion der Lehrmittel ist das Sichtbarmachen dessen, was gelernt werden soll. »Klassisch« reden wir von *Anschauung*. Etwas *veranschaulichen* heißt, ein Wissen »vor Augen« zu führen, damit die oder der Lernende »einsichtig« werden möge oder zumindest einen »Einblick« in die Materie erhalte.

Die zwei Grundfunktionen von Lehrmitteln sind die *Vergegenwärtigungsfunktion* und die *Kommunikationsfunktion*. Vergegenwärtigen heißt, Abwesendes präsent machen. In der Lehre hat diese Vergegenwärtigung meist Abbildcharakter: Ein nichtpräsenter Teil der Welt (des Wissens) wird abgebildet, um einen Zugang zu ihm zu erhalten oder zu simulieren. Ein Gegenstand ist allerdings erst dann verstanden, wenn die oder der Lernende sich von diesem Abbild lösen und die Bildlichkeit des Wissens selbst erzeugen kann. Das geht nicht ohne Imagination und Erinnerung. Schule dient dazu, die Vermögen der Einbildung und des Erinnerns zu stärken, ohne die keine Kultur denkbar ist. Wer sich mit einem Text beschäftigt, sieht zunächst einfach Aneihungen von sehr vielen Buchstaben. Es ist frustrierend, wenn man die Buchstaben noch nicht richtig kennt, die Wörter nicht schnell genug entziffern oder erraten kann, zumindest ist es eine Herausforderung. Lange Sätze und Fremdwörter sind mitunter der Feind der Studierenden. Doch die Buchstaben und Wörter können erst vor dem »geistigen Auge« Bedeutung erhalten, daher ist, um beim Beispiel zu bleiben, Lesen immer auch eine *imaginative* Praxis. Die meisten Erwachsenen sind mit dieser Praxis im Alltag so vertraut, dass sie dies nicht mehr merken. Souverän bewegen sie sich in der symbolischen Welt der geschriebenen und gesprochenen Worte. Ihnen helfen digitale Medien sehr. Denn sie hatten zuvor gelernt, sich einer Sache länger widmen zu können. In der zeitgenössischen »Aufmerksamkeitsdefizitkultur« (vgl. Türcke 2012) mag das anders aussehen. Medien beschleunigen und zerstreuen. Die Ruhe muss von der oder vom Einzelnen kommen, von außen kommt sie nicht mehr. Außer die Schule sieht ihre Aufgabe auch in der Entschleunigung, in der Stärkung der Möglichkeit, sich auf eine Sache zu konzentrieren.

3 Mythos »digitales Lernen«

Lernt ein Kind sprechen, später noch lesen und schreiben, ist es aufgenommen in der Kultur der Sprachsymbole. Die Sprache wird für das Kind lebenslänglich einstehen, es lernt mit und in ihr, sein Welt- und Selbstverständnis immer weiter zu differenzieren und dasselbe treffend auszudrücken. Bildung ist die Arbeit am Ausdruck von Erfahrung, um es – nochmals – mit dem französischen Philosophen Marcel Gauchet (2002) zu sagen. Ihre Voraussetzung ist die *Eindrucksfähigkeit*, und um diese zu stärken bzw. nicht verwelken zu lassen, sind Lehrmittel in fast allen Bereichen des Wissens und Könnens unabdingbar. Doch die Eindrucksfähigkeit und Bildsamkeit des Kindes muss heute auch geschützt werden. Die Tugend des Sehens, der konzentrierten Schau, lernte man wahrscheinlich eher noch beim mühsamen Abzeichnen eines ausgestopften Vogels als mit Hilfe der hektischen und zahlreichen Bilder digitaler Medien, die ja die kindliche Lebenswelt mittlerweile schon dominieren.

Die *Kommunikationsfunktion* dient der Herstellung der »Präsenz« und »Sichtbarkeit« von *Personen* – Lehrenden und Lernenden. Virtuelle Lernräume ermöglichen dies zeitnah und über Distanz und teilweise in scheinbarer Unmittelbarkeit. Nun sind mit den digitalen Medien beide Funktionen, Vergegenwärtigung und Kommunikation, sowohl in *Effektivität* und sicher auch *Effizienz* gesteigert und erleichtert worden. Das ist zu begrüßen. Und das medientechnologische Potenzial wird weiter optimiert werden können. Doch unabhängig von Vergegenwärtigung und Kommunikation muss weiterhin *gelernt* – Wissen und Können angeeignet – werden, und kein noch so raffiniertes Lehrmittel entlastet die oder den Lernenden von dieser Aufgabe, aber es mag sie erleichtern. Erleichterung und Optimierung sind gutzuheißen. Kritische Nachfragen beziehen sich auf nicht intendierte *Nebeneffekte* und die *Voraussetzungen* günstiger Nutzung von digitalen Medien. Technologiefolgen-Analysen gehören zu einer reflexiven Moderne. So wäre es naiv zu glauben, der Einsatz etwa des Internets in der Schule könnte allein positive Effekte aufweisen. Das Internet wird für manche Aufgabestellungen in der Schule auf eine Art und Weise eingesetzt, dass sich einem nur die Haare sträuben. Allerdings sind Wirkungsanalysen höchst komplex, oft unmöglich,

b) Die träge Bildung und Grundfunktionen von Lehrmitteln

und es darf viel behauptet werden, was der empirischen Belegbarkeit entbehrt. Aus einer pädagogischen und bildungstheoretischen Perspektive auf Lehre und Unterricht scheint mir der schulisch relevante IT-Diskurs vor allem von *Neomanie* geprägt: Neu ist besser – und niemand weiß warum. Doch beim schulischen Lernen kommt es vor allem auf das *Üben* an, und Üben ist häufig einfach nur mühsam, d.h. mit Anstrengung verbunden. Mit oder ohne digitale Medien.

Nun sagt man zu Recht, es komme eben auf den *Einsatz* der digitalen Medien, auf den *Umgang* mit ihnen an. Das ist aber nur eine oberflächliche, zwar gutgemeinte Empfehlung. Es kommt vor allem auf die *Voraussetzungen der Lernenden* an, ob sie fähig sind, Sinn und Kohärenz hinter den (oft zu) schnellen Oberflächen herzustellen. Dazu sind Imaginations- und Erinnerungsfähigkeiten sowie ein Ethos der Anstrengung vonnöten, bei der kleinen Schülerin oder beim kleinen Schüler ebenso wie bei den Studierenden. Die digitalen Medien prägen unsere Welt. Bildung bedeutet heute umso mehr, sich von ihrer Dominanz lösen zu können. Nicht von den digitalen Medien muss man sich lösen, sondern von ihrer *Dominanz*, d.h. ihrer Selbstverständlichkeit und Aufdringlichkeit. Speziell bei der Suche nach Information sind die digitalen Medien, allen voran das Internet, herkömmlichen Weisen der Beschaffung von Wissen weit überlegen. Das ist allen klar. Wenn es aber um das tiefergehende *Verstehen* geht, so ist das gedruckte Buch den digitalen Medien deutlich überlegen, wie etwa eine Metaanalyse von Delgado et al. (2018) aufzeigt. Auch ist etwa das Schreibzeug (Bleistift, Kugelschreiber) dem Keyboard überlegen, wenn es um das Behalten der festgehaltenen Informationen geht (vgl. z.B. Mueller & Oppenheimer 2014).

Es erscheint nicht unberechtigt zu sein, von einer *Krise der Imagination* (Reichenbach 2018b) sprechen, die wohl auch mit der aufdringlichen Präsenz von digitalen Medien im Kinderzimmer und Klassenzimmer zu tun hat. Schule und Ausbildung sind der Ort, dieser Krise zu begegnen. Körper und Leib spielen die zentrale Rolle. Vielleicht wird die Zeit kommen, in der im Mathematik- und im Grammatikunterricht zwischendurch Atemübungen durchgeführt werden, Yoga- und Tai-Chi-Übungen (was auch immer). Dumm wäre das nicht.

Die oder der Lernende muss zu sich kommen. Überall Ablenkung, Zerstreuung und Bildbeschleunigung – da muss die Schule nicht auch noch einen draufsetzen, sondern überlegen, wie die Literalität, die Arbeit am Ausdruck, im Regime der Zeit, welches immer mehr nur noch ein Zeitregime darstellt, geschützt werden kann. *Gegen* digitale Medien zu reden, ist so dumm wie aussichtslos, ihr schulischer Einsatz ist zu begrüßen. Doch die träge Natur der Lern- und Bildungsprozesse ist zu respektieren. Dieses Verständnis ist nicht neu, sondern alt. Neu ist bloß die Ansicht, dass die digitalen Medien das Lernen revolutionieren würden. Sie ist neu und falsch.

c) Medienkompetenz und die inneren Bilder

Eine häufig gewählte Strategie, um die Bedeutung von neuen Lerninhalten und Lehrmitteln zu rechtfertigen, besteht darin, auf den *schnellen Wandel der Welt* hinzuweisen, auf Phänomene wie die sogenannte Bilderflut oder eben die rasante Entwicklung digitaler Medien und virtueller Räume. Als ob die Neu-Interpretation der Schulbildung immer bloß als Reaktion auf gesellschaftliche Veränderungen gerechtfertigt werden müsste. Wir brauchen Bildkompetenz, weil es so viele Bilder gibt, heißt es dann, Medienkompetenz, weil die Informations- und Kommunikationsmedien sich so schnell verbreiten und weiterentwickeln, wir brauchen Aidsaufklärung, weil es den HIV-Virus gibt, Sexualaufklärung, weil die Kindheit vor dem Raum der Sexualität und sexuellen Darstellung kaum noch geschützt werden kann usw. usf.

Nun gut, aber zu wissen, was man »eigentlich« will mit der schulischen Bildung, affirmativ, positiv gesetzt, nicht als bloße Reaktion auf gesellschaftliche Trends, die sich sowieso überall durchsetzen, wäre auch gut. Die Notwendigkeit der Medien- und ICT-Kompetenz wird aber häufig gerade durch die Gefahren und Risiken mit diesen Medien begründet: der Konsum von Pornographie und Gewaltdar-

c) Medienkompetenz und die inneren Bilder

stellungen, ganz generell Internetsucht, dann das Phänomen des Cybermobbings oder auch der Missbrauch von digitalen Daten. Wenn nun Medienkompetenz das Ziel haben soll, die Kinder und Jugendlichen zu befähigen, »Inhalte kritisch zu beurteilen, mögliche Gefahren zu erkennen und (zu) wissen, wie sie sich davor schützen können«, so ist das sicher ein nobles Anliegen, das auch in der Schweiz im *Lehrplan 21*, im *plan d'études romand* und im *piano di studio* verankert ist. Ziel der Lehrpläne sei, heißt es dann, »dass Schülerinnen und Schüler eigenständig, kritisch und kompetent die ICT nutzen und sich sozial verantwortlich verhalten. Dazu gehört auch, dass sie wissen, welche Gefahren mit den neuen Medien verbunden sein können»[15]...

Die Autorinnen und Autoren scheinen zu glauben, dass die Schule die Möglichkeiten und die Legitimation hat, den genannten Gefahren und Risiken, welche durch die Mediennutzung vor allem in der *Freizeit* der Kinder und Jugendlichen entstehen, Herr zu werden. Muss man denn *medienkompetent* sein, um keine erniedrigenden Darstellungen zu konsumieren und andere Mitschülerinnen und Mitschüler nicht per WhatsApp zu mobben? Diese Idee scheint mir ganz abartig, naiv und übergriffig zu sein. Was die Schule aber kann: den Gebrauch von Handys im Unterricht und auf dem Schulareal zu verbieten! Ob das sinnvoll ist, bleibt unklar, vielleicht ist es aber am einen oder anderen Ort zeitweilig notwendig. Das hat mit Medienkompetenz überhaupt nicht zu tun, sondern allein mit der Verantwortung der Pädagoginnen und Pädagogen. Die schlechte Lyrik auch in den neuen Lehrplänen ist in dieser Hinsicht irreführend. Die Gefahren und Risiken durch missbräuchliche ICT-Nutzung kann die Schule nicht eindämmen. Gesamtgesellschaftlich bedeutsame und problematische Phänomene und Praktiken können durch ein Teilsystem weder verhindert noch gelöst werden.

Damit sei nicht suggeriert, dass die Schule nichts zu sagen oder in dieser Sache gänzlich inaktiv zu sein hätte. Natürlich kann Dieter Baacke (1997) immer noch zugestimmt werden, als er formulierte, es brauche erstens eine analytische, reflexive und ethische Medien*kritik*,

---

15 https://www.szh.ch/themen/ict/digitale-kompetenz

3 Mythos »digitales Lernen«

zweitens eine instrumentelle und informativ-qualifikatorische Medien*kunde*, drittens eine rezeptive und interaktive Medien*nutzung* sowie viertens eine innovative und kreative Medien*gestaltung*. Das sind hohe Ziele, gegen die man nichts haben kann, die man aber auch wenig umsetzen kann, denn sie sind etwas sehr hoch ... Die Höhe von Idealen spricht nicht immer nur für sie. Kritik, Kunde, Nutzung und Gestaltung sollten auch in den Bereichen der politischen Bildung, der ästhetischen Bildung, der moralischen Bildung, der ökonomischen Bildung, der spirituellen Bildung und der technischen Bildung gefördert werden. Das ist alles gut und schön, wichtig und erstrebenswert, doch unser Leben ist kurz, die Mittel sind begrenzt und die Frage heißt deshalb im Bereich der schulischen Bildung: Was ist das Kerngeschäft? Lesen, Schreiben, und Rechnen sind fundamentaler als interaktive Mediennutzung oder reflexive Medienkritik. Die Arbeit am Ausdruck der Erfahrung nimmt einen das ganze Leben in Anspruch, die Mittel dazu sind in der Stärkung der Imagination (Einbildungskraft) und der Erinnerungsfähigkeit anzulegen.

Die Einbildungskraft ist die Fähigkeit, »innere« Bilder hervorzubringen. Der Verlust der inneren Bilder kann (z.B. nach Koch 1994) *Anästhesierung* genannt werden. Zwar gibt es immer mehr äußere Bilder. Das ist nicht das Problem, problematisch ist dies erst, wenn damit die inneren Bilder verarmen. Mit der Differenz von »äußeren« und »inneren« Bildern kann die *Gleichzeitigkeit* von *Ikonomanie* bzw. »*Bilderflut*« einerseits und *Bilderarmut* andererseits verstanden werden. Das heißt: Ja, es gibt viele, vielleicht mitunter zu viele Bilder, und in zu rascher Abfolge, und ja, es gibt zu wenig Bilder, nämlich die Bilder, die wir dadurch hervorbringen, dass wir uns die symbolischen Ordnungen aneignen. Arbeit am Ausdruck von Erfahrungen ist auch Arbeit an den inneren Bildern. Die Vorstellungskraft ist die Bedingung der Reflexion von Darstellungsweisen.[16]

---

16 »Als *interesselos* kann das kontemplative Wohlgefallen in *Bezug* auf den Besitz des dargestellten Objekts gelten, als *interessiert* hingegen an dessen *Darstellung*« (Koch 1994, S. 17).

c) Medienkompetenz und die inneren Bilder

Erst die inneren Bilder, die Imagination, ermöglicht Kritikfähigkeit, sie ist sozusagen eine meist *nichtintendierte* »Nebenwirkung« von Bildungsprozessen. Die innere Distanz vom Wirklichen ist die Voraussetzung der Kritik: »die Voraussetzung einer anderen Möglichkeit, wie sich die Welt darstellen könnte« (Koch 1994, S. 18). Die Entwicklung des »Möglichkeitssinns« (Robert Musil) ist entscheidend. John Dewey schreibt in *Kunst als Erfahrung* (1998, S. 401): »Die Imagination ist das wichtigste Instrument des Guten.« Dewey (1998, S. 400) bezieht sich hier auf eine Äußerung von Percy Bysshe Shelley: »Die Imagination ist das große Instrument des moralisch Guten, und Dichtung erreicht diese Wirkung, indem sie sich nach den Ursachen richtet.« Für Shelley war die Bedeutung der Dichterinnen und Dichter, dank ihrer imaginativen Entwürfe, so groß, dass er Dichterinnen und Dichter als »die Gründer der zivilisierten Gesellschaft« bezeichnete (Dewey 1998, S. 400). Etwas imaginieren heißt, sich von der Erscheinungswelt loszulösen und sich etwas vorzustellen, was nicht ist, aber vielleicht sein könnte oder sein sollte. Moral, Politik und Religion, das Verstehen von Gesellschaft überhaupt, hängen von der Einbildungskraft und den Anschauungsformen der Menschen ab. »Je mehr wir [...] betrachtend anschauen, desto mehr wollen wir dabei denken, ohne je zum abschließenden Begriff zu kommen; und je mehr wir beim Angeschauten denken, desto reicheren Stoff findet das Auge, vor allem das innere Auge« (Koch 1994, S. 18).

Lern- und Bildungsprozesse durch digitale Medien zu erleichtern, ist wichtig, aber nicht entscheidend. Entscheidend ist vielmehr, wie Kinder und Jugendliche *unterscheiden* lernen. Kritisch sein können, heißt, unterscheiden können. Kritik ist Unterscheidungskunst: Die begriffliche Arbeit liegt primär in der Tätigkeit des Vergleichens, d.h. des Feststellens und Prüfens von Unterschieden und Gemeinsamkeiten. Das ist auch ein Wesensmerkmal des schulischen Unterrichts und daher nicht ohne Pointe, denn hier wird die Fähigkeit der Kritik geübt, sofern die Kritik eben die Kunst des Unterscheidens impliziert. Dieses konstitutive Moment der säkularen Schule ist auf elementare Weise antiindoktrinär und daher eine bedeutsame Grundlage für den Erwerb eines demokratischen Ethos.

Bildungstheoretisch heißt Kritik nicht, dagegen zu sein! Sondern nach der *Güte* der *Gründe* für Behauptetes fragen zu können bzw. nach den *Belegen* für Behauptungen. Kein Medium nimmt dies der Schülerin und dem Schüler bzw. überhaupt dem lernenden Menschen ab. Kritik heißt letztlich also vor allem, eine Behauptung als *grundlos* zu entlarven. Dogmatisch ist demgegenüber ein »Einwurf« in die Debatte, wenn mit der Gegenrede impliziert wird, den Gegenstand besser zu kennen. Daher ist die Kritik – speziell im Bereich der Bildung – meistens dogmatischer Art, Besserwisserei! Natürlich handelt sich häufig um nobel motivierte, normative Besserwisserei, wie im zeitgenössischen Diskurs um die digitalen Kompetenzen.

d) Was Maschinen (noch) nicht können

Lehrpersonen vermitteln nicht nur Können und Wissen, sondern eine bestimmte Beziehung zum Können und Wissen (Meirieu 2023, S. 36). Das Material bzw. die Inhalte des Wissens sind keine leblosen Gegenstände, die von einer Hand zur anderen weitergereicht werden. Das Wissen wird nicht empfangen bzw. angenommen, vielmehr gibt es – so Philippe Meirieu (2023, S. 37) – eine »innere« Arbeit der Lehrperson, an welche die Schülerinnen und Schüler anknüpfen, sie folgen der Herangehensweise der Lehrperson, die zu ihnen spricht und ihnen etwas aufzeigt bzw. vorzeigt. Diese Beziehung zum Wissen, die damit verbundene spezifische Umgangsweise ist von der Person bzw. vom personalen Geschehen geprägt. Kinder akzeptieren auch Informationen, die gegen ihre Vorstellungen sprechen; und sie sind bereit, ihre Einschätzungen zu verändern, wenn ihnen eine erwachsene Person eine Alternative aufzeigt (Harris 2012, S. 2012). Als Mitglieder einer Familie, einer sozialen Gruppe und einer Kultur haben Kinder potentiell Zugang zu ganz unterschiedlichen Informationen, die von den Eltern, den Geschwistern, den Gleichaltrigen, aber auch von anderen Erwachsenen, der erweiterten Familie bzw. Ver-

d) Was Maschinen (noch) nicht können

wandtschaft und einer größeren Gemeinschaft stammen können. Mit der Zeit lernen sie, qualitativ gute Informationen von weniger guten zu unterscheiden, und dies vor allem dadurch: jenen zu folgen, die sie für glaubwürdig halten. Daher ist die *Qualität* der interpersonalen *Bindungen* entscheidend. Kinder, aber auch Jugendliche, benötigen Aussagen und die Zeuginnen- und Zeugenschaft von vertrauenswürdigen Personen, um Sinn im Leben zu erkennen und die Welt interpretieren zu können. Sie folgen dabei nicht primär dem Tablet oder einem anderen Bildschirm, sondern Menschen. Wie die Forschungsarbeiten von Robert Harris (2012) zeigen, spielt die *emotionale* Qualität der Bindung (z. B. zwischen Kind und Mutter, Schülerin oder Schüler und Lehrperson) für die Art des *Wissensaufbaus* eine bedeutsame Rolle. Entgegen der plumpen Annahme, dass Kinder einfach glauben, was ihnen von Erwachsenen gesagt wird, sind Kinder schon im Vorschulalter fähig, dem, was ihnen gesagt wird, mit Skepsis zu begegnen. Oft hingegen, aber natürlich nicht immer, akzeptieren sie, was ihnen gesagt wird. Dabei glauben sie vorzüglich jenen, die sie kennen, mehr als fremden oder ihnen unbekannten Personen. Doch selbst bei vertrauten Personen ist keine selbstverständliche Übernahme und Akzeptanz der dargebotenen Informationen bzw. des Gesagten gegeben: »Indeed, even their trust in someone they know is not automatic. Its strength varies, depending on the type of emotional relationship that the child has to the person in question« (Harris 2012, S. 96.). Daher obsiegt zwischen der Eigenständigkeit (dem »eigenen« Denken und Überzeugungen des Kindes) und der Autorität sehr häufig die Autorität: »It leads children to revise conclusions that they have reached autonomously« (Harris 2012, S. 203). Spezielle Aufmerksamkeit wird jenen gegeben, denen *andere zustimmen*, misstraut wird hingegen eher jenen, die abweichen oder dagegenhalten (Harris 2012, S. 203 f.). Das muss natürlich nicht nur gut sein, aber es ist elementar: »For better or for worse, this symbiosis between teacher and pupil is likely to facilitate the transmission of received wisdom and to handicap the unorthodox« (Harris 2012, S. 204).

3 Mythos »digitales Lernen«

Kinder und Jugendliche (aber auch Erwachsene) lernen zum einen vorzüglich in der Interaktion mit bedeutsamen Anderen, zwischen dem Faktischen und dem Fiktiven (immer wieder neu) zu unterscheiden. Zum anderen sind sie täglich Zeuginnen und Zeugen von konkreten Verhaltensweisen und Beobachterinnen und Beobachter von symbolischen Austauschprozessen zwischen anderen Personen. Ohne die Präsenz der anderen, sei es in aktiver oder passiver Teilnahme, und die Vielfalt von engen und weniger engen Beziehungen zu ihnen ist der Aufbau von angemessenen Welt-, Selbst- und Sinnbezügen ganz undenkbar. Digitale Medien spielen bei diesem Aufbau heute gewiss auch eine Rolle, und sicher nicht nur eine gute, aber sie sind im Vergleich zur Bedeutung der »analogen« menschlichen Interaktion ein Klacks. Umso mehr erstaunt die frenetische, teilweise dramatische Rede von der Notwendigkeit, die Digitalisierung in der Bildung voranzutreiben. Doch Informatik, Robotik und künstliche Intelligenz – die kybernetischen Heilmittel – begründen keine neuen Formen des Lernens oder der Bildung. Mag sie manchmal wirklich gut sein, angenehm, effizient und praktisch, so ist doch die *Bildschirmbildung* bzw. die *Bildschirmschule* gleichzeitig so öde und ermüdend, nur in kleinen Dosen gutzuheißen, aber darüber hinaus kaum zu ertragen. Sonst höhlt sie uns aus, schwächt unsere Empathie, verstärkt die Apathie und sie trennt voneinander statt uns mit einander zu verbinden, und nebenbei – um es mit Eric Martin und Sébastien Mussi (2023, S. 128) drastisch zu formulieren – zerstört sie noch den Lehrberuf.[17]

Wohl ist das »digitale Lernen« derzeit ein wirklich besorgniserregender pädagogischer Mythos. Und wohl sind alle Kinder *privilegiert*, deren Zeit, die sie mit digitalen Medien verbringen, von den Eltern bzw. Lehrpersonen strikt limitiert und in Bezug auf die konsumierten Inhalte (auch mittels technischer Tools) kontrolliert wird. Diese Kinder leiden wohl mitunter unter diesem »Privileg«, sie profitieren jedoch davon und werden es später möglicherweise zu schätzen wissen. Digitale Medien haben ein großes Suchtpotential, sie

---

17 Im frz. Original: »L'école des écrans détruit le métier de professeur«.

d) Was Maschinen (noch) nicht können

rauben Kindern, Jugendlichen, aber auch Erwachsenen so viel Zeit, die sie anders und besser hätten nutzen können. Bildschirme haben das Potential der *Imaginationsvernichtung*. Erbärmlich ist der Anblick all dieser Menschen, die in praktisch jeder Lebenssituation am kleinen oder großen Bildschirm kleben. Pawlow funktioniert. Traurig ist es, wenn die Bildschirme schon bei Kleinkindern als Babysitter und Sedativ eingesetzt werden. Gib dem Kind einen Monitor, dann hast du Ruhe! Die gleiche Digitalität, die uns allen so viele Vorteile verschafft, raubt uns gleichzeitig viel Lebenszeit, aber auch Vitalität, weil sie uns zu *anästhesieren* vermag. Niemand wird in seiner letzten Stunde bereuen, dass er in seinem Leben auf Instagram zu wenig »aktiv« war. Und wem im Online-Leben wohler ist als im Offline-Leben, lebt wie ein Schlafwandler.

4 Mythos »Vom Lehren zum Lernen«

> Qui veut encore des professeurs?
> *Philippe Meirieu*

Die Bedeutung der Lehrperson wird immer wieder sonntäglich-feierlich unterstrichen. Doch in der Sprache der Professionalisierung des Lehrberufs und der damit verbundenen Kompetenzorientierung, die den Anschein des Wissenschaftlichen hat, verschwindet die Person aus dem Blick. Vielerorts wird sie nun »Coach« genannt. Vielleicht wurde alles Bedeutsame über die Lehrperson schon lange gesagt. Man möchte es nicht dauernd wiederholen. Innovativ ist es nicht. Vielleicht gibt es nichts wirklich Neues zu sagen. Was wäre schlimm daran? Die Einführung der Jungen in die bestehende Welt ist eine anthropologische Konstante. Vieles ändert sich, doch Wesentliches bleibt sich gleich. Aber man kann das schon oft Gesagte und einmal Gewusste vergessen. Das ist ein unnötiger Verlust. Heute hat man manchmal den Eindruck, dass auch das Verlustgefühl verloren gegangen ist. Der Verlust des Verlusts ist der wahre Verlust. Wer hingegen an diesem Ort oder jenem Ort mit Lehrpersonen zu tun hatte, welche für die eigene Lernbiografie einen Unterschied gemacht haben, weiß um die tiefere Bedeutung der *Personalität* des Lehrens.

a) Transformation der Vokabulare

Wird die Tätigkeit einer Lehrperson anerkennend gewürdigt, sagt der »normale« Mensch, Frau Meier sei eine »gute« Lehrerin, Herr Müller

a) Transformation der Vokabulare

ein »guter« Lehrer. Hört man, dass Meier eine »kompetente« Lehrerin oder Müller sehr »professionell« seien, so möchte man nachfragen: »Ja, aber sind sie auch ›gute‹ Lehrpersonen?« Die alte Tugendsprache lässt sich wohl nicht ohne Verluste in die Sprache der Kompetenz übersetzen. Umgekehrt deckt die Tugendsprache den Bereich der Kompetenzsprache auch nicht ab. Sicher übt die Art und Weise, wie die Tätigkeiten und Anforderungen von Lehrpersonen in der Lehrpersonenbildung, der Erziehungswissenschaft, der Berufspraxis und der Bildungsadministration sowie -politik verhandelt werden – d.h. die Vokabulare des Beschreibens – einen Einfluss auf die berufliche Identität sowie das pädagogische *Selbstverständnis* aus (vgl. Taylor 1996, 2017) und tangiert – auf vielleicht undurchsichtige Weise – letztlich die Unterrichtspraxis, wie die Untersuchungen zu »professional beliefs« und »shared beliefs« (Steinmann & Oser 2012) anzudeuten scheinen. An offiziellen Dokumenten (Lehrplänen, Curricula der Lehrpersonenbildung, Berufsleitbildern, z.B. des Dachverbands Lehrerinnen und Lehrer Schweiz LCH) lässt sich feststellen, dass sich in den letzten Jahrzehnten eine (semantische und rhetorische) Verschiebung von stark *persönlichkeits-* und *tugendorientierten* Vokabularien zu einem nahezu ausschließlichen *kompetenzorientierten* Vokabular vollzogen hat. Konnten die Ideen der Persönlichkeitsbildung und des praxisorientierten Lehrpersonenethos in den 1970er-Jahren in den Lehrplänen der Lehrpersonenbildung noch eine Art Primatstatus vorweisen, steht in jüngster Zeit die Ausbildung von nützlichem, überprüfbarem Kompetenzwissen im Vordergrund (Künzli, Messner & Tremp 2012; Weinert 1999, 2001). Das pädagogisch-ethisch relevante *Orientierungswissen* musste dem scheinbar praktischeren *Verfügungswissen* weitgehend den Platz überlassen. Die damit verbundenen semantischen Verschiebungen werden vonseiten der Erziehungswissenschaft wie auch den Akteurinnen und Akteuren der pädagogischen Praxis mitvollzogen, ohne dass deren Implikationen für die Gestaltung des pädagogisch-professionellen Berufsalltags und vor allem deren Folgen für das *pädagogische Selbstverständnis* von Lehrpersonen bisher angemessen reflektiert oder erforscht worden sind.

Es zeigt sich jedoch *erstens*, dass das kompetenztheoretische Vokabular bei vielen Lehrpersonen ein *Unbehagen* auslöst, während dasselbe vonseiten der Schulleitungen und Dozentinnen und Dozenten der Lehrpersonenbildung umgekehrt als pädagogisch *sinnvoll* und *zukunftsweisend* beurteilt wird. *Zweitens* verwenden die Praktikerinnen und Praktiker ein primär persönlichkeits- oder tugendorientiertes Vokabular, wenn sie dazu aufgefordert werden, die »ideale« Lehrperson in eigenen Worten zu beschreiben. Es ist festzustellen, dass die aktuelle Sprache der offiziellen pädagogischen Leitbilder (sowie Lehrpläne und Ausbildungscurricula) sich deutlich von der Sprache unterscheidet, welche die Akteurinnen und Akteure im Feld der pädagogischen Praxis selbst benutzen. Aus diesen Diskrepanzen (zwischen Vokabularien und Akteurinnen bzw. Akteuren) lassen sich praxisrelevante Fragestellungen entwickeln: Wie lässt sich das Unbehagen der Lehrpersonen hinsichtlich des (umfassend) kompetenzorientierten Vokabulars verstehen? Welches sind die damit verbundenen Wirkungen? Wie lassen sich die semantischen und rhetorischen Differenzen zwischen den beiden Vokabularien (Tugend/Person und Kompetenz) rekonstruieren? Könnten sie für die pädagogische Praxis und die Lehrpersonenbildung genutzt werden? Worin bestehen die Stärken und Schwächen dieser Vokabulare, ihre Attraktivität? Wo bestehen Überschneidungspunkte und Gemeinsamkeiten?

Mit dieser Transformation, welche auch die alte Idee der »pädagogischen Freiheit« oder »pädagogischen Autonomie« der Lehrperson nicht nur tangierte, sondern zurückdrängte (vgl. Champy & Gauthier 2022, S. 56 f.), geht – spätestens seit der PISA-Befragung 2000 – auch eine eigentümliche Fokusverschiebung einher: *vom Lehren zum Lernen*. Dieser scheinbare »Paradigmenwechsel« wird mit seltsam anmutenden Slogans wie »Konstruktion statt Instruktion« zementiert. In der dichotomischen Entgegensetzung von Konstruktion und Instruktion wird die pädagogische Differenz zwischen Lehren und Lernen unterminiert. Konstruktivistisch angehauchte Vorstellungen von Lernen stehen aber tatsächlich nicht Gegensatz zur Idee und Notwendigkeit des Instruierens bzw. Lehrens. Das ist von angehenden

Lehrpersonen und Erziehungswissenschaftlerinnen und -wissenschaftlern kaum noch zu verstehen, da sie in ihrem Studium an der großen Phrasendrescherei teilhaben (müssen), welche die »Eigenerfahrung« und das »selbstorganisierte« Lernen zu den wesentlichen Kriterien der richtigen, guten und zeitgemäßen Didaktik und Pädagogik erheben. Die entsprechende »Sloganistik« und »Phraseologie« wird an Pädagogischen Hochschulen und bildungs- bzw. erziehungswissenschaftlichen Instituten der Universitäten ja auch von Dozierenden vorangetrieben, die *mehrheitlich* weit von der Schul- und Unterrichtspraxis entfernt sind, von der sie dauernd reden! Man braucht ja keine mehrjährige Berufserfahrung als Lehrperson, um angehende Lehrpersonen mit gefälligen und unhinterfragten pädagogischen und didaktischen Floskeln zuzuschütten. Man braucht überhaupt keine praktischen Erfahrungen, um intrinsische Motivation, Selbstwirksamkeitsgefühle, Resilienz, Autonomie und authentische Erfahrung gutzuheißen. Man benötigt aber pädagogische Erfahrung, um angemessen über das Lehren und Lernen nachdenken zu können.

b) Vom pädagogischen Sinn der Schule

Wer nach dem Sinn und Zweck der Schule und nach der Rolle der Lehrtätigkeit bzw. der Lehrpersonen fragt, versucht implizit, sich über den *tieferen* Sinn und Zweck sowie die Möglichkeiten von Bildung und ihrer Organisation klarzuwerden. Die Schule ist nur – nicht mehr und nicht weniger – der *Versuch*, eine *gewisse* Bildung möglichst für alle Kinder und Jugendlichen, d.h. alle Menschen zu sichern, zu organisieren und mit Inhalt zu füllen. Bildung ohne Schule ist wie Medizin ohne Spitäler oder Fußball ohne Fußballplätze: Bildung, Medizin und Fußball sind ohne diese Institutionen, welche architektural verstetigt werden – als Gebäude, entsprechend ihrer Funktion bezeichnet und auf Stadtplänen hervorgehoben – zwar nicht unmöglich, aber hinsichtlich ihrer quantitativen Dimension (»Zugang für alle«) und ihrer Qualität (»Basiskompetenzen«) so unsicher, dass ihr Fehlen in modernen Gesellschaften ganz unmöglich erscheint. Wohl wird sehr viel über Bildung und Schule nachgedacht, obwohl man es nicht immer merkt. Es werde mehr gedacht, als man denkt, meinte Helmuth Plessner. Aber viele scheinen andererseits auch nicht zu wissen, wie wenig sie selbst denken (Neiman 2014, S. 218). Die benannten und viele andere Institutionen scheinen einen so selbstverständlichen Stellenwert im Leben und Zusammenleben zu haben, dass es weder nötig noch funktional erscheint, über ihren tieferen sozialen und politischen Sinn zu spekulieren. Diese Gebäude – Schulhäuser und Universitäten, Spitäler und Pflegeheime, Sportstadien und -plätze, Gemeindehäuser und Rathäuser, Polizeistationen, Gerichtsgebäude und Gefängnisse, Bahnhöfe und Flugplätze, Kirchen, Krematorien und Friedhöfe – gehören zu zentralen Elementen der Baukultur und bilden die Umwelt modernen Zusammenlebens. Typischerweise werden ganz spezifische menschliche Tätigkeiten und Verhaltensweisen in diesen Gebäuden erwartet, die ihnen sowohl einen Raum als auch eine Legitimation verschaffen (unterrichten, heilen, pflegen, begleiten, rennen, boxen, beraten, urteilen, entscheiden, predigen, trösten etc.). Nun gibt es ein »Denken«, das so tut, als ob es Denken sei, und es gibt Denken. Denken I unterscheidet sich von Denken II dadurch, dass es ganz der Immanenz des Selbstverständlichen verhaftet bleibt. Es handelt sich eigentlich gar nicht um Denken, sondern um übernommenes Wissen, Gedankenroutinen (»Die Schule ist zum Lernen da«) bzw. Denkgewohnheiten, also höhere Formen von Gedankenlosigkeit, während das eigentliche Denken (Denken II) »in den Zwischenräumen der Gewohnheiten versteckt« ist (Dewey 1996, S. 137). Doch »ein Gott ist der Mensch, wenn er träumt, ein Bettler, wenn er nachdenkt«, so Friedrich Hölderlin im *Hyperion* (Hölderlin 1978, S. 734) ...

Die Schule ist nur bedingt eine *pädagogische* Institution. Sie wird von gesellschaftlichen Kräften geprägt und erfüllt gesamtgesellschaftlich bedeutsame Funktionen, die dem pädagogischen Ethos teilweise sogar widersprechen (z. B. jene der Selektion), ohne dass die

b) Vom pädagogischen Sinn der Schule

Widersprüche aufgelöst werden könnten. Zum *pädagogischen* und gleichzeitig *politischen* Sinn der Schule gehört die Förderung des Gemeinsinns und – noch fundamentaler – der Zivilität. Lehrperson zu sein, bedeutet, im Klassenzimmer täglich Prinzipien zu verdeutlichen, näherzubringen und sicherzustellen, die auch der Demokratie zugrunde liegen, d. h. Dialog statt körperliche Gewalt oder aggressive Drohung, argumentieren statt kontrollieren, erklären statt manipulieren (Meirieu 2023, S. 40). Oberflächlich betrachtet, steht die *Vermittlung von Wissen und Können* im Mittelpunkt der Schule und Lehrtätigkeit. In vielerlei Hinsicht ist individualisierte Vermittlung von Wissen und Können mittels digitaler Medien der Unterrichtspraxis von Lehrpersonen überlegen. Doch Lehrpersonen vermitteln nicht nur Bildungsinhalte, sondern – wie erwähnt – auch eine bestimmte *Beziehung* zum Wissen und Können. Sie stehen als Repräsentantinnen und Repräsentanten der *Kultur* des Wissens und Könnens vor den Kindern und Jugendlichen, die ihnen anvertraut worden sind. Der gegenwärtige Trend im pädagogischen Denken und vor allem in der Bildungsforschung setzt hingegen nicht auf die Bedeutung des Lehrens als vielmehr jene des Lernens, insbesondere des individualisierten und digitalisierten Lernens. Die sogenannte Individualisierung des Lernens impliziert letztlich eine »Depersonalisierung« des Lehrens. Denn von der Zufallsvariable Lehr*person* – ihren Persönlichkeitszügen, Launen und Einstellungen – abhängig sein zu müssen, gilt heute vielen als nicht mehr zumutbar, als ein »Archaismus« (Meirieu 2023, S. 13).

Da die Lehrpersonen aber trotz aller Digitalisierungsbemühungen immer noch existieren und wohl noch längere Zeit nicht vollständig abgewickelt werden können, soll der Einfluss *ihrer* Individualität – ganz im Unterschied jener der Kinder und Jugendlichen – möglichst in Schach gehalten werden. Dies geschieht in zweierlei »bildungswissenschaftlicher« Hinsichten und einer zusätzlichen Kompensationsstrategie von Seiten der bildungsaspirierten Eltern.

Erstens suggeriert die Bildungswissenschaft spätestens seit der sogenannten Evidenzbasierung, die universell gültigen Gesetze des Lehr-Lern-Prozesses auf der Grundlage von kognitiver, lernpsychologischer und neurowissenschaftlicher Forschung immer besser zu kennen. Diese sollen in der Lehrpersonenbildung möglichst optimal erlernt werden, sodass der Unterricht »professionell« – d. h. auch personen- und persönlichkeits*unabhängig* – durchgeführt werden kann. *Wissenschaft* meint also vorschreiben zu können, was guter, effizienter und wirksamer Unterricht ist. Dieses szientistische Selbstmissverständnis (eher der Bildungswissenschaft als der Lehrpersonen) ist weitverbreitet, wiewohl es der praktischen Evidenz entbehrt. Doch es hat eine zentrale Legitimationsfunktion für bildungswissenschaftliche Forschungstätigkeiten. Denn wofür soll Bildungsforschung am Ende gut sein, wenn nicht für die behauptete Verbesserung der Unterrichtsqualität?

Zweitens wird die Rolle der Lehrperson als Instruktorin oder Instruktor und Repräsentantin oder Repräsentant des Wissens auf jene der Tutorin oder des Tutors oder neuerdings des Coaches reduziert. Es muss sichergestellt werden, dass nicht (bloß) instruiert wird, sondern der Fokus ganz bei den Lernprozessen der Kinder und Jugendlichen liegt, die in ihren Bemühungen *begleitet* werden. Der sogenannte »lehrpersonenzentrierte« Unterricht ist von der Schulpädagogik, den Didaktiken, der Lernforschung und vor allem der Lehrpersonenbildung seit Jahrzehnten zum ideologischen Feind geworden. Die Metapher des *Begleitens* ist dennoch ein – zwar politisch korrekter – Abglanz der *Führungs*metapher; gemeinsam ist der Führung und dem Begleiten die Einbettung in die zugrundeliegende *Weg*metaphorik. Geht es um Führung, so »weiß« die Lehrperson offenbar noch, wohin die Reise der Bildung geht oder gehen soll, sie *geht* daher *voraus*, während bei der Begleitung das Ziel entweder nicht mehr so genau bestimmt bzw. bekannt ist oder letztlich kaschiert wird, aber immerhin: man ist *side by side* – das mögen die Leute. Nur kann freilich nicht jede Schülerin und jeder Schüler in den Genuss einer intensiven und individuellen Begleitung kommen. Der Vergleich der faktischen Begleitpraxis mit dem hohen »Ideal« zeigt der pädagogischen Tutorin oder dem pädagogischen *Tutor* daher immer wieder die praktischen Grenzen auf. Dafür kann man sich mit der Behauptung trösten, dass es sich beim Lehrberuf um eine *komplexe*

b) Vom pädagogischen Sinn der Schule

Tätigkeit handele. Außenstehende können dies kaum nachvollziehen. In die Kulturtechniken des Lesens, Schreibens und Rechnens einführen zu können, erscheint ihnen beinahe als naturwüchsiges Tun, jedenfalls nicht als etwas, das über Jahre eigens studiert werden muss. Doch die Tutorinnen und Tutoren selbst werden in ihrer Ausbildung mit tatsächlich komplexen Lehr-Lern-Modellen konfrontiert, welche suggerieren, Abbild der mindestens ebenso komplexen Wirklichkeit des Lehr-Lern-Prozesses zu sein. So wird in der Bildungsforschung gerne auf die *Komplexität* des betrachteten Phänomens und auf die Unüberschaubarkeit der Literatur, Befunde und Perspektiven verwiesen. Erziehen und Unterrichten sind offenbar *unglaublich komplexe* Tätigkeiten, scheint es, und jedes einzelne Schulfach braucht eine hochgeschraubte, idiosynkratisch aufgeblasene Didaktik mit einem je eigenem Vokabular und will sich auf keinen Fall mit irgendeiner anderen Fachdidaktik vergleichen lassen. Wahnsinn! denkt der Laie, diese Spezialisierung, Expertise, Aufgabenteilung...

Doch in Wahrheit sind weder Erziehen noch Unterrichten sehr komplexe Tätigkeiten, sondern einfach mitunter schwierig und mühsam. Komplexe Forschungsmodelle mit ihren zahlreichen Kästen und Verbindungspfeilen und raffinierten, kybernetisch anmutenden Rückkoppelungsmechanismen stehen heute meist für den *Ersatz* einer tauglichen, allgemein-verständlichen Theorie, die in wenigen Sätzen angemessen umrissen werden kann. Aber man kann Aussenstehende mit komplexen Modellen und einer »high-sounding language« ein Stück weit zum Schweigen bringen. Je komplexer das Modell, desto aufwändiger die Luftproduktion und desto heißer die Luft, könnte frech formuliert werden, etwa im Sinne eines quasi Newton'schen Gesetzes zur Bildungsforschung, das wie folgt lauten könnte: »Wirkt auf einen Bildungsforscher:innenkörper eine bildungspolitische oder -administrative Kraft, so wird dieser Körper in Richtung der Kraft beschleunigt. Die Beschleunigung ist dabei direkt proportional zur Kraft und indirekt proportional zur Masse des Körpers.«

Da sich die Unterrichtsqualität mit bildungswissenschaftlich »fundierten« Strategien und Technologien offensichtlich dennoch kaum merklich verbessern lässt (und in mancher Hinsicht eher noch zu verschlechtern scheint), steht die Bildungsforschung ab und zu unter Erklärungsdruck. Könnte es sich bei der Einführung der neuen Lehrmethode oder dem neuen Lehrplan nicht doch um einen Fehler gehandelt haben? Doch dogmatisch, wie er nun einmal ist, erkennt der Szientismus der Bildungsforscherinnen und -forscher und Bildungsadministratorinnen und -administratoren bei sich in der Regel keine Fehler, vielmehr schiebt er jede Verantwortung auf sogenannte »Umsetzungsschwierigkeiten« ab. Meistens sind es am Schluss in der einen oder anderen Weise die Lehrpersonen, die entweder zu wenig gut in die Reform eingeführt worden oder einfach nur halb oder gar nicht motiviert sind, um die neuen Herausforderungen beherzt und kompetent anzupacken. Diese falsche Bescheidenheit geht mit dem fragwürdigen Anspruch einher, es doch besser zu wissen, denn wenn die Reformverantwortlichen und vor allem die Lehrpersonen der Wissenschaft zuvor nur besser zugehört hätten, dann wäre die Reform erfolgreich gewesen (vgl. Meirieu 2023, S. 20f.). Es ist wie mit der kommunistischen Idee: Sie wäre gut und vernünftig, aber leider scheitert ihre Umsetzung an der Dummheit der Praxis ...

Da die (privilegierten) Eltern den Versprechen der Bildungsforschung und Reformen hingegen meist keinen großen Glauben schenken und sowieso im Grunde nur an ihrem eigenen Kind und an sonst niemandem interessiert sind, beharren immer mehr von ihnen wenigstens darauf, dass ihr Kind von der Lehrperson als Ausnahme (d.h. Dauerausnahme) behandelt wird. Denn es ist ein sehr spezielles Kind, sehr begabt und eigentlich motiviert, nur eben in nicht in der Schulklasse, in der es gerade steckt. Dies ist die Kompensationsstrategie der Eltern: Wenn der Unterricht schon nicht optimal sein kann, so soll die Lehrperson wenigstens dafür sorgen, dass die elterlichen Bildungserwartungen nicht enttäuscht werden, heißt: Unser Kind muss den Übertritt schaffen!

Das Bewusstsein der Bedeutung von Bildung bzw. vielmehr von Lernerfolg und Schulerfolg wurde in den letzten Jahrzehnten immer deutlicher und zunehmend öffentlich artikuliert. So erstaunt es wenig, dass man nun wissen will, wie es um die Leistungsfähigkeit der

b) Vom pädagogischen Sinn der Schule

Bildungssysteme tatsächlich steht. Die »Kultur« des Evaluierens, die sich selbst im Dienste der Qualitätssicherung sieht, verdient ihren Namen jedoch nicht; sie fußt letztlich in einer kaschierten Unkultur des Misstrauens (vgl. dazu Meirieu 2023, S. 28). In keinem Lebensbereich scheint es keine Evaluationen zu geben. Dabei werden wir meist als Kundinnen und Kunden angesprochen, die ihre Meinung und Zufriedenheit ausdrücken sollen. Man hat sich so stark daran gewöhnt, dass man die damit einhergehende Transformation gar nicht unbedingt registriert:

> »Die gesamte Institution erlebt heute einen allmählichen Wandel hin zu einer Dienstleistungslogik. Doch wenn die Qualität einer Dienstleistung an der Zufriedenheit ihrer Nutzer gemessen wird, so wird die einer Institution an ihrer Fähigkeit gemessen, Werte zu verkörpern. Wer käme auf die Idee, die Qualität des Justizsystems an der Zufriedenheit der Prozessparteien zu bewerten?« (Meirieu 2023, S. 22, Übersetzung R. R.).[18]

So gibt es denn auch in der Bildungsforschung sogenannte »Angebots-Nutzungs-Modelle« (vgl. z. B. Vieluf et al. 2020). Unterricht sei ein »Angebot«, das von den Schülerinnen und Schülern »genutzt« werden könne, um zum »Lernerfolg« zu kommen. Eigenartig diese Sprache, die aus curricularen Vorgaben ein Lehr*angebot* macht! Manchmal gibt es aber eben auch »Pflichtangebote«. Die Abartigkeit dieser Wortprägung fällt schon gar nicht mehr auf. Man stelle sich vor, die Kundin oder der Kunde werde im Supermarkt mit einem »Pflichtangebot« konfrontiert – z. B. Bananen: Egal, was du jetzt kaufen wirst, geschätzte Kundin oder geschätzter Kunde, Bananen *musst* du kaufen! Die Kundinnen- bzw. Kundenmetapher im Bereich obligatorischer Schule ist devianter noch als andere Metaphern. Auch Patientinnen und Patienten im Spital werden als »Kundinnen« oder

---

18 Im französischen Original: »[...] c'est toute l'institution qui vit aujourd'hui un glissement progressif vers une logique de services. Or, si la qualité d'un service se mesure à la satisfaction des ses usagers, celle d'une institution s'éprouve à sa capacité à incarner des valeurs. Qui envisagerait, en effet, d'évaluer la qualité du système judicaire à la satisfaction des justiciables?« (Meirieu 2023, S. 23).

4 Mythos »Vom Lehren zum Lernen«

»Kunden« bezeichnet; doch wenn man sie besucht, z.B. in der Abteilung für Onkologie, so hat man nicht den Eindruck, dass sie wie Kundinnen und Kunden aussehen, vielmehr sehen sie einfach nicht gut aus. Es geht ihnen ja auch nicht gut, sie sind keine Kundinnen und Kunden, sondern Patientinnen und Patienten (von latenisch *patiens*, »leidend«, »erduldend«). Auch Schülerinnen und Schüler sind keine Kundinnen und Kunden, sondern vor allem Zuhörerinnen und Zuhörer, und manchmal auch ein wenig Erduldende, also Patientinnen und Patienten. In der Schule wird keine Arithmetik *gekauft*, das Alphabet wird dort auch nicht *verkauft*, und Kinder suchen sich auch nicht jene Erziehungsangebote aus, von denen sie sich den größten individuellen Nutzen versprechen.

Nun mag eingewendet werden, die oben formulierte Kritik an der Bildungsforschung sei polemisch. Denn was sollte schlecht daran sein, den Lernerfolg im großen Stil auf Bildungssystemebene zu erforschen? Evaluationen dienen doch vor allem der Qualitätssicherung! Im Kleinen sicher, im Großen eher nicht. Jeder vernünftige Mensch überprüft von Zeit zu Zeit, was sie oder er macht, ob es auch gut ist, was und wie sie oder er es macht (z.B. diesen Text schreiben oder einen Holztisch abschleifen). Doch was im Kleinen normal ist, kann im Großen viel zu ambitioniert sein. Helmut Heid hat die Behauptung, wonach Evaluationen – im Sinne von Leistungsstanderhebungen (wie bei den PISA-Studien) – tatsächlich der Qualitätssicherung dienen würden, als weitgehend grundlos entlarvt. Der Zusammenhang wird meistens behauptet (vgl. etwa Köller 2007), als ob er ganz selbstverständlich wäre (wie beim Einparken eines Autos). Die Frage, die sich Heid stellte, lautet: Welcher Verursachungszusammenhang muss bzw. müsste sich empirisch bestätigen lassen, damit vom erhobenen Lernerfolg bzw. -misserfolg der Schülerinnen und Schüler auf die Qualität (und Leistung) des Bildungssystems geschlossen werden könnte? Ohne die Behauptung eines solchen Zusammenhangs ließen sich ja nicht wenige zeitgenössische Bildungsreformen (wissenschaftlich) noch weniger rechtfertigen, als sie es eh schon tun. Gegeben müsste nach Heid, der hier den eigenen Worten

b) Vom pädagogischen Sinn der Schule

nach noch »vereinfacht«, der Nachweis mindestens folgender fünfteiliger Wirkungskette sein:

»(1) Die Verwirklichung des in Standards Kodifizierten ist Resultat (›Wirkung‹) abgrenzbarer bzw. messbarer Lernaktivitäten, allgemeiner: erfolgreichen Lernens. (2) Erfolgreiches Lernen ist Resultat (›Wirkung‹) identifizierbarer Lehraktivitäten, allgemeiner: erfolgreichen Lehrens. (3) Erfolgreiche Lehraktivitäten sind Ausdruck (Indikator) hoher Lehrkompetenz. (4) Hohe Lehrkompetenz ist Resultat (›Wirkung‹) erfolgreicher Lehrpersonenbildung. (5) Erfolgreiche Lehrpersonenbildung ist Resultat (›Wirkung‹) guter Bildungsforschung« (Heid 2007, S. 37).

Solange diese Zusammenhänge nicht alle (!) nachgewiesen werden können – was angesichts der methodischen Schwierigkeiten und vor allem auch der Kürze des Lebens völlig unwahrscheinlich ist –, dann besage »die Erfüllung eines Standards nur eines, nämlich dass der Standard erfüllt ist – und nichts darüber hinaus!« (Heid 2007, S. 37). Während im Grunde viel erziehungswissenschaftliches und pädagogisches Wissen vorhanden ist, was in Schule und Unterricht Qualität bedeutet, bleibt die Behauptung, insbesondere Bildungsstandards würden der Qualitätssicherung dienen, empirisch letztlich unbelegt. Ironischerweise wird aber genau in diesem Zusammenhang ziemlich gut gelaunt von *Evidenz* und *evidenzbasiert* gesprochen.[19]

Warum eigentlich kann nicht akzeptiert werden, dass Lehren eine *unsichere* Tätigkeit darstellt, vor allem wenn sie im Hinblick auf den Output, also den Lernerfolg, beurteilt werden soll? Warum soll die Reduktion der Einschätzung von Lehrqualität auf Outputorientierung angemessen sein? Warum soll die Tätigkeit (Professionalität) der Lehrpersonen gerade daran bemessen bzw. beurteilt werden? Und

---

19 Behauptungen als grundlos zu entlarven, das kann pädagogische Kritik leisten. Was sie nicht zu leisten hat und auch nicht leisten kann, ist, anzugeben, wie es besser wäre. Ein weit verbreitetes Vorurteil besagt, Kritik habe konstruktiv zu sein. Das relevante Kriterium der Kritik ist aber, wie es Friedrich Dürrenmatt einmal ausdrückte, nicht, ob sie konstruktiv ist oder nicht, sondern ob sie zutrifft oder nicht. Konstruktiv kann vielleicht die fromme Hoffnung des dogmatischen Besserwissens sein, aber nicht Kritik.

4 Mythos »Vom Lehren zum Lernen«

wer soll diese Überprüfung überhaupt leisten können? Die Bildungsforschung kann es letztlich nicht sein. Sollen es die Kinder und Jugendlichen sein, die nervösen Eltern, deren Zukunftsängste sich allein auf das eigene Kind beziehen? Auch manche Pädagogin und mancher Pädagoge hält ja viel von der pädagogischen Urteilsfähigkeit des Kindes. Es erscheint progressiv, das Kind als Theoretikerin ihrer oder Theoretiker seiner eigenen Bildungsprozesse zu betrachten. Und bekundet das Kind Mühe mit dieser Lehrperson oder jenem Unterrichtsgegenstand, so ist dies für manche Eltern eine willkommene Gelegenheit, um gegenüber ihrem Kind als pädagogische Anwälte aufzutreten und vor allem viel Empathie für das kindliche Unbehagen und ihre bzw. seine Demotivation zu zeigen. Wohl meinen sie, damit eine pädagogisch wertvolle Nähe zum Kind auszudrücken. In Wahrheit setzen sie mit dieser »Pädagogik« einen Keil zwischen Kind und Lehrperson, zwischen Kind und Schule, zwischen Kind und Curriculum. Es handelt sich um eine Pädagogik des Verdachts, welcher sich nie auf das Kind, sondern immer auf die Lehrperson und die Institution richtet.

Es gibt wohl nur wenig, das für Lehrpersonen besorgniserregender ist als die Konkurrenz, die durch das Beurteilen ihrer Tätigkeit entsteht (Meirieu 2023, S. 29). Dieses untergrabe, so Meirieu, zunächst die berufliche Solidarität unter den Lehrpersonen und versetze Eltern (aber auch beispielsweise Studierende) in die Lage, die konkreten »Lehrangebote« mit jenen privater Dienstanbieter zu vergleichen (oder zu ergänzen). Diese Anbieter spekulieren auf Zukunftsängste und Bildungswünsche und haben global betrachtet an vielen Orten im Rahmen der sogenannten »shadow education« – z. B. als *außerschulisches* Nachhilfestunden- und Prüfungsvorbereitungswesen – an Bedeutung rasant zugenommen. Die Schule und die darin tätigen Lehrpersonen werden nicht selten mit Argwohn betrachtet und sehen sich dem unterschwelligen Verdacht der Insuffizienz ausgesetzt. Diese letztlich *illoyale* Einstellung entspringt vor allem der elterlichen Sorge um den künftigen sozialen und ökonomischen Erfolg des Kindes. Darin offenbart sich die *Krise des Gemeinsinns* und, damit einhergehend, des *Vertrauens* und der *Zuversicht*. An ein besonders

b) Vom pädagogischen Sinn der Schule

krasses Beispiel dieses Zusammenhangs erinnert Catherine Liu (2023, S. 66):

»Der Fall Varsity Blues, der aufdeckte, dass reiche und superreiche Eltern dem College-Berater Rick Singer Hunderttausende von Dollar zahlten, um ihre Kinder durch die ›Hintertür‹ der sportlichen Zulassung zum College zu bringen, ist nur das logische Ergebnis der Entschlossenheit der herrschenden Klasse, den ›Erfolg‹ ihrer Kindern zu garantieren.«

Doch Schule, überhaupt Bildung, ist keine Privatsache und kein privates Gut, sie dient idealiter gleichzeitig der »Befreiung« und der »Verbindung« der Menschen. Darin liegt ihre zugrundeliegende soziale und politische, d.h. demokratische Bedeutung. Warum sonst sollten Kinder und Jugendliche überhaupt *zusammen* lernen? »In einer Gesellschaft, die Bildung als ein privates Gut ansieht«, so Liu (2023, S. 99) in ihrem kämpferischen Essay, »ein Gut, das man nutzen muss, um in einer zunehmend unsicheren Welt zu bestehen, haben die meisten jungen Menschen nicht das Gefühl, dass sie es sich leisten können, während des Studiums neugierig oder auf Vergnügungen aus zu sein«.

Die Tätigkeit des Lehrens ist weder eine technische noch auch eine wissenschaftliche Angelegenheit. Meirieu (2023) erinnert an Freud, der die These der drei »unmöglichen Berufe« formuliert hat, d.h. die These der drei (beruflichen) Tätigkeiten, von denen man weiß, dass Erfolg und Anerkennung stets zweifelhaft bleiben müssen: der Beruf der Erzieherin oder des Erziehers, die Tätigkeit des Regierens und die Praxis der Psychoanalytikerin oder des Psychoanalytikers. Wie die Bildung, so dient vor allem die Erziehung der Einführung in das *unvollkommene* Leben (vgl. Reichenbach 2011a). Diese Einführung ist selbst unvollkommen und so bleibt Erziehung insgesamt unvollkommen.

Einführung ist *Führung*. Wie erwähnt, ist die Führungsmetaphorik auch oder vielleicht vor allem in der Erziehungswissenschaft nicht mehr selbstverständlich, denn sie impliziert die Möglichkeit einer klaren Unterscheidung zwischen führenden und geführten Personen. Asymmetrische Beziehungskonstellationen sind heute schwer zu beschreiben bzw. belastet und die beliebten und politisch korrekten symmetrischen Vokabulare machen eine angemessene Beschreibung von asymmetrischen Beziehungen auch nicht einfacher (vgl. Mythos »gleiche Augenhöhe«). Die damit verbundenen Schwierigkeiten scheinen dazu geführt zu haben, dass die Tätigkeit des Erziehens für die erziehenden Personen selbst zu einer Zumutung geworden ist. Die Gefühle der Unsicherheit und des Souveränitätsverlusts sind mitunter dann schwer zu ertragen, wenn der Tätigkeit des Erziehens und Lehrens jegliche Transzendenz abhandengekommen ist, d.h. wenn das Vertrauen schwindet, dass Menschen auch als pädagogisch tätige Wesen mit mehr, *anderem* und *größerem* verbunden sind als mit der konkreten Bewältigung repetitiver Probleme und Aufgaben der Gegenwart.

Das sogenannte »Technologiedefizit« in der Erziehung (Luhmann & Schorr 1982) sowie das »Technologieverbot« (Benner 1979) können als theoretisch und ethisch bedeutsame Einsichten des pädagogischen Denkens in der Moderne betrachtet werden. Für die pädagogische Praxis heißt dies u.a., dass über wünschenswerte, geeignete und realistische Zielvorstellungen von Erziehung und Bildung sowie konkrete Mittel bzw. Vorgehensweisen situativ immer wieder neu nachgedacht und entschieden werden muss. Dies verlangt nach *Erwägungspraxis*, nicht einfach *Anwendungspraxis*; es geht darum, die Situation angemessen beurteilen zu können, d.h. heißt, sie aus einer weiter gefassten Perspektive zu deuten.

c) »Wir müssen sie nehmen, wie sie sind ...«

Das *Ethos* des Lehrens ist bedeutsam für die Identität der Lehrpersonen und in der Folge auch für das Lernen der Schülerinnen und Schüler. Die damit verbundenen Fähigkeiten, Haltungen und Praktiken prägen die »pädagogische Attraktivität« einer Lehrperson. Die Lehrtätigkeit scheint insofern attraktiv für andere sein zu können, als

c) »Wir müssen sie nehmen, wie sie sind ...«

es der Lehrperson gelingt, in ihrem Tun und Erscheinen das Wesen der Bildung zu verkörpern. Damit ist insbesondere auch ihr Interesse am Gegenstand gemeint, das für die Schülerinnen und Schüler sichtbar bzw. erfahrbar werden sollte. Man verzeiht einer Lehrperson sicher vieles, aber nicht das Fehlen der Faszination für die Sache des Lehr- und Lerngegenstandes! An der *Sache* zeigt sich nämlich das pädagogische Engagement und offenbart sich die Qualität dessen, was früher »pädagogische Beziehung« genannt worden ist.

Zum sogenannten Lehrkörper gehören auch die Körper der Lehrpersonen. Der Körper ist die physische Grundlage des Lehrens und der Lehrmittel. Allerdings ist der Körper der Lehrpersonen eine Art Tabuthema geworden. Kaum jemand würde heute noch auszudrücken wagen oder wollen, was dem sowjetischen Pädagogen Anton Semjonovič Makarenko (1937/1961, S. 127) offenbar noch ganz selbstverständlich erschienen ist:

> »Ich möchte sagen, dass auch schon allein das Äußere des Pädagogen von großer Bedeutung ist. Am besten wäre es natürlich, wenn alle Pädagogen schön wären. Auf jeden Fall sollte sich aber wenigstens ein junger schöner Pädagoge und unbedingt eine schöne junge Frau im Kollektiv befinden.«

Gleichgültig, wie man zu solchen Aussagen steht, soziale oder gar physische Attraktivität ist kein oder kaum Bestandteil pädagogischer oder didaktischer Theorien oder auch der Lehrpersonenbildung, wiewohl die »Macht der Schönheit« bzw. der äußeren Erscheinung – und sei sie ambivalent – in allen Lebensbereichen erfahren werden kann. Es muss ja nicht gleich der *schöne* Körper sein, der zu interessieren hat, aber wenigstens einfach der Körper. Immer wieder werden und wurden Lehrpersonen zunächst von ihrer äußerlichen Erscheinung her beschrieben. Ein Beispiel von Robert Walser (1984, S 45):

> »Blok (so heisst unser Französischlehrer) ist ein langer, dürrer Mensch von unsympathischem Wesen. Er hat dicke Lippen und die Augen möchte man auch dick und aufgeblasen nennen; sie ähnlen den Lippen. Er spricht boshaft und geläufig. Das hasse ich. Ich bin sonst ein ganz guter Schüler, aber bei Blok habe ich meistens nur Misserfolge zu verzeichnen. Das kommt jedenfalls

daher, dass dieser Mensch mir das Lernen verleidet. Man muss ein unempfindlicher Kerl sein, um bei Blok gut und brav dazustehen. Nie kommt er aus sich heraus. Wie verletzend ist das für uns Schüler, empfinden zu müssen, dass wir ganz ausserstande sind, diese lederne Briefmappe von Mensch irgendwie ärgern zu können. [...] Bei Blok verwünscht man die Schule; er ist auch kein rechter Lehrer. Ein Lehrer, der die Gemüter nicht zu bewegen versteht. Aber was rede ich da? Tatsache ist, dass Blok mein Französischlehrer ist. Das ist traurig, aber es ist eine Tatsache.«

Der Übergang von der Beschreibung der äußeren Erscheinung zur Haltung und Praxis der Lehrperson ist hier geradezu fließend. Noch in den 1960er-Jahren konnte in der Lehrpersonenbildung über die körperlichen Anforderungen und Empfehlungen nachgedacht werden. Ideal wären für Lehrpersonen, so meinte beispielsweise Schneider, folgende Attribute: »Gesunder, kräftiger Körper, Widerstandsfähigkeit gegen die Beschwerden des Berufes, also vor allem gesunde Nerven und kräftige Atmungswege, normale Gestalt und achtungswerte äußere Erscheinung, Leichtigkeit und Anstand der Bewegung aller Gliedmassen und gesellschaftliche Gewandtheit« (Schneider 1966, zit. nach Oser 1998, S. 205 f.).

Hier ist es nicht allein die äußere Erscheinung, sondern auch die Tüchtigkeit und Leichtigkeit des Körpers der Lehrperson interessieren. Auch diese Aspekte, so scheint es, werden heute politisch korrekt übergangen. Einerseits muss das nicht bedauert werden, andererseits können gerade übergangene Phänomene für die Praxis des Lehrens von unterschwelliger Bedeutung und Wirksamkeit sein.

Kurz, die Lehrpersonen und ihre Körper sind nicht perfekt. Das wird so bleiben! Der polnische Arzt und Reformpädagoge Janusz Korczak (1979, S. 19) schrieb 1928: »Unter den Erziehern finden wir außer brutalen Schlauköpfen und Misanthropen Versager, die überall Schiffbruch erlitten haben und unfähig sind, eine verantwortliche Stelle zu übernehmen.« Und er räumte ein:

»[D]ie Schule hat ihre Fehler, und viele Menschen denken ständig darüber nach, wie man sie besser machen könnte; aber was wäre, wenn man alle Schulen schließen wollte, nur weil sie nicht vollkommen sind? Auch die

c) »Wir müssen sie nehmen, wie sie sind ...«

Lehrer sind nicht ideal, aber eher wir keine besseren finden, müssen wir sie nehmen, wie sie sind« (Korczak 1979, S. 81).

Die pädagogische Bedeutung der Person und der Personalität des Lehrens und Lernens ist in praktischer Hinsicht evident. Die Konzepte Ethos und Person sind intrinsisch verbunden, aber schwer zu fassen, vor allem passen sie nicht oder kaum noch in die aufdringlichen Vokabulare der zeitgenössischen Diskurse in der Lehrpersonenbildung. Hier setzt man lieber auf einen gefälligen Oberflächenrealismus, politisch korrekte und bildungspolitisch akzeptierte Ideen. Die besitzen höchstens den Status von Slogans, die letztlich sehr fern von der tatsächlichen Lehr- und Lernpraxis geäußert werden, aber dennoch deren Nähe für sich beanspruchen.

Dass Lehrpersonen einen Unterschied machen können, ist klar. Nicht nur ist die Schule für manch ein Kind der einzige, wirklich verlässliche Ort in ihrem oder seinem Leben, sondern es sind auch die tätigen Lehrpersonen, die für die Lern- und Entwicklungsmöglichkeiten der einzelnen Schülerinnen und Schüler eine sowohl sehr positive wie leider auch hinderliche Rolle ausüben können. Lehrpersonen vermitteln nicht nur Wissen und eine Haltung zu diesem Wissen, sondern – ob sie wollen oder nicht – auch eine Einstellung zum Lernen, zum Leben und zur Welt. Sie können dadurch besonders für Kinder, deren Lebensbedingungen nicht günstig sind, eine sehr große Bedeutung haben. Das hat wenig mit der sogenannten *Professionalität*, hingegen sehr viel mit *Personalität* zu tun. Manche Kinder und Jugendliche haben die Lehrperson sehr viel nötiger als andere. Sie brauchen deren Enthusiasmus, Zuversicht, Geduld und Heiterkeit. Diese scheinbar »weichen Faktoren«, welche der Bildungsforschung wenig zugänglich sind, wirken auch im erziehungswissenschaftlichen Diskurs etwas altbacken und tugendhaft. Tatsächlich sind sie aber die solideste Grundlage für eine gerechtere Schule, das ist eine Schule, die keine Schule der Privilegierten sein will.

Die trotz anders lautenden Sonntagsreden festzustellende mangelnde gesellschaftliche Anerkennung des Lehrberufs (der unzähligen Lehrpersonen sowie die leisen Formen der Selbstverachtung, die

4 Mythos »Vom Lehren zum Lernen«

daraus bei den Lehrpersonen entstehen können), die auch im Mythos »vom Lehren zum Lernen« zum Ausdruck kommt, ist ein letztlich auch politisches und demokratisches Problem. Wie wohl das folgende Zitat pathetisch wirkt und auch ist, trifft es im Kern zu. Der indische Philosoph Jiddu Krishnamurti (2006, S. 47 f.) äußerte sich 1979 zur Bedeutung der Lehrperson – an Lehrpersonen gerichtet – wie folgt:

> »The teacher is the most important person in a school, for on her or him depends the future welfare of mankind. This is not a mere verbal statement. This is an absolute and irrevocable fact. Only when the educator himself feels the dignity and the respect implicit in his work will he be aware that teaching is the highest calling, greater than that of the politician, greater than that of the princes of the world. The writer means every word of this, so please do not brush it aside as exaggeration or an attempt to make you feel a false importance. You and the students must flower together in goodness.«

5 Mythos »eigene Meinung«

> La quéstion centrale à poser
> est la suivante: quels savoirs l'École
> doit-elle retenir, pour dessiner quoi?
> *Philippe Champy & Roger-François Gauthier*

»Wer die Wahrheit sagt, muss ein schnelles Kamel haben«, lautet ein arabisches Sprichwort. Nicht alle haben ein schnelles Kamel, manche haben gar kein Kamel. Da ist es vielleicht besser, sich an die in der jeweiligen Gruppe vorherrschende Meinungen zu halten. Doch Meinung ist nicht Wahrheit. So braucht man im Land der Meinungen auch gar kein Kamel. Die von vielen geteilte Meinung ist *doxa*. Lern- und Bildungsziel sei es in der pluralistischen Demokratie hingegen, wie es gerne heißt, sich eine *eigene* Meinung zu bilden und diese zu äußern und gegenüber Andersdenkenden vertreten zu können. Versteckte Bombastik: *Ich gegen die Welt*. Überall schleicht sich das »Eigene« hinein. Wir alle haben zu vielem eine Meinung, und zu vielem auch gar keine Meinung. Ob wir jeweils *selber* auf »unsere« Meinungen gekommen sind, darf bezweifelt werden. Es ist sogar zu bezweifeln, dass es *eigene* Meinungen überhaupt geben kann, während es natürlich zutrifft, dass es zu diesem oder jenem viele Meinungen geben kann. Daher ist auch in Frage zu stellen, ob die Entwicklung von *eigenen* Meinungen ein Bildungsziel sein kann oder soll. So gutgläubig die Vorstellung erscheint, doch Lernen und Bildung sollten dabei helfen, der Wahrheit ein Stück näher zu kommen. Diese ist nie *meine* Wahrheit. Die Wahrheit gehört niemandem.

a) Die große Zusammenhangslosigkeit

Wir leben in einer komplexen Welt, heißt es, und die Komplexität würde sogar laufend zunehmen. Mit diesen beiden, allgemein Kopfnicken erheischenden Meinungen liegt man auf der richtigen Seite. Ob die Vielschichtigkeit des Lebens und der Phänomene sowie das Ineinandergreifen und Zusammenhängen von entsprechenden Merkmalen oder Aspekten tatsächlich zunehmen oder auch nur außerordentlich sind, kann trotzdem hinterfragt werden. Niemand hat die »Übersicht«, also ist die Welt komplex. Gab es denn einmal eine wohlgeordnete Epoche in der Geschichte der Menschheit, in der die Menschen – oder wenigstens einzelne – die »Übersicht« hatten? Kaum. Einsicht und Übersicht sind nicht entweder vorhanden oder nicht vorhanden, sind keine Merkmale oder Entitäten der wie auch immer gearteten Wirklichkeit, sondern Versuche, das Reale zu verstehen.

Einerseits muss man mit der Behauptung, alles sei mit allem *verbunden* – eben komplex – keine Kritik fürchten. Anderseits aber auch nicht mit der Behauptung, die Welt und darin die Menschen und ihr Denken seien so auseinanderdividiert und die Teile stünden *zusammenhangslos* nebeneinander. Die These der (zu hohen) *komplexen Zusammenhänge* und die These der *großen Zusammenhangslosigkeit* können sogar im gleichen Kopf koexistieren. Die epistemische Position, wonach die hohe Komplexität der Wirklichkeit und Weltzugänge den Menschen überfordere, sodass er keine Kohärenz erkennen könne, und die metaphysische Position der heterogenen und unversöhnlichen Fragmentierung des Denkens und Verstehens, und das damit verbundene postulierte »Ende der großen Erzählungen« (Lyotard 1989, 1993), scheinen auf der Ebene der *individuellen Lebensführung* vor allem zu bedeuten, dass die Menschen bis zu einem gewissen Grad gar nicht anders können, als eine *ich-zentrierte Weltsicht* zu entwickeln (vgl. Beck 1986; Lasch 1979), »eigene« Meinungen zu bilden. Da wir zwar wissen, dass wir nur unser eigenes Leben zu leben haben und nicht das unserer Eltern oder unserer Kinder oder der anderen, aber

a) Die große Zusammenhangslosigkeit

die das eigene Leben transzendierenden Perspektiven offenbar kaum (noch) zu überzeugen vermögen, scheint es nur sinnvoll zu sein, Sinn *in uns selbst* zu finden, d.h. zu versuchen, mit sich selbst in »Übereinstimmung« zu sein. Natürlich folgt diese Bemühung des *homo psychologicus* einer Chimäre, aber es gilt anzuerkennen, dass der damit verbundene Diskurs der Authentizität (vgl. Taylor 1993, 1995) eine beachtliche Aufdringlichkeit und Bedeutung für viele Menschen besitzt.

Die oft und zu Recht beklagte *Überfrachtung* der schulischen Curricula kann als Ausdruck der zahlreichen gesellschaftlichen und politischen Ansprüche an das Bildungssystem angesichts der vermeintlich so hohen Komplexität der Welt gedeutet werden. Immer wieder werden Vorschläge für neue Fächer vorgetragen, etwa das Fach *Ernährung* (denn: Viele Kinder ernähren sich nicht günstig bzw. sind übergewichtig.), das Fach *Glück* (denn: Geht es im Leben nicht vor allem darum?) oder das Fach *Wirtschaft und Finanzen* (denn: Viele Leute haben ihr Haushaltsbudget nicht im Griff) und zahlreiche andere Vorschläge mehr. Überfrachtete Lehrpläne gehen mit dem Gefühl des inkohärenten Nebeneinanders und dem abrupten Wechsel von einem Thema zu anderen im 45-Minuten-Takt einher. Der mit Monty Python legendär gewordene Spruch, »*And now to something completely different!*«, entspricht der Grunderfahrung der Kinder und Jugendlichen in der Schule. Die damit verbundene Absurdität – jetzt noch ein wenig Osmose, dann aber Funktionsgleichungen, gleich drauf ab in den Sportunterricht, zum Schluss noch Kunst – der institutionellen Wissensvermittlung, d.h. Wissenspartikelvermittlung, hat sich so stark *normalisiert*, dass heute eher ihr Fehlen zu Irritationen und möglicherweise Protesten führen könnte. Kaum eine Schülerin oder ein Schüler erwartet von der nächsten Stunde Chemie oder Deutsch ernsthaft, dass die Lerngegenstände in irgendeinen ersichtlichen Gesamtzusammenhang eingebettet sein werden oder sogar noch mit dem persönlichen Leben in einem Bezug stehen. Diese Fragmentierung kann als *artifiziell* und *lebensfern* kritisiert werden (wie dies aus reformpädagogischen Perspektiven schon immer getan worden ist), sie kann aber auch gerade als eine angemessene »Ein-

5 Mythos »eigene Meinung«

führung« in die Welt der großen Zusammenhangslosigkeit und der scheinbar hohen Komplexität betrachten werden! So kommen die Schülerinnen und Schüler von der ersten Klasse an nicht einmal auf die Idee, dass hinter den multiplen Lerninhalten ein sinnhafter Zusammenhang oder eine logische, möglicherweise sogar kosmologische Ordnung steckten könnte oder sollte. Das macht sie fit für das moderne Leben in der metaphysischen Obdachlosigkeit.

Um diesen vielleicht dennoch bemerkten, aber kaum wirklich erlittenen Mangel zu kompensieren, setzt die aufgeschlossene Pädagogik und Didaktik auf die Entwicklung »eigener« Meinungen und den »freien« Meinungsaustausch. Implizit weiß man, dass der oberflächliche Verzicht auf metaphysische Annahmen im Dienste des mehr oder weniger friedlichen Zusammenlebens stehen müsse (vgl. Michéa 2014). Dies ist ganz im Sinne der liberalen Art und Weise, über Bildung und die Rolle, die der Staat darin zu spielen bzw. eben nicht zu spielen habe, zu reden. Denn »liberal« ist es, so könnte man mit Jean-Claude Michéa bemerken, Fragen nach dem Wahren, Schönen und Guten letztlich als Fragen des *Geschmacks,* aber auch der *Gewöhnung* zu behandeln. Zum Axiom des politischen Liberalismus gehört es, dass sich der Staat nicht zum Hüter der Wahrheit oder des Guten macht. Friedliches Zusammenleben der Mitglieder einer Gesellschaft wird dann noch am ehesten als wahrscheinlich erachtet, »wenn die mit der Organisation ihres Miteinanders beauftragte Macht *philosophisch neutral* ist, wenn sie also aus Prinzip davon Abstand nimmt, den Individuen eine bestimmte Art des guten Lebens aufzuzwingen« (Michéa 2014, S. 33, Herv. R. R.). Dem liberalen Staat fällt die Aufgabe zu, konkurrierende Freiheiten zu harmonisieren und ihren Handlungsspielraum mit einer Anzahl von übergeordneten Regeln zu begrenzen. Die dazu relevante Instanz ist aus dieser Perspektive letztlich und allein das *Recht* (Michéa 2014, S. 34), welches – rechtsphilosophisch betrachtet (und dies wird mitunter bestritten) – Prinzipien der *Gerechtigkeit* zu folgen hat.

Vor diesem ideellen politisch-apolitischen Hintergrund nimmt die »eigene« Meinung in ihrer Bedeutung beachtlich zu. Kein Wunder ist sie in Schule und Unterricht gefragt. Nur: Das *politische* Recht auf freie

Meinungsäußerung auf der einen Seite und die Frage nach der inhaltlichen *Qualität* einer Meinung (bzw. ihrer Begründung, Berechtigung und Motiviertheit) sind zwei unterschiedliche Dinge. Eine Meinung qualifiziert sich nicht dadurch, dass *ich* sie habe. Vielmehr besitzt auch *ego* das *Recht*, eine *unqualifizierte* Meinung zu äußern. Pädagogisch und bildungstheoretisch interessiert nicht primär das politische Recht, sondern die Qualität der Meinung. Meinungen müssen oder müssten vielmehr *geprüft* werden, um zu erkennen, ob sie etwas taugen – und anschließend möglicherweise revidiert oder überwunden werden. Doch die Chancen auf Revision »eigener« Meinungen durch den Meinungsaustausch sind gering, wie die Erfahrung zeigt. Denn die Pädagogik mag ihn eben, den Meinungsaustausch. Sie kommt sich dann nicht so bieder und bevormundend vor, sondern offen und progressiv.

b) »Horizontales« und »vertikales« Denken

In seiner Untersuchung *La sélection des intelligence. Pourqoui notre système produit des élites sans vision* unterscheidet Thomas Viain (2024) – wie in der Einleitung schon erwähnt – zwischen »horizontalem« und »vertikalem« Denken (*pensée*) bzw. Intelligenz- oder Verstandesweisen (*intelligences*). Allgemein gesprochen, hilft Intelligenz, die Wahrnehmung des Realen und das Denken darüber zu organisieren, Situationen zu verstehen und Beziehungen zwischen Dingen und Tatsachen sowie Ideen zu knüpfen. Für diese *Verknüpfungsleistungen* ist Sprachfähigkeit von großer Hilfe und mitunter die Voraussetzung. Die deutliche Ausdifferenzierung der Wissensformen und (akademischen) Disziplinen, die sich in ontologischen, epistemologischen und methodologischen Hinsichten sehr unterscheiden, führt dazu, dass die Möglichkeiten des einzelnen Menschen, auch nur in einem vergleichsweise klar umrissenen Wissensbereich den »Überblick« zu haben, insgesamt sehr beschränkt sind. Umso mehr ist bzw. *wäre* die

»vertikale« Dimension des Wissens bzw. die *Tiefen*dimension des Verstehens bedeutsam für Bildungsprozesse. Mit »Vertikalität« ist einerseits die *Einbettung* oder *Verankerung* des Wissens (z.B. Kenntnisse über seine Voraussetzungen oder Entstehungsbedingungen), anderseits der induktive »Aufstieg« in je höhere bzw. allgemeinere Repräsentationsformen gemeint. Wissenspartikel stehen nicht allein da und können als solche auch nicht verstanden werden. Verstehen, so kann mit Arendt (2010, S. 62) gesagt werden, heißt, dem Wissen einen *Sinn* zu verleihen, das, was gewusst wird, als Teil eines Größeren zu verstehen und benennen zu können, als ein Beispiel für etwas Allgemeineres. Es gibt nach Arendt manchmal ein Verstehen, das dem Wissen vorausgeht, das »wahre Verstehen« transzendiere dasselbe (Arendt 2010, S. 62). Das vertikale Verstehen bzw. die vertikale Intelligenz braucht jedoch (viel) Zeit, es bzw. sie kennt keine Abkürzungen (Viain 2024, S. 79) und sein bzw. ihr individueller Nutzen mag zunächst nicht erkannt werden.

Im Unterschied zum vertikalen Denken (und seinen Voraussetzungen) ist die primäre Funktionsweise des horizontalen Denkens bzw. der horizontalen Intelligenz jene der *Verknüpfung*. Verknüpfung und Verankerung stehen keineswegs in einem Gegensatz. Festzustellen ist hingegen, dass sich der Fokus stark vom vertikalen auf das horizontale Denken verschoben hat. Man kann auch von der *Abflachung*, *Öffnung* und *Beschleunigung* des Denkens bzw. des *Denkstils* sprechen. Mit einer Zunahme an Wissen oder Verstehen hat dies jedoch wenig oder gar nichts zu tun. Die sogenannte »Informationsexplosion« ist ja keine »Wissensexplosion«; sie bemisst sich ja bloß quantitativ, an der Anzahl von (wissenschaftlichen) Publikationen. Wenn gesagt wird, dass sich das Wissen alle sechs bis zwölf Jahre verdopple bzw. umgekehrt die »Halbwertszeit« des Wissens (»Halbierung« des gültigen Wissens zu Zeitpunkt 2 gegenüber Zeitpunkt 1) immer kürzer werde, so trifft dies vor allem auf das naturwissenschaftliche und technische Wissens zu, also auf Wissensbereiche, in denen Meinungen zwar auch eine Rolle spielen können – vor allem für die Expertinnen und Experten eines Gebiets –, aber in denen es im Normalfall auf eine *eigene* Meinung überhaupt nicht

b) »Horizontales« und »vertikales« Denken

ankommt (wenn vom Gegenstand nichts oder kaum *verstanden* wird). Die Frage »Was hältst Du vom Satz von Pythagoras?« ist vergleichsweise unangemessen; die Frage »Wie stehst Du zu den Prämissen der Quantenphysik?« ist für die allermeisten Menschen unverständlich. Würde eine Psychologin oder ein Psychotherapeut, eine Politologin oder ein Soziologe behaupten, in ihrem bzw. seinem Forschungsfeld würde sich das Wissen alle sechs bis zwölf Jahre verdoppeln, so wären die Reaktionen in der sogenannten *scientific community* wohl voller Spott und Hohn. Würde dies eine Pädagogin oder ein Erziehungswissenschaftler behaupten, so könnte dies sogar großes Gelächter auslösen. Während die Fortschritte durch Forschungstätigkeit im technologischen Bereich feststellbare Auswirkungen haben (beispielsweise in der Medizin oder in der Kommunikationstechnologie), so sind die Wirkungen von erziehungswissenschaftlicher Forschung auf pädagogische Praxis entweder *unsichtbar, äußerst langsam* oder *nicht vorhanden*. Dass sich aber pädagogische Praktiken und Meinungen über die Jahrzehnte und Jahrhunderte tatsächlich *verändern*, ist eine empirische Tatsache. Diese Veränderungen kommen – im Unterschied zu den oben genannten Gebieten – auch ohne erziehungswissenschaftliche Forschungen zustande, sie gründen u.a. in pädagogischer, politischer und ethischer Diskurskritik, nicht in Wissenschaft. Hier kommt es also auf Meinungen an. Meinungen sind die Tatsachen (auch) der (Bildungs-)Politik.

Doch zurück zum horizontalen Denken! Typischerweise spricht man heute in vielen »weichen« (Wissens-)Bereichen – etwa Führung und Management – von »systemischen« Perspektiven, der Notwendigkeit des »Netzwerkens«, von »synergetischen Effekten« und der immer wichtigen Verknüpfung der Inhalte mit dem »Selbst« bzw. dem »Persönlichen« (Stichwort: Authentizität). Horizontales Denken ist schnell, zumindest im Vergleich zum vertikalen Denken, und es zeitigt Wirkungen. Viain umreißt es mit sieben (nicht nur schmeichelhaften) Merkmalen: Horizontales Denken setzt (1) auf das »authentisch Erlebte« (z.B. »bildungsferne« Kindheit im Erzgebirge, ayurvedische Retreats in Kerala, juvenilen Drogenkonsum ...) und (2) auf das damit verbundene Anekdotenhafte (trotz aller Widerstände in meinem Leben: hier stehe ich, ganz »lutherhaft« – Stichwort: »Resilienz« …), es ist (3) operativ und effizient, (4) kein Gegenstand ist ihm zu schwer, denn man kann (5) – »fluide« Intelligenz sei Dank! – *immer zu allem etwas sagen* und vermag auch (fast) alles mit allem sowie alle mit allen zu verbinden (rhizom'sches Denken und offenherziges Networking). Weiter entspricht dieses Denken dem Mindset der Gewinnerinnen und Gewinner der Bildungsklasse und (6) benachteiligt sowie verachtet die weniger Schnellen und schulisch und akademisch weniger ausgewiesenen Strateginnen und Strategen. Schließlich (7) verwechselt es Komplexität mit Tiefe (vgl. dazu Viain 2024, S. 118–144).

Viain weist darauf hin, dass das horizontale Denken schon in und ab der Grundschule favorisiert sowie pädagogisch und didaktisch vorangetrieben wird. Die ganze Bildungsarchitektur – von der Wiege bis zur Bahre – mit ihren *Modulen*, die wie Legosteine beliebig kombinierbar sind, verweist auf diese implizite »Philosophie« des Oberflächlichen, Abgeflachten, Zufälligen und Unverstandenen, aber eben immerhin Schnellen – auch und gerade, wenn keine Kohärenz der Wissensbestände und ihrem Zusammenhang erkannt werden kann, denn dieser ist ja schon lange keineswegs mehr gefordert.

Aus dem lateinischen *modulus* stammt das englische *module*, das in der zweiten Hälfte des 20. Jahrhunderts ins Deutsche übernommen worden ist und so viel wie »Bau- und Schaltungseinheit« meinte. Module sind wie Legoklötze, weniger *Lego*-Klötze als *Duplo*-Klötze (man erinnert sich vielleicht an den Slogan: »Große Klötze für kleine Hände«). Duplos sind fröhlich bunt und beliebig zusammensetzbar – ganz ähnlich wie die Module der neuen Studiengänge, die nur noch auf Disziplinen und disziplinäres Denken verweisen, aber keine und keines mehr *repräsentieren.* Die scheinbare klare Struktur und Transparenz der Bauklotzbildung gibt auch auf der Stufe des Hochschulstudiums jene Sicherheit, die die Studierenden offenbar brauchen und auch tatsächlich immer mehr einfordern, sollte eine (auch nur kleine) Unklarheit entdeckt werden. Da hat sich einiges verändert:

b) »Horizontales« und »vertikales« Denken

»Ehe in den siebziger Jahren die Hochschulreform durch eine pädagogische Utopie die Universität disziplinierte, ging es an ihr so unordentlich zu, dass gar nicht der Irrtum aufkommen konnte, sie allein vermittle ihren Studenten ausreichende Kenntnisse. Man musste gerade die Bücher lesen, die nicht zur Seminarlektüre gehörten« (Schlaffer 2006, S. 103).

Das scheint heute anders zu sein, gerade umgekehrt; man hat den Eindruck, dass sich die Studierenden vor allem noch mit dem »beschäftigen«, was modular eingefordert wird. Und diese Inhalte müssen möglichst immer *auf Anhieb* verstanden werden können, denn für das *Mühsal der vertikalen Bildung* bleibt keine Zeit, auch keine Energie und vor allem fehlt hierzu den meisten die Anstrengungsbereitschaft. Und es stimmt ja auch: Manche Texte sind sehr schwer verständlich und viele Bücher so dick! Und erhält man etwa mehr Punkte für dicke Bücher? Überhaupt Bücher: Stellen sie noch ein Medium der modernen Hochschule dar?

Die Horizontalität des Wissens und Wissensvermittlung kommt auch in der sogenannten Modularisierung zum Ausdruck. Die inhaltlich möglichst klar umrissenen, mit ECTS-Punkten gewichteten und hinsichtlich Lernzielen und Methoden sowie dem Leistungsnachweis immer deutlich zu definierenden Modulkästen sollen den Studierenden *offiziell* die Sicherheit geben, ohne die sie sich nicht mehr auf einen Gegenstand einlassen mögen. Die damit einhergehenden *Infantilisierungstendenzen* zeigen sich u.a. in der Sprache und Selbstbeschreibung der sogenannten »Studis«, die im Seminar lieber Erfahrungen und persönliche Meinungen austauschen als über einem schwierigen Text brüten. »Im Gegenwartsdeutsch«, so Schlaffer – zwar unnötig boshaft, aber nicht ohne einen Punkt zu treffen –

»greift die Nachsilbe ›i‹ um sich, um die Autorität der Großen – wie Mami und Papi – zu verkleinern und die Kleinheit – von Mausi und Spatzi – für liebenswürdig zu erklären. Wenn Bubi und Mädi studieren, dann wollen sie an der Universität so klein, schutzbedürftig und unverantwortlich bleiben, wie sie es im Nest der Familie gewesen sind. So werden sie zu ›Studis‹, die auch an der stiefmütterlichen Alma mater gerne weiterhin Mamas Lieblinge wären. Als Abzeichen fortdauernder Kindlichkeit führen sie, sogar während der Lehrveranstaltungen, Colaflaschen und Joghurtbecher bei sich, um in der befremdlichen Welt der Wissenschaft sich wenigstens an der vertrauten kindlichen Nahrung erlaben zu können« (Schlaffer 2006, S. 104).

c) Meinungswissen aus rhetorischer Perspektive

Menschliches Zusammenleben bietet viele Anlässe und Fragestellungen, die einer Erörterung bedürfen. Das Wissen und vor allem die Meinungen um diese »Dinge« haben einen kontingenten Charakter. Daher bedarf solches »Wissen« der Zustimmung. *Qualität* erhält dieselbe »erst in einem sprachlichen Plausibilisierungsvorgang« (Helmer 2006, S. 140), der gelingen oder misslingen kann. Die Zustimmung – in der rhetorischen Tradition *Assens* genannt (vgl. Booth 1974) – impliziert keinen (diskursiv-logischen) »Beweis«, vielmehr fällt »assentiell gestützten Aussagen Geltung« zu, »wären sie wahr« (Helmer 2006, S. 141). Die Geltung der Zustimmung ist raumzeitkulturlich begrenzt, was »in Europa im letzten Jahrzehnt des zwanzigsten Jahrhunderts akzeptabel erscheint, muss vorher nicht gegolten haben und künftig nicht gelten, und eine Zustimmung muss weder jetzt noch zu anderer Zeit aus anderen Kulturbereichen erwartet werden« (Helmer 2006, S. 141). Es handelt sich um Meinungswissen, aber nicht um *bloße* Meinungen, denn eine Meinung als Meinung zu verstehen und nicht als gesichertes Wissen, ist nicht das gleiche, wie eine Meinung zu haben und sie für bare Münze oder heilig zu halten.

Die Differenz zwischen Meinung und Wissen ist aus *rhetorischer* Sicht nicht eine so eindeutige, wie sie philosophisch manchmal vertreten wird. Das Eingeständnis, dass eine konkret interessierende Wahrheitsfrage nicht gelöst werden kann, öffnet die Türe zur Beliebigkeit eben gerade *nicht* – nicht aus rhetorischer Perspektive. Zumindest zielt die *theoretische* Rhetorik nach einer Trennung zwischen

c) Meinungswissen aus rhetorischer Perspektive

Wahrscheinlichem und Beliebigem bzw. Zufälligem, sie sucht nach Rationalität in Form der Kunst (vgl. Helmer 2006, S. 129). Mit Sextus Empiricus (1999, S. 93) könnte »dogmatisch« genannt werden, wer Meinungen für Wahrheiten hält, »aporetisch« bzw. »akademisch« jene Leute aber, die behaupten, die Wahrheit ließe sich gar nicht erkennen, während »skeptisch« – zumindest im ursprünglichen Wortsinn – jene genannt werden mögen, die – so das rhetorische Ethos – »noch suchen«.

Wer die »eigene« Meinung zu prüfen bereit ist, wird sie nicht mehr dogmatisch vertreten können, vielmehr wird sie oder er merken, dass die Urteilsbildung einer *Beratung* bedarf. Urteilen müssen wir nur dort, wo wir nicht wissen und Wissen vielleicht gar nicht gefunden werden kann. Urteile kommen, wie Arendt (1998, S. 14) behauptete (und zu begründen suchte), weder durch Induktion noch durch Deduktion zustande. Es war John Locke (2018, S. 349f.), der darauf hingewiesen hat, dass ungeprüfte Meinungen gar nichts mit Urteilsprozessen zu tun haben:

»Können wir nicht beobachten, dass sehr viele – um nicht zu sagen die meisten – Menschen meinen, sie hätten sich von allerlei Gegenständen ein richtiges Urteil gebildet, und zwar nur, weil ihnen nie etwas anderes in den Sinn gekommen ist? Können wir nicht oft feststellen, dass sie sich einbilden, sie hätten richtig geurteilt und zwar nur, weil sie ihre eigenen Meinungen nie bezweifelt oder nachgeprüft haben? Das hieße aber doch in der Tat annehmen, man urteile richtig, weil man überhaupt nie geurteilt hat. Dabei versteifen sich von allen Menschen gerade diese am eigensinnigsten auf ihre Meinung; diejenigen sind gewöhnlich am verbohrtesten und in ihre Lehren am meisten verrannt, sie sie am wenigsten nachgeprüft haben.«

Lockes Beobachtungen oder Bemerkungen sind jedoch vom Verständnis für die bekannte Sachlage geprägt, dass Menschen häufig Entscheidungen treffen müssen, ohne sich mit genügender Zeit und gebührender Tiefe einem mehr oder weniger soliden Urteil widmen zu können:

»Die Gestaltung unserer Lebensverhältnisse und die Wahrnehmung unserer wichtigsten Interessen gestattet keine Verzögerung; denn sie hängen meist von der Entscheidung unseres Urteils ab, und zwar in Fällen, in denen uns ein sicheres, beweisbares Wissen unerreichbar ist, obwohl wir uns notwendig für die eine oder andere Seite entscheiden müssen« (Locke 2018, S. 350).

Dennoch löst Sprache bzw. Sprechen meist keine Probleme, aber wir können uns mit ihrer Hilfe zu den Problemen in ein reflektiertes Verhältnis setzen, wir können unterschiedliche Perspektiven einnehmen. »Wer eine Sache besser versteht, hat mehr darüber zu sagen – er ist imstande, verschiedene bisher gesagte Dinge auf neue und übersichtliche Weise miteinander zu verknüpfen«, meinte Richard Rorty (2001, S. 36), und vielleicht noch lapidarer: »Wir werden erkranken und sterben, ganz egal wie Krankheit und Tod beschrieben werden« (Rorty 2001, S. 43). Auch Rhetorik löst keine Probleme, aber sie bietet einen Zugang zu Problemen, die sich der logisch-diskursiven Argumentation weitgehend bzw. in bedeutsamen Aspekten entziehen, sie kompensiert einen Mangel. Das isokratische Bildungsideal der Beredsamkeit (vgl. Böhme 2009) kann daher, wie Ueding (2011, S. 28) schreibt, als korrespondierendes Gegenstück zur Dialektik verstanden werden. Aristoteles Beschäftigung mit der Rhetorik bildet keinen Gegensatz zur sophistischen Rhetorik, sondern übernimmt deren Bemühung, (i) das Meinungswissen, (ii) die glaubhaften Schlüsse, (iii) die glaubhafte Argumentation und (iv) das Überzeugen durch Gefühlsgründe aus einer *theoretischen* Perspektive zu verstehen (vgl. Ueding 2011, S. 28).

Die Sprache des Wissens ist nicht die Sprache der Bildung, und der »gebildete« Mensch fällt, wie oben schon postuliert, nicht mit dem »wissenschaftlichen« Menschen zusammen. Es mag Formen sprachloser Erkenntnis geben, doch Bildungsprozesse sind immer auch als sprachliche Suchprozesse zu verstehen, nach einem Wunsch nach Sprache und Ausdruck, auch und insbesondere im Bereich des Ungefähren, wo nicht mit gesichertem Wissen gerechnet werden kann. Die Forderung nach mehr Präzision – dieser »Wut des Verstehens« (Hörisch 1998) – hat nichts Präzises an sich, sie entspricht dem Unvermögen, mit dem Ungefähren zu leben. Allerdings erscheint dogmatisches Meinungswissen für den Prozess der Bildung unvermeidbar, bildet häufig den Ausgangspunkt, denn Meinungen werden erworben, und man glaubt den Glaubwürdigen und glaubt daher auch zu wissen, zumindest eine Zeitlang. Das ist normal. Doch die Überführung des Glaubens in Wissen ist dennoch kein logisch eindeutiges Geschäft, Gewissheiten sind kein Wissen und gesichertes Wissen, wenn es denn zuhanden ist, hilft oft bemerkenswert wenig, um in wichtigen Dingen, die unsere Selbstbeziehung und unsere Beziehungen zur Welt betreffen, auch zu Entscheidungen zu gelangen, die von Gefühlen der Sicherheit begleitet werden.

Wohl hat Bildung auch damit zu tun, zunehmend bescheidenere Erwartungen zu hegen. So schreibt Blumenberg (1997, S. 211) illusionslos:

> »Nicht nur, die Welt zu erkennen, überschreitet seit langem die Erfordernisse der Lebenszeit des Menschen. Sogar, sich selbst zu erkennen, scheint seine Zeit derart auszufüllen, dass die von dieser Erkenntnis erhofften Folgen, sei es moralischer, sei es psychohygienischer Art, seinem Leben nur noch marginal zugute kommen.«

Gleich bleibt sich, dass Welt- und Selbsterkenntnis eher sprachliche als logische Prozesse involvieren. Daher sind Menschen in dialogischen, mitunter auch monologischen Erwägungsprozessen auf Übereinstimmung und Zustimmung angewiesen. Dieselben können nicht erzwungen werden, aber der Wunsch danach mag Ansporn sein, sich anders, differenzierter und treffender ausdrücken zu wollen.

d) Meinungsaustausch und Meinungsstreit

Der sogenannte »Meinungsaustausch« führt kaum zu besserem oder tieferem Verstehen (vertikale Verankerung). Daher sind auch die zahlreichen Talkshows und öffentlichen Debatten in Bezug auf das Lernen und Umlernen regelmäßig nur enttäuschende Veranstaltungen. Dazu Viain (2024, S. 65): »Un débat organisé devrait normalement permettre de remonter méthodiquement de postulat en postulat, devrait faciliter la capacité à se mettre à chaque fois d'accord avec son interlocuteur sur le bon niveau de généralité, en s'élevant peu à peu jusqu'aux vérités les plus générales fondant les arguments avancés [...]«.[20] Eine solche Diskussion bzw. Argumentationssituation würde »Tausende von Stunden« benötigen und wäre medial höchst unattraktiv. »Un tel débat est structurellement impossible à organiser dans les conditions actuelle de l'espace médiatique, en particulier dans le paysage audiovisuel« (Viain 2024, S. 65).

Nicht nur im öffentlichen Leben, auch im Privatleben und in der Akademie prallen die Meinungen aufeinander, der Meinungsstreit ist immer wieder unabwendbar. In dieser Situation ist es bedeutsam, vielleicht ratsam, auch darauf Rücksicht nehmen zu können, dass es »nur die perspektivische Wahrheit der vielen möglichen Meinungen gibt« (Held 1999, S. 114). Diese Einsicht ist den oft verunglimpften Sophisten und Rhetoren der griechischen Antike zu verdanken. Wer verstanden werden will, muss ihre oder seine Meinung, die zu einem angemessenen Urteil beitragen soll, für die anderen akzeptabel machen, d.h. sie oder er muss sich in die Lage der anderen versetzen können, und das bedeutet letztlich, fähig sein, einen allgemeinen Standpunkt einzunehmen. Während »bloße« Meinungen der Philosophin oder dem Philosophen verdächtig sind, weiß die Rhetorikerin oder der Rhetoriker um ihre politische und ethische Bedeutung (vgl. Ptassek 1995). Sie oder er weiß, dass die sogenannten *Ansichten* mit dem *Ansehen* der Person verbunden sind, d.h. dass die Meinung der Person und der Ruf der Person in einem Zusammenhang stehen oder zumindest stehen können. Mit *doxa* – dem Fürwahrhalten – konnte doppelsinnig beides bezeichnet werden, d.h. allgemeine Ansichten

---

20 Ünersetzt etwa: »Eine organisierte Debatte sollte es im Normalfall ermöglichen, von einem Postulat zu anderen auf methodische Weise zu gelangen, sie sollte es dabei ermöglichen, sich mit dem Gesprächspartner jedes Mal auf das richtige Maß an Allgemeingültigkeit zu einigen und schrittweise auf Wahrheiten zu kommen, welche die allgemeinsten sind und die vorgebrachten Argumente unterstützen« (R. R.)

d) Meinungsaustausch und Meinungsstreit

bzw. Meinungen einerseits und andererseits der gute Ruf, denn »der ‚Ruf' ist die Weise, wie ›man‹ über jemanden spricht« (Held 1999, S. 125). Wie man über jemanden spricht, hat (auch) mit dem zu tun, wie diese Person spricht und welche Meinungen sie vertritt. Den Sophistinnen und Sophisten, allen voran Protagoras, haben wir die Rhetorik als Theorie des Meinungswissens, der glaubhaften Schlüsse, der glaubhaften Argumentation und des Überzeugens durch Gefühlsgründe zu verdanken (vgl. Helmer 2006). Die sophistische Rhetorik (*ars rhetorica*) als Theorie der Beredsamkeit ist das korrespondierende Gegenstück zur (philosophischen) Dialektik. Gemeinsam ist Rhetorik und Dialektik die Praxis des Prüfens und Stützens von Argumenten, des Verteidigens und Kritisierens von Meinungen. Im Unterschied zur Dialektik macht die Beredsamkeit jedoch nicht allein von logischen Deduktionen Gebrauch, denn ihre Proponenten wissen ja, wie klein der Bereich des Logisch-Diskursiven im Leben der Menschen tatsächlich ist. Sophisten betrachten und behandeln Meinungen zunächst als diskursive Tatsachen. »Wenn sehr viele oder gar alle etwas für wahr halten, steigt die Wahrscheinlichkeit, dass es so ist; aber es bleibt, wie Kant schreibt, eine Vermutung«, so Jürgen Kaube (2020, S. 140). Kant selbst ordnete die Sophisten den Skeptikerinnen und Skeptikern bzw. dem Skeptizismus zu und schätzte an ihnen zumindest, dass sie dabei helfen (bzw. geholfen haben), das dogmatische Denken zu überwinden. Meinung können wahr sein, müssen aber nicht.

»Drei Arten solcher Übereinstimmung gebe es: Meinen, Glauben, Wissen. Meinen ist für [Kant] subjektiv und objektiv unsicher, wer meint, zweifelt selbst. Glauben ist subjektiv sicher und objektiv unsicher. Man kann es nicht beweisen, aber ich bin voller Gewissheit. Wissen hingegen kombiniert subjektives Überzeugtsein mit objektiver Gewissheit. Es gibt darum kein Meinen, so dachte Kant, in der Logik und der reinen Mathematik. Wird die Vernunft jedoch spekulativ verwendet, ist Meinen zu wenig, Wissen zu viel. An Gott wird geglaubt, er wird weder vermutet noch gewusst« (Kaube 2020, S. 146).

Bildung als *Beredsamkeit* wird dann thematisch, wenn sich Menschen – zunächst als exklusive Polisbürger – als gleich und gleichberechtigt anerkennen. Daher bekam das Bildungsdenken, die Paideia, im Übergang der »griechischen Polis zur Demokratie [...] ein neuartiges Gepräge« (Held 1999, S. 86f.) und in der zweiten Hälfte des 5. Jahrhunderts v.Chr. stieg der Bedarf nach höherer Bildung in Athen kräftig an.

> »Mehr als in anderen und mehr auch als in ähnlichen antiken Staatsformen hing in der attischen Demokratie, die sich im Anschluss an den Peloponnesischen Krieg (431–404 v.Chr.) und die oligarchische Herrschaft der ‚dreißig Tyrannen' (404–403 v.Chr.) neu konstituieren konnte, politischer Erfolg von der Fähigkeit zur wirksamen öffentlichen Rede ab: Beschlüsse der Volksversammlung waren Mehrheitsbeschlüsse. [...] Kundige Männer, Sophisten, boten sich an, durch Unterricht im Umgang mit Wort das ›Misserfolgsrisiko‹ der Rede so gering zu halten wie möglich. (Taureck 1995, S. 9)

Thukydides berichtet vom leidenschaftlichen Interesse der Athener am »Zuhören schönen Redens«, die Leute »erleben politisches Handeln wie ein Drama, sie sind ›Zuschauer der Worte‹« (Taureck 1995, S. 10f.). Ernst Cassirer (2019, S. 178) erläutert den historischen Zusammenhang so:

> »Im Athen des fünften vorchristlichen Jahrhunderts war die Sprache zu einem Werkzeug für bestimmte, konkrete praktische Zwecke geworden. Sie war die stärkste Waffe in den großen politischen Auseinandersetzungen. Niemand konnte hoffen, ohne dieses Werkzeug eine führende Rolle zu spielen. Von entscheidender Bedeutung war es, dieses Werkzeug richtig zu gebrauchen und es ständig zu verbessern und zu schärfen. Zu diesem Zweck schufen die Sophisten einen neuen Wissenszweig. Der Rhetorik und nicht mehr der Grammatik oder der Etymologie galt ihr Interesse.«

Doch »[...] enttäuscht vom Niedergang der Polisdemokratie seiner Zeit, in der sein verehrter Lehrer Sokrates einem Justizmodern zum Opfer fallen konnte, verwirft Platon die sophistischen Vorstellungen von Paideia« (Held 1999, S. 97). Vor Platon waren mit Sophisten vornehmlich »kenntnisreiche, erfahrene Männer« bezeichnet worden, von deren Fähigkeiten man lernen konnte und sollte, doch in der Zeit Platons und durch ihn vorangetrieben, erhielt das Wort *sophistés* für viele eine negative Konnotation. Bis zur modernen Gegenwart

d) Meinungsaustausch und Meinungsstreit

entfachte sich ein weites Bedeutungsfeld des Begriffs Sophistin bzw. Sophist »zwischen Lügner und innovativem Denkmeister« (Taureck 1995, S. 8). Es ist Platon quasi gelungen, die (Sophistinnen und) Sophisten erstens als eine homogene Gruppe von moralisch zweifelhaften Denkern darzustellen, was sie kaum gewesen sind, und sie zweitens aus dem Bereich der Philosophie mehr oder weniger auszuschließen (Platon 2019). Bemerkenswert ist dabei, dass Platons Abrechnung mit den »großen Persönlichkeiten der Sophistik« erfolgte, als diese längst gestorben waren (vgl. Taureck 1995, S. 8). Ironisch mag erscheinen, dass Platon die Bedeutung der Rhetorik durch seinen Kampf gegen die (Sophistinnen und) Sophisten eher gestärkt als geschwächt hat (insbesondere mit dem Dialog *Protagoras,* in welchem er der Figur des Protagoras noch vergleichsweise positiv gestimmt scheint). In einem gewissen Sinn kann auch Platon selbst als Rhetoriker bezeichnet werden. »Sein Kampf gegen die Rhetoren ist genau besehen ein Kampf für die (wahre) Rhetorik, und die Redekunst hat ihrem prominentesten Gegner gerade deshalb viel zu verdanken«, kommentierte Ueding (2011, S. 27). Auch Sokrates, bekanntlich der bedeutendste Lehrer Platons, wurde von seinen Zeitgenossen selbst als spitzfindiger Sophist wahrgenommen (vgl. Taureck 1995, S. 22). Das rührt sicher auch daher, dass sich Sokrates wie die Sophisten vor allem für politische Fragen und die praktische Philosophie interessiert hat und kaum für »naturwissenschaftlich-spekulative« Fragen (Taureck 1995, S. 23).

Dem so verstandenen rhetorisch vertrauten Menschen ist bekannt, dass das sichere Wissen oft fehlt, die Wahrheit nicht bekannt ist und die Wahrheitsansprüche zu hinterfragen sind. Zumindest die theoretische Rhetorik trennt das »Wahrscheinliche vom Beliebigen und Zufälligen, weil ihre Form als Kunst« (Helmer 2006, S. 129) ein gewisses Maß an Rationalität zu garantieren vermag. Die Rhetorik kommt ins Spiel, wenn die Dinge, die einer »Erörterung bedürfen«, zum »Gegenstand der Beratung« werden, denn »über das, was nicht anders sein [...] kann, beratschlagt niemand, [...] das bringt ja nichts ein«, so Aristoteles (zit. n. Helmer 2006, S. 129).

5 Mythos »eigene Meinung«

> »Die kunstgerecht arrangierten Argumente zielen auf die *Zustimmung*, den *Assens*, des Hörers, ohne dass sie allein sie zu bewirken vermöchten. Hierzu treten als Wirkfaktoren die Glaubwürdigkeit *(ethos)* des Redners und das Vertrauen *(pathos)* des Hörers. Die Suche nach dem Überzeugungskräftigen ist also nicht allein auf das von der Sache her Glaubwürdige gerichtet, sondern zugleich auf den Redner selbst und ›in Beziehung auf jemanden‹, der zuhört« (Helmer 2006, S. 130, mit Bezug auf Aristoteles' *Rhetorik*, 1356b).

Der Grund, warum die »eigene Meinung« in Pädagogik und Didaktik eine beliebte Vokabel darstellt, ist sicherlich nobel. Er hat mit dem Bildungsziel der *Mündigkeit* zu tun. Diese kann nach Winfried Böhm (2005, S. 444) als Fähigkeit verstanden werden, »sittliche und soziale Normen und deren Verbindlichkeit unabhängig von äußeren Bestimmungsgründen zu erkennen und anzuerkennen und entsprechend eigenverantwortlich zu handeln«. Mündigkeit »als sittliches Verhältnis des Menschen zu seiner eigenen Person und zu seiner Gesellschaft« sei sogar »generelles und oberstes Ziel der Erziehung« (Böhm 2005, S. 445). Solche pathetisch anmutenden Sätze ernten Beifall, in der einen oder anderen Art sind sie konstitutiv für das Selbstverständnis des sich aufgeklärt dünkenden Menschen. Es kann zu bedenken geben (und ist erfrischend), dass ein bedeutsamer »Gewährsmann« der Aufklärung, Kant, der für das Bildungsziel der Mündigkeit ja gerne zitiert wird, in Bezug auf die *Verwirklichung* desselben eher skeptisch oder realistisch geblieben ist:

> »Faulheit und Feigheit sind die Ursachen, warum ein so großer Teil der Menschen, nachdem sie die Natur längst von fremder Leitung freigesprochen [...], dennoch gerne zeitlebens unmündig bleiben; und warum es andern so leicht wird, sich zu deren Vormündern aufzuwerfen. Es ist so bequem, unmündig zu sein« (Kant 1977, S. 53).

Eine »eigene« Meinung zu haben – falls es »eigene« Meinungen überhaupt geben kann (was zu bezweifeln ist) –, ist kein Indiz für Autonomie oder Mündigkeit; sie hingegen unter widrigen Bedingungen, in denen für diese Freiheitspraxis möglicherweise ein hoher Preis bezahlt werden muss, dennoch zu äußern, verdient Achtung.

d) Meinungsaustausch und Meinungsstreit

Wenn es um Meinungen geht, liegt das Entwicklungsziel aus philosophischer und bildungstheoretischer Sicht jedoch nicht darin, sie jeweils ohne Rücksicht auf in Kauf zu nehmende negative Konsequenzen äußern zu können, sondern vielmehr darin, sie *als bloße Meinungen zu entlarven und zu verwerfen*. Das ist nicht das Geschäft der Vielen, sondern der Wenigen, scheint es. Warum sollte eine bequeme, vielleicht selbstdienliche und sozial erwünschte Meinung überhaupt aufgegeben werden? Arendt, die mit Kant den »negativen« Aspekt der Aufklärung betont, mit welchem davon ausgegangen wird, dass Denken in der Regel *zerstörerisch* wirke, weil mit ihm Meinungen *vernichtet* werden, paraphrasiert die älteste bekannte Figur des in dieser Weise gepflegten aporetischen Denkens, nämlich Sokrates, mit folgenden Worten:

> »Wenn dich der Wind des Denkens, den ich jetzt in dir erwecken werde, aus dem Schlaf geweckt und völlig wach und lebendig gemacht hat, dann wirst du erkennen, dass du nichts in der Hand hast als Ratlosigkeit, und das Beste ist immer noch, sie zu unserer gemeinsamen Sache zu machen« (Arendt 1998, S. 174 f.).

Der qualifizierte Meinungsstreit entspräche der (idealen) Argumentationssituation sensu Jürgen Habermas (1981). Doch selbst wenn die Idealbedingungen gegeben wären, könnte sich, um es mit Lyotard zu sagen, die Situation des *Widerstreits* ergeben, in welchem die besseren Argumente – im Unterschied zum sogenannten *Rechtsstreit* – (prinzipiell) nicht gefunden werden können. Ein Widerstreit sei

> »ein Konflikt zwischen (wenigstens) zwei Parteien, der nicht angemessen entschieden werden kann, da eine auf beide Argumentationen anwendbare Urteilsregel fehlt. Die Legitimität der einen Argumentation schlösse nicht ein, dass die andere nicht legitim ist. Wendet man dennoch dieselbe Urteilsregel auf beide zugleich an, um ihren Widerstreit gleichsam als Rechtsstreit zu schlichten, so fügt man einer von ihnen Unrecht zu (einer zumindest, und allen beiden, wenn keine dieser Regeln gelten lässt) (Lyotard 1989, S. 9).

Wird der Charakter des Widerstreits nicht entdeckt und anerkannt, so geschieht nach Lyotard moralisches Unrecht, die »Verdeckung des Widerstreits« habe »meist fatale, manchmal sogar letale Folgen«

(Lyotard 1989, S. 9). Um zu verstehen, wie sich Parteien nicht verstehen können, rekurriert Lyotard (1989, S. 27) auf eine juristische Metaphorik:

> »Der Kläger trägt seine Klage bei Gericht vor, die Argumentation des Beschuldigten will die Nichtigkeit der Anklage aufzeigen. Ein Rechtsstreit [...] liegt vor. *Widerstreit* [...] möchte ich den Fall nennen, in dem der Kläger seiner Beweismittel beraubt ist und dadurch zum Opfer wird [...]. Zwischen zwei Parteien entspinnt sich ein Widerstreit, wenn sich die ›Beilegung‹ des Konfliktes, der sie miteinander konfrontiert, im Idiom der einen vollzieht, während das Unrecht, das die andere erleidet, in diesem Idiom nicht fungiert.«

Unrecht ist es, mit anderen Worten, den Widerstreit als Rechtsstreit zu behandeln.

Abschließend seien fünf Aspekte zusammenfassend hervorgehoben: (1) Das »Eigene« der sogenannten »eigenen« Meinung ist kein Gütekriterium einer Meinung (bzw. ihrer Geltung und Qualität), sondern vielmehr (a) die Differenziertheit ihrer *Begründung* und (b) die Bewährung nach ihrer *Hinterfragung*. Das »Eigene« spielt sozusagen keine Rolle im *Haben* einer Meinung. (2) Die der Mündigkeit zugrundeliegende elementare Kompetenz ist – aus bildungstheoretischer Sicht – die *Urteilskompetenz* und nicht die *Handlungskompetenz* (vgl. Mythos »Handlungskompetenz«). (3) Situationen und Phänomene beurteilen zu können, ist eine Frage der *Bildung* (d. h. des wissenden Verstehens), Handeln hingegen ist eine Frage der *Freiheitspraxis* bzw. der *Politik*. Welt verstehen und Welt verändern fallen nicht zusammen, stehen aber in einem Zusammenhang. (4) Beratung ist gemeinsame Urteilsfindung, sie zielt auf Konsens, erreicht aber oft »nur« den *Assens*. Dies bedeutet, dass zweifelhafte Ansichten und »Lösungen« manchmal das Bestmögliche darstellen. (5) Zur Mündigkeit und Bildung gehört weniger das *Haben* und *Äußern* von Meinungen als vielmehr die Entwicklung der epistemisch, politisch und ethisch bedeutsamen Fähigkeit, mit seinem *eigenen Nichtwissen*, *Nichtverstehen* und *Nichtkönnen* in Kontakt treten können.

6 Mythos »gleiche Augenhöhe«

> In the fantasying, what happens
> happens immediately,
> except that it does not happen at all.
> *Donald Winnicott*

Es ist schon spät, das Kind sollte ins Bett, will aber nicht. Die Mutter sagt zu ihr oder ihm: »Du solltest jetzt ins Bett, sonst bist Du morgen im Kindergarten so müde und grantig!« Das Kind meint: »Du hast recht, Mama, wenn ich mir das vorstelle, gehe ich lieber gleich ins Bett!« Ein anderes Kind – egal, es könnte auch das gleiche sein – quengelt, denn es will unbedingt noch ein weiteres Eis essen. Der Vater sagt: »So viel Eis ist nicht gut für Deine Zähne!« Das Kind meint: »Das hättest Du mir vorher sagen können, dann hätte ich schon auf das erste Eis verzichtet!« Die beiden Situationen haben eines gemeinsam: Sie werden in dieser Welt und diesem Leben niemals vorkommen, solche Kinder gibt es nicht und es wird sie auch nie geben!

Was es aber gibt: Die Mutter fragt das Kind in der Straßenbahn, ob es an der nächsten oder der übernächsten Haltestelle aussteigen will. Warum sie das tut, weiß niemand. Wohl weil das Kind nun mitentscheiden soll und darf. Liebe Mutter, sag doch: »Wir steigen hier aus!« Wenn das Kind dann nicht will, kannst du mit ihm ja kurz verhandeln. Die fiese Variante ist die folgende: Die Mutter fragt: »Willst du jetzt oder nachher aussteigen!«, das Kind antwortet: »Nachher!«, darauf die Mutter: »Nein, komm, wir steigen hier aus!«

Die ersten beiden Beispiele gehen von der Kraft der Argumente aus. Diese Kraft wird überschätzt, wenn die Wünsche in eine andere Richtung zeigen. Das dritte Beispiel stellt eine Pseudoverhandlung bzw. Pseudopartizipation dar. Diese ist weitverbreitet, nicht nur im pädagogischen Feld. Überall erleben wir den *Schein* der »gleichen Augenhöhe«.

a) Der Schein der Gleichheit

Asymmetrische Verhältnisse zwischen Personen sind immer auch *wechselseitige* Abhängigkeitsverhältnisse. Auch sind menschliche Verhältnisse *nie nur* asymmetrisch, und es ist nicht immer gegeben, dass »oben« die Macht und »unten« Ohnmacht liegt. Ein Baby ist zum Beispiel ein vollkommen abhängiges Wesen, aber seine (Wirkungs-) Macht ist enorm; das Neugeborene bringt so einiges in der Welt der sich formierenden Familie durcheinander. Nach einer anstrengenden Nacht, in welcher die Eltern zigmal aufstehen mussten, schläft der Neuankömmling am Morgen wie eine in sich ruhende kleine Göttin oder in sich ruhender kleiner Gott, während die Mutter und der Vater im Grunde genommen nicht so gut aussehen, jedenfalls nicht mächtig. Eltern sind abhängig von der Folgsamkeit ihrer Kinder, Lehrpersonen von jener ihrer Schülerinnen und Schüler und Vorgesetzte von ihren Mitarbeiterinnen und Mitarbeitern. Manch Leitungsperson hält viel von ihren oder seinen sogenannten Führungskompetenzen, doch ohne die *Bereitschaft* und *Fähigkeit* der Mitarbeiterinnen und Mitarbeiter, sich von ihr oder ihm *führen zu lassen*, nützen ihr ihre oder seine Kompetenzen herzlich wenig.

Das Ideal der Gleichheit und damit verbunden die Erwartung oder Unterstellung symmetrischer Kommunikationsverhältnisse sind moderne Errungenschaften. Hinter dieselben zurückzufallen, würde eher barbarisch anmuten, doch es gibt immer einen Preis für kulturelle Errungenschaften zu bezahlen. Nicht die Gleichbehandlung ist mehr rechtfertigungspflichtig, sondern die Ungleichbehandlung. Überall setzen sich sozial Ungleiche daher unter Druck, sich als gleichwertig zu adressieren. Gleichheit zu suggerieren, ist ein moralisches Hypergut, mitunter eine kontrafaktische Präsupposition.

a) Der Schein der Gleichheit

Mit der damit verbundenen *strukturellen* »Unaufrichtigkeit« der Kommunikationsverhältnisse umzugehen, fällt nicht allen gleich leicht. Denn das Spiel der Gleichheit unter Ungleichen erfordert passende Masken, mehr oder weniger raffinierte Ausdrucksweisen, die Bereitschaft, den Gefühlsausdruck zu modellieren, d. h. ein situationssensibles Selbstpräsentationsmanagement.

Die erste Regel dieses »Spiels« lautet: Nimm es todernst! So zumindest könnte man mit Paul Watzlawick sagen. Politische Korrektheit und »Wokeness« werden heute kritisch diskutiert – diese Kritik ist sicher auch wichtig und nötig, doch ohne die verhaltenszähmende Normativität der wechselseitigen Adressierungen können Zusammenleben und Zusammenarbeiten schnell von brachialen und hässlichen Umgangsformen beherrscht werden. Es gilt, die zivilisatorische Fassade der Freundlichkeit und Höflichkeit zu bewahren. Das höfische Leben, das *So-tun-als-ob*, der »schöne Schein«, *decorum*, die professionelle Freundlichkeit, das aufgesetzte Lächeln, kurz, die Fähigkeit, zu täuschen und sein »Inneres« nicht immer ungefiltert nach außen zu tragen, haben angesichts des wenig kritisierten Ideals der Authentizität trotzdem einen vergleichsweise schlechten Ruf. Im Grunde ist dies spätestens seit Richard Sennetts 1974 erschienen Abhandlung zum *Zerfall und Ende des öffentlichen Lebens. Oder die Tyrannei der Intimität* (Sennett 1986) bekannt, doch es macht den Anschein, dass zwischen dem authentischen Leben einerseits und dem geselligen Leben andererseits auch heute kaum unterschieden wird. Daher unterliegen auch das Phänomen der Autorität und damit verbundene Fragen der Macht einer Art Übereinkunft, wonach über die Einsicht in die Notwendigkeit von Autorität und/oder über das Bedürfnis nach Autorität Stillschweigen zu wahren ist und Autorität gleichzeitig, wenn es sozial erwünscht ist, in ein kritisches Licht zu setzen oder aber ganz zu verleugnen.

b) Das Phänomen der Autorität

Kaum jemand gibt freimütig zu, autoritätsgläubig zu sein. Es könnte als Zeichen mangelnder Reife und Autonomie gedeutet werden. Doch auch viele Erwachsene lassen sich breitwillig führen. Ohne die Bereitschaft und Fähigkeit, sich führen zu lassen, ist soziales, gesellschaftliches und politisches Leben ganz unmöglich. Manche wünschen sich jedoch sogar eine »starke Hand«, Figuren, die Ordnung und Sicherheit versprechen. Viele lehnen dies hingegen reflexartig ab. Die oberflächliche oder scheinbare Ablehnung von Autoritäten gehört zur strukturellen Unaufrichtigkeit des modernen bzw. spätmodernen Lebens. Umgekehrt kann die Anerkennung legitimer Autoritäten als Ausdruck persönlicher Autonomie und Vernünftigkeit gedeutet werden (vgl. Raatzsch 2007).[21] Autoritätsverhältnisse sind – im »positiven« Fall – *Anerkennungsverhältnisse* (vgl. Sofsky & Paris 1994); anerkannte Autoritäten können größtenteils auf autoritäres Verhalten verzichten (Arendt 1994), da sie im Bereich des Handelns und Verhaltens dem »Gehorsam« und im Bereich des Wissens dem »Glauben« der »Geführten« vertrauen können. Dies ist rollentheoretisch und austauschtheoretisch rekonstruierbar. Die leidvolle und missverständliche Diskussion um Autorität könnte um einiges geklärt werden, würde zwischen (i) der *Anerkennung* von Autorität (vgl. z.B. Arendt 1994a; Sofsky & Paris 1994), (ii) autoritärem *Verhalten* (schon Lewin, Lippitt & White 1939) und (iii) der autoritären *Persönlichkeit* (Adorno, Frenkel-Brunswik, Levinson & Sanford 1950; Seipel & Rippl 1999) begrifflich und phänomenal unterschieden (vgl. dazu Reichenbach 2011b). In einem gewissen Sinn steht die Anerkennung von Autorität im Gegensatz zum autoritären Verhalten. So meinte Arendt einsichtig:

---

21 »Autorität und Freiheit sind keineswegs Gegensätze, und einem Autoritätsverlust entspricht kein automatischer Freiheitsgewinn«, schreibt Arendt (1994a, S. 162) im Jahre 1955.

b) Das Phänomen der Autorität

»Da Autorität immer mit dem Anspruch des Gehorsams auftritt, wird sie gemeinhin [...] für einen Zwang besonderer Art gehalten. Autorität jedoch schließt gerade den Gebrauch jeglichen Zwanges aus, und wo Gewalt gebraucht wird, um Gehorsam zu erzwingen, hat Autorität immer schon versagt« (Arendt 1994a, S. 159).

Andererseits sei »Autorität unvereinbar mit Überzeugen, welches Gleichheit voraussetzt und mit Argumenten arbeitet. Argumentieren setzt Autorität immer außer Kraft« (Arendt 1994a, S. 159). Der »egalitären Ordnung des Überzeugens« stehe, so Arendt (1994a, S. 159f.), die »autoritäre Ordnung« gegenüber, die ihrem Wesen nach »hierarchisch« sei. Wolle »man also Autorität überhaupt definieren, so würde es sich vor allem darum handeln, sie klar sowohl gegen Zwang durch Gewalt wie gegen Überzeugen durch Argumentieren abzugrenzen« (Arendt 1994a, S. 159f.).

Wer gegen (zeitlich und inhaltlich) limitierte Autoritäten opponiert, hat wahrscheinlich ein Autoritätsproblem. Doch wenn der CEO des größten Pharmakonzerns im Land eine Kultur des *Unbossing* verkündet (»we create an unbossed environment«; Novartis [2024]), dann hat wahrscheinlich auch er ein Autoritätsproblem. Dieses ist anders gelagert und illustriert – fast sicher unbeabsichtigt – die strukturelle Unaufrichtigkeit in der modernen Arbeitswelt, in welcher soziale Unterschiede und soziale Macht peinlichst verdeckt werden müssen. Das für die Moderne konstitutive Ideal der symmetrischen Kommunikation führt zu eigenartigen Ambivalenzen, die nicht abgelehnt, aber verstanden werden müssen. Das fällt nicht allen gleich leicht. Wenn die Vorgesetzten sich nicht als Führungspersonen und damit auch Autoritäten verstehen müssen, so befriedigt dieses Selbstmissverständnis bei manchen Personen das zeitgenössische Motiv und die Gepflogenheit, sich auch unter Ungleichen als gleich zu adressieren. Für die »Untergebenen«, die – dank dem Symmetrieideal – schon längere Zeit »Mitarbeiterinnen und Mitarbeiter« heißen, ergibt sich damit die nicht immer einfach zu lösende Aufgabe, mit *pseudo-partizipativen* und *pseudo-diskursiven* Situationen und damit verbundenen *Pseudo-Einigungen* umzugehen (vgl. Pateman 1970). In diesen Situationen arbeiten immer alle »miteinander« und tragen

»gemeinsame Verantwortung«, auch fällen sie möglichst »gemeinsame Entscheidungen« – und das ist auch gut und schön. Doch: »*Wer gehorchen muss, kann nicht mehr zustimmen, wer befehlen kann, muss nicht mit Argumenten überzeugen*« (Kopperschmidt 1980, S. 113 f., Herv. R. R.).

Wenn der Vater zur Tochter sagt: »Wir müssen da etwas miteinander besprechen!«, so weiß die Tochter mit der Zeit, was diese Rede bedeutet, nämlich, dass es jetzt darum geht, dem Anliegen des Vaters in einer Sache zuzustimmen, die sie anders beurteilt als er. Wenn sie nicht zustimmt, hört das »gemeinsame Gespräch« sehr bald auf und wird ersetzt durch väterliche Aussagen wie: »Solange Du noch unter meinem Dach lebst, sage ich Dir, was Du zu tun und lassen hast!« Die damit verbundenen Erfahrungen, dass nämlich die zunächst intendierte, behauptete und/oder erwartete Argumentationsintegrität zusammenbricht und sich am Schluss die Macht durchsetzt, sind für die Tochter wichtig für ihren weiteren Lebensweg. *Dominus* ist der Herr, er herrscht, er bestimmt, er setzt sich durch, kurz er *dominiert* (vgl. Kojève 2004); und die Tochter muss sich gegenüber dieser Dominanz emanzipieren, so viel ist klar. Das ist normal und gehört zur allgemeinen Menschenbildung.

Die sozialen Anerkennungsleistungen sind fragil und erfordern in demokratischen Lebensverhältnissen mitunter subtile Anpassungsstrategien – auf allen Seiten der Beteiligten. »Subtil« sind diese Leistungen, weil die Unterscheidung zwischen strukturell superioren und strukturell inferioren Positionen nicht notwendig mit der Unterscheidung zwischen mächtigen (wirkungsvollen) und ohnmächtigen (wirkungslosen) Positionen zusammenfällt. Wer – aus welchen Gründen auch immer und seien sie legitim oder nicht – Macht über andere »besitzt«, muss in der Regel weder Zwang noch Gewalt einsetzen, aber es muss ihr oder ihm unter den Bedingungen der symmetrischen Moral (der wechselseitigen Anerkennung) gelingen, die im Führungsbereich immer nötigen »Dominanzmanöver« mit angemessenen Kommunikationsformen und Sprechakten zu kaschieren, sodass die mehr oder weniger offensichtlichen Unterwerfungsleistungen für jene, die sie (meinen) zu zeigen (zu) haben, akzeptierbar

b) Das Phänomen der Autorität

sind. Daher »bitten« Vorgesetze ihre Mitarbeitenden, dieses oder jenes zu tun, sie »befehlen« nicht; doch diese »Bitten« sind klare Handlungsanweisungen, d.h. haben Befehlscharakter.

Nun ist Autorität nicht mit Macht gleichzusetzen, aber die Möglichkeit der Machtausübung bzw. des Machteinsatzes scheint die Bedingung zumindest vieler Formen von Autorität zu sein (vgl. Peters 1960, S. 21). Die Figur des Vaters – zunächst auch Gottes – steht prototypisch für diese Möglichkeit. Nach Peters (1960, S. 25) wurden die Menschen bis in das siebenzehnte Jahrhundert hinein in allen Lebensbereichen von der Vaterfigur dominiert. Der »Vater« ist die erste und vielleicht die älteste Form der Autorität (vgl. Kojève 2004). Er kann belohnen und bestrafen. Wer weder belohnen noch bestrafen kann, von dem muss man sich nichts »sagen lassen«, man muss ihm das Ohr – das Sinnesorgan des Fürchtens und Gehorchens (vgl. Herzog 2002, S. 509, mit Rekurs auf Schleiermacher) – nicht leihen. Kojève (2004) hat zwischen vier – *idealtypisch* vorgestellten – Autoritäten unterschieden, namentlich die Autorität des Vaters (le père), die Autorität des Herrn oder Meisters (le maître), die Autorität des (An-)Führers (le chef) und die Autorität des Richters (le juge), welchen er vier philosophischen Traditionen (der scholastischen, der hegelianischen, der aristotelischen und der platonischen) zuordnet. Die Figur des Vaters ist die »erste« Autorität, sie bezieht ihre Kraft aus der *Vergangenheit*. Es ist die Kraft von Sitte und Tradition, der eingeschleiften Gewohnheiten, dessen, wie »man es hier schon immer gemacht hat«. Die Autorität des Herrn und Meisters bezieht ihre Kraft aus der Macht, die sie in der *Gegenwart* gegenüber den anderen besitzt (*ich bin jetzt* und *hier* der Boss, die Kommissionsvorsitzende, der gewählter Stadtrat, die im Dienst stehende Oberärztin etc.). Der »Führer« (bzw. die Führungsperson) bezieht seine Autorität aus der Möglichkeit des Versprechens, d.h. aus der *Zukunft* (»We shall overcome«, »I have a dream«, »Yes, we can!«). Die Autorität des Richters (bzw. der Richterin) liegt in der Verkörperung von Integrität, Gerechtigkeit, Aufrichtigkeit, in gewisser Hinsicht ist sie also der »Überzeitlichkeit« verdankt.

Wohl stecken alle diese idealtypischen Autoritäten in der Krise, sicher aber die erstgenannte, traditionelle: Die Erfahrung der Alten ist entwertet, was sie von der Vergangenheit berichten, scheint »outdated« zu sein, bringt wenig oder nichts für die Bewältigung der Probleme in der Gegenwart mit ihrem – ja so unglaublichen – Wandel, und schon gar nichts für die Zukunft, die ja radikal offen ist. Doch die Krise ist eben auch *typisch* für die Moderne und die Autoritätskrise sowieso (vgl. Reichenbach 2011b). Nur, auch Krisen selbst können in eine Krise geraten, so kann man von der Krise der Autoritätskrise sprechen.

c)   Zur Krise der Autoritätskrise

Führungspersonen verkörpern für Mitarbeiterinnen und Mitarbeiter sowie Bürgerinnen und Bürger zumindest zeitweilig einzelne oder aber alle der genannten Formen von Autorität, auch und gerade in modernen Gesellschaften: Sie beziehen ihre Glaubwürdigkeit und Anerkennung aus der Erfahrung der Vergangenheit, aus der Fähigkeit, in der Gegenwart situationskluge Entscheidungen zu treffen, aus der Möglichkeit, Zukunft, d. h. Belohnung, versprechen zu können und mitunter zu wissen oder wenigstens zu behaupten, was für alle gut ist und was nicht. Der Versuch, die Erwartungen an die Rolle der Autorität zu mindern oder zum Verschwinden zu bringen, ist weder politisch noch auch beispielsweise pädagogisch fortschrittlich oder psychologisch realistisch oder gar moralisch edel. Es handelt sich allein um den Versuch, das sowieso wirksame Phänomen der Autorität zu verschleiern. Dies ist die Kultur oder Unkultur der kaschierten Dominanz, die man im Zeitalter der politischen Korrektheit zu ertragen hat.

Die Schwächung von »vertikalen« – personalen und sozialen – Autoritäten in den Bereichen der Politik, der Religion, des Rechts, der Schule und der Familie verdankt sich auch der Unfähigkeit, attraktive

c) Zur Krise der Autoritätskrise

Zukunft noch glaubhaft versprechen zu können (vgl. Meirieu 2005; Revault d'Allonnes 2005). Zumindest besteht ein Zusammenhang zwischen der Schwächung oder Krise der Autorität und dem Verblassen eines Zukunftshorizontes. Die scheinbare »Offenheit« der Zukunft kommt in der Transformation von der Fortschrittssemantik in die grassierende Innovationsrhetorik zum Ausdruck. Das Verblassen der temporalen Dimension von Autorität ist also nicht nur als Traditionsverlust (Delegitimierung der Imperative der Herkunft und des Herkömmlichen) zu verstehen, sondern auch als »Zukunftsverlust«. Die Schwächung der Autorität der Zukunft (z. B. des Moderneprojekts) wird mit der Etablierung von »horizontalen« – mehr oder weniger anonymen – »Autoritäten« kompensiert: der Autorität des *Geldes* und des *Marktes*, der *Medien* und der schnell agierenden wissenschaftlichen *Gremien* (Steiner 2005). Diese horizontalen Autoritäten erinnern an die allgemeine und diffuse Autorität des »Man« (vgl. Hunyadi 2005, S. 23), um es in Anlehnung an einen in diesem Diskurskontext schon fast schlimmstmöglichen Autoren – Martin Heidegger – zu formulieren. Die Autorität des Man ist »projektlos« und gegenwartszentriert, und dem Wegfall von vertikalen Autoritäten folgt offenbar nur bedingt – oder als Illusion – eine Zunahme an Freiheitsgefühl (vgl. Arendt 1994a).

Der Verlust an vertikaler, traditionaler Autorität wird allerdings nicht nur auf anonyme Weise »horizontal kompensiert«, sondern ist möglicherweise ein Grund für Überkompensationen in Form von (pseudo-)religiösen und (pseudo-)politischen Fundamentalismen und Gruppierungen, in denen die soziale Interaktion und Kommunikation nun um so rigider, vertikal-hierarchisch, strukturiert werden – allerdings, und dies ist bedeutsam, ohne überzeugende Anbindung an Herkunft und Zukunft (vgl. Meirieu 2005, S. 91). Während die Rede von der »Krise der Autorität« über einige Jahrzehnte als Topos des politischen und pädagogischen Diskurses gelten durfte, besteht die »Krise der Krise« heute in der Vergleichgültigung gegenüber traditionalen bzw. vertikalen Autoritäten.

Gegen Autoritäten, die nichts (mehr) zu versprechen (und zu belohnen) haben, muss niemand ankämpfen, von denselben kann sich aber auch niemand »befreien«. Wie aus einer entrückten, schon fast nostalgisch anmutenden Welt muten heute Schriften wie Manfred Liebel und Franz Wellendorfs *Schülerselbstbefreiung. Voraussetzungen und Chancen der Schülerrebellion* (1969) an. Während der Kampf gegen die Autorität oder zumindest das Ringen mit der Autorität dieselbe in die Krise gestürzt haben mag, besteht die *Krise der Krise* der Autorität darin, dass ein solcher Kampf heute geradezu irrelevant erscheint: Wo insbesondere dem jugendlichen Lebensgestaltungswillen nur noch verständnisvolle Unsicherheit oder unsicheres Verständnis entgegengebracht wird, kann sich dieser kaum in argumentativ-diskursiver Auseinadersetzung artikulieren, sondern muss andere, womöglich sprachlose Formen der Verarbeitung dieses Friktions- und Resonanzmangels finden. Pädagogisch prekär ist daher nicht die Krise der Autorität – die vielmehr zum pädagogischen Programm der Moderne gehört –, sondern das Verschwinden dieser Krise, also der Autoritätskrise, die selber in der Krise steckt.

Doch trotz der »Tyrannei der Gegenwart«, trotz »offener Zukunft« und trotz Führungspersonen, die als Erben ohne Testament nicht genau wissen, wohin die Reise gehen soll, wird die politische, rechtliche, pädagogische, betriebliche, wissenschaftliche, religiöse (etc.) Autorität natürlich nie nur krisenhaft und die Krise der Krise nicht umfassend sein. Dafür sorgen schon allein die Differenzen von alt und jung, wissend und unwissend, kompetent und inkompetent, einsichtig und uneinsichtig u. v. a. m. Zu den Eigenheiten des politisch korrekten Diskurses gehört ironischerweise eine negative, zumindest aber ambivalente Einstellung zur Macht, die oft dämonisiert und deren Produktivität unterschätzt wird. Dass ohne das Faktum der Machtasymmetrie Fragen der Ethik hinfällig wären und das Konzept der Verantwortung nicht überzeugen könnte, interessiert offenbar weniger. Zwei wichtige Quellen der Macht liegen in der Möglichkeit, zu belohnen und zu verzeihen (nebst weiteren Machtquellen wie Bestrafung, Legitimation, Sachkenntnisse, Information, Attraktivität u. a., vgl. z. B. Buschmeier 1994, S. 24). Die Fähigkeit, zu belohnen bzw. Belohnungen glaubhaft in Aussicht stellen zu können, ist mit der Praxis des Versprechens verwandt. Welchen Sinn sollte es machen,

c) Zur Krise der Autoritätskrise

eine Person als Autorität anzuerkennen, die nichts zu versprechen hat? Versprechen können, heißt, künftiges Handeln erwartbar, eine unsichere Zukunft ein Stück kontrollierbar zu machen. Der Macht des Versprechens steht die Macht – und damit auch die Ethik – des Verzeihens (Margalit 2000) gegenüber: Sie ist eine performative kommunikative Leistung, in welchem die handelnden Personen die Macht über die Vergangenheit – wiederum nur ein Stück weit – wiedergewinnen (vgl. Arendt 1996, S. 300 ff.). Ohne die zeitliche Dimensionierung ist nur schwer zu verstehen, was die Anerkennung von Autorität bedeuten soll, was sie leistet und was es heißt, die Möglichkeit zu schaffen, über die Vergangenheit und die Zukunft Macht zu erringen (Baier 1994).

Diese sozialbehavioristische Sicht auf asymmetrische Beziehungen drückt einen basalen Sachverhalt und eine nicht ganz einfache Wahrheit aus, die in zeitgenössischen Diskursen, ihrerseits vom Symmetriegebot dominiert, weniger zu interessieren scheint. Vor vielen Jahren hat der Soziologe und Austauschtheoretiker Peter Blau (1964, S. 203) die Ambivalenz der erfolgreich zu erfüllenden Aufgaben stabiler Führung wie folgt beschrieben:

> »Stable leadership rests on power over others and their legitimating approval of that power. The dilemma of leadership is that the attainment of power and the attainment of social approval make somewhat incompatible demands on a person. To achieve power over others requires not only furnishing services that make them dependent but also remaining independent of any services they might offer in return. To legitimate a position of power and leadership, however, requires that a leader be concerned with earning the social approval of his followers, which means that he does not maintain complete independent of them.«

Führungsverhältnisse als Autoritätsverhältnisse sind von asymmetrischen Abhängigkeiten geprägt. Führung und Autorität sind keine Eigenschaften von Einzelpersonen, sondern von *Beziehungen*, in denen die Interaktion von rollenkomplementären Verhaltensmustern wechselseitige Abhängigkeiten ausdrücken, die nur teilweise und situationsgebunden symmetrisch sein können. Symmetrie ist vielmehr die Eigenschaft von Beziehungen zwischen Gleichfreien bzw.

Gleichunfreien. Um die Illusion der Symmetrie aufrechtzuerhalten und das Problem der Asymmetrie abzumildern, das der Autorität innewohnt, die ihrem Wesen nach hierarchisch ist (Arendt 1994a, S. 159f.), wurde immer wieder die Möglichkeit der »freiwilligen Folgsamkeit« zu betonen versucht. So spricht beispielsweise der Pädagoge Thomas Schott (2003, S. 291) von der »Hinführung zur freiwilligen Folgsamkeit echter Autorität [...] als Erziehungs- und Bildungsziel«, wobei sich »echte« Autoritäten an »zustimmungswürdigen Regeln« orientieren würden. Man erahnt hier förmlich die Kraft von Überredungsbegriffen und pseudoanalytischen Differenztermen (»echte« versus »unechte« Autorität; »freiwillige« versus »erzwungene« und/oder »blinde« Folgsamkeit). Ein Problem besteht darin, dass die Kriterien und Fähigkeiten, um zwischen »echter« und »unechter« Autorität unterscheiden zu können, den Adressatinnen und Adressaten gar nicht oder kaum zur Verfügung stehen. Führung, insbesondere subtile Führung, ist von den Geführten nur bedingt von der Verführung zu unterscheiden. Wer sich – »freiwillig« – führen lässt, *vertraut* der führenden Person. Asymmetrische Verhältnisse sind nicht nur Macht- und Vertrauensverhältnisse, sondern das Vertrauen in die Macht und die Macht des Vertrauens sind konstitutive Elemente jeder, nicht nur der asymmetrischen Langzeitbeziehung (vgl. Graen & Uhl-Bien 1995).

d) Das Kaschieren von Befehl und Gehorsam

Führung besteht zu einem wesentlichen Teil aus einer Kommunikationspraxis, die von Handlungsanweisungen geprägt ist, deren Ausführung prompt oder zu einem späteren Zeitpunkt erwartet wird. Handlungsanweisungen können unabhängig davon, ob sie in rollenkomplementären und asymmetrischen Beziehungen erfolgen oder nicht, als kommunikative Dominanzmanöver verstanden werden, mit denen allein eine bestimmte Ordnung hergestellt werden kann

d) Das Kaschieren von Befehl und Gehorsam

(Volmer 1990). Sie ermöglichen im Normalfall ein mehr oder weniger bewegliches soziales Gleichgewicht, in dem dominante und inferiore Positionen unterscheidbar sind (vgl. Reichenbach 2007). Während es zahlreiche Vorstellungen gibt, was unter Autorität in einem kommunikativen Sinn verstanden werden kann, scheint die handlungs- und interaktionstheoretische Umsetzung der Frage, wie Autorität hergestellt, wie sie aufrecht erhalten wird und wie sie verloren geht, in einem gewissen Sinn eher wenig behandelt.[22]

Die »politisch-moralische« Brisanz der Rekonstruktion sozialer Komplementaritätsstrukturen erklärt sich aus der für das moderne Ethos unabdingbaren Anerkennung der Moral der wechselseitigen Achtung, die auf der Interaktionsebene das Ideal symmetrischer Kommunikation vorzeichnet.[23] Die Möglichkeit einer prinzipiell herrschaftsfreien Kommunikation bzw. der Kommunikation ohne die Differenz zwischen dominanten und inferioren Positionen muss insgesamt als kritisch eingeschätzt werden. Die Pointe der unterschätzten und dem habermasianischen Ideal diametral entgegengesetzten Position von Watzlawick et al. (1969) besteht darin, dass jede Kommunikationsbeziehung längerfristig Komplementaritätsmuster entwickelt, welche nicht zuletzt die Funktion haben mögen, symmetrische Eskalationen zu vermeiden. Symmetrie ist der Zustand, in welchem sich alle Beteiligten dauerhaft weigern, die inferiore Position einzunehmen. Komplementarität auf der anderen Seite benötigt

---

22 Im Rahmen von Untersuchungen zum *classroom management* (früher auch *Klassenführung* genannt) fokussiert sich das Interesse auf handlungspraktische Empfehlungen (vgl. Kounin 1970; Mayr 2006; Neuenschwander 2006); dabei scheint tendenziell vernachlässigt zu werden, dass Autorität als Eigenschaft einer Beziehung und eines Anerkennungsverhältnisses aufzufassen ist, also intersubjektiv zu rekonstruieren wäre.

23 Und so gilt denn die so genannte »pädagogische Antinomie« als das zentrale (theoretische) Problem der »Autonomiepädagogik« (Benner 1987; Hügli 1996). Freilich unterstellt jedes vernünftige Erziehungs- und Unterrichtskonzept nebst aller Rhetorik, die dem Ideal der symmetrischen Kommunikation geschuldet ist, zumindest implizit die dominante Position der Lehrperson oder der Erziehungsperson.

das zumindest implizite und zumindest situationsgebundene Zugeständnis inferiorer Positionalität einzelner Akteurinnen oder Akteure und eine entsprechende explizite bzw. expressive Praxis.

Unter zeitgenössischen Kommunikationsbedingungen ist die Bedeutung von verdeckten Dominanzmanövern kaum zu unterschätzen. Man darf von »Kultur« sprechen (vgl. Reichenbach 2023). Ausgehend vom Paradigma der Rollenkomplementarität und der damit verbundenen Unmöglichkeit von dauerhaft symmetrischen Kommunikationsbeziehungen kann Autorität im Lichte des sozialen Austausches verstanden werden (vgl. Reichenbach 2007). Auch wenn es einem unsympathisch erscheint, so lautet die relevante Frage aus dieser Perspektive: Welchen Nutzen (Belohnung) kann die oder der Gehorchende für ihren oder seinen Gehorsam erwarten? Um den Gehorsam als Tauschakt richtig einzuschätzen, ist es bedeutsam, die subtilen Formen des Gehorchens und des Tauschens zu berücksichtigen. So fällt es erheblich leichter, einer Handlungsanweisung Folge zu leisten, wenn sie (freundlich) kaschiert wird: Einen Befehl ausüben zu müssen, ist nicht das Gleiche, wie einer Aufforderung nachzukommen oder eine soziale Erwartung nicht zu enttäuschen, eine Hoffnung zu erfüllen, die Artikulation eines Bedürfnisses, eines Gefühls ernst zu nehmen oder eine so genannte »Ich-Botschaft« als handlungsrelevant zu erachten. Sofern diese Sprachakte eine Wirkung – womöglich ein bestimmtes Verhalten – erzielen sollen, sind sie allesamt als Dominanzmanöver zu verstehen. Plump ist es, bei den Anderen nur mit Befehlen Wirkung erzielen zu können, subtil ist es, wenn dies schon durch die Abgabe einer sogenannten »Ich-Botschaft« erreicht wird.

Dem kaschierten Dominanzmanöver entspricht das kaschierte Gehorchen: die sogenannte »freiwillige Folgsamkeit«, die es unter Ungleichfreien gar nicht geben kann. In günstigen Bildungskontexten – seien die Milieus aus psychologischen, religiösen, politischen, ethischen oder anderen Gründen »subtilisiert« worden – wird subtil geführt und die Kinder und Jugendlichen lassen sich auf subtile Weise führen. Die Voraussetzungen subtiler Führung und subtilen Gehorsams – lässiger Unterwerfung – sind vielfältig. Nicht zuletzt geht es

d) Das Kaschieren von Befehl und Gehorsam

um die Fähigkeit, Belohnungsaufschub ertragen zu können; austauschtheoretisch interpretiert, heißt das: sich künftig höheren Gewinn oder geringeren Kosten gegenüber momentanem geringen Gewinn oder höheren Kosten vorstellen und entsprechend gewichten zu können. Ein kleines Kind, noch impulsiv und in ihrer oder seiner Egozentrik steckend, ist zu beidem nicht fähig, weshalb ihre oder seine Unterrichtung nur begrenzt möglich ist. Aber auch ältere Kinder oder Jugendliche können mit dieser Gewichtung, berechtigt oder nicht, große Mühe haben und der kurzfristige Nutzen, der aus der Verweigerung einer pädagogischen Handlungsanweisung resultieren kann, mag erheblich größer erscheinen als der unsichere, zukünftige Gewinn oder Nutzen, der durch Gehorsam in der Gegenwart, durch Befolgen der mehr oder weniger subtilen Handlungsanweisung, suggeriert oder vermutet wird. Die Fähigkeit, Strategien des vorgetäuschten Gehorchens bzw. vorgetäuschter Autoritätsanerkennung situationsangemessen einzusetzen, schafft günstige Austauschbedingungen und die auf diese Weise sanft getäuschten Führungspersonen, die das ironische Täuschungsgeschäft im stillschweigenden Einverständnis durchaus akzeptieren, weil sie davon erheblich profitieren, werden oder sollten das implizite Tauschangebot nicht »knausrig« behandeln (vgl. Reichenbach 2007).

Am Sprechakt des Befehlens selbst lässt sich illustrieren, worin die Leistung rollenkomplementärer Kommunikation besteht. »Der Befehl ist älter als die Sprache, sonst würden ihn Hunde nicht verstehen«, schrieb Elias Canetti in *Masse und Macht* (1960/1985, S. 335). Das schien ihm der Grund zu sein, warum man sich psychologisch mit der Bedeutung des Befehls kaum befasst habe. »Von klein auf ist man an Befehle gewöhnt«, so Canetti (1960/1985, S. 335), »aus ihnen besteht zum guten Teil, was man Erziehung nennt; auch das ganze erwachsene Leben ist von ihnen durchsetzt, ob es nun um die Sphären der Arbeit, des Kampfes oder des Glaubens geht«. Wer dem Befehl gehorcht, anerkennt die Autorität der oder des Befehlenden und garantiert somit eine bestimmte Disziplin. »Die Disziplin macht das Wesen der Armee aus. Aber es ist zweierlei Disziplin, eine offene und eine geheime. Die offene Disziplin ist die des Befehls« (Canetti

1960/1985, S. 349). Die letztere sei die Disziplin der »Beförderung« (Canetti 1960/1985, S. 350). »Beförderung ist nur der öffentliche Ausdruck für etwas Tieferes, das schon darum geheim bleibt, weil es in der Art seiner Funktion von den wenigsten begriffen wird. Die Beförderung ist der Ausdruck für das verborgene Wirken der Befehlsstacheln« (Canetti 1960/1985, S. 350). Der Befehl, so Canetti auf seine eigenwillige und eindringliche Weise, sei letztlich eine Art Todesdrohung, er leite sich vom Fluchtbefehl ab.

> »Der domestizierte Befehl, wie wir ihn kennen, verbindet die Drohung mit einem Lohne: Die Fütterung stärkt den Effekt der Drohung, doch ändert sie nichts an ihrem Charakter. Die Drohung wird nie vergessen. In ihrer ursprünglichen Gestalt bleibt sie für immer bestehen, bis eine Gelegenheit da ist, sie loszuwerden, indem man sie an andere weitergibt« (Canetti 1960/1985, S. 368).

Man kann es auch weniger dramatisch formulieren: Wer immer nur Handlungsanweisungen befolgen muss, will auch etwas für sein Gehorchen kriegen – bei Canetti: sich zumindest der negativen Folgen des Gehorchens entledigen.

George C. Homans (1960, S. 386) hat die Ansicht formuliert, wonach sich Befehle der Art nach nicht von Normen unterscheiden würden: »Sowohl Normen wie Befehle sind verbale Aussagen, und beide geben an, wie das Verhalten der Mitglieder einer bestimmten Gruppe sein sollte, nicht wie es wirklich ist.« Befehle setzen, werden sie ausgeführt, Normen in Kraft, aus Befehlen werden früher oder später Recht und Brauch (Homans 1960, S. 387). Während es einer Theorie der Autorität um das Befolgen von Befehlen geht, beinhaltet die »von der gleichen allgemeinen Art« zu sein scheinende Theorie der sozialen Kontrolle das Befolgen von Normen (Homans 1960, S. 388). Daher verhält sich der Begriff der Autorität zu jenem der Demokratie – im Unterschied zu einem vielleicht verbreiteten Vorurteil – durchaus orthogonal: »Autorität wird manchmal durch demokratische Methoden geschaffen und erhalten, manchmal aber auch durch sie zerstört« (Homans 1960, S. 389).

Hinter der Kultur der kaschierten Dominanz – und damit verbunden, des kaschierten Gehorsams – befindet sich eine erstaunlich einfach gestrickte »Psychologie« des sozialen Austausches, des Gebens und Nehmens von einigen materiellen und sehr vielen nichtmateriellen Gütern, die als Mittel eingesetzt werden, um ein anständiges, legitimes und möglichst zufriedenstellendes Arbeits- und Privatleben zu führen. Das Spiel der Autorität und der Führung besser zu verstehen, heißt auch, gegenüber den subtilen oder weniger subtilen Inszenierungen von Macht und Asymmetrie gelassener zu werden, ohne die das hierarchisch stratifizierte Arbeitsleben kaum vorstellbar ist. Zu viel Energie und Vitalität muss aufgebraucht werden, um den sinnlosen Kampf gegen die unvermeidbare und in vielen Formen vorzufindende Autorität zu führen.

e) Die erzieherische Zumutung

Erziehung zielt auf das moralische Selbstverständnis und Selbstverhältnis des Individuums. Im Sinne Harry Frankfurts (1971) ließe sich argumentieren, dass sich Erziehung auf die Entwicklung von Wünschen zweiter Ordnung bezieht. Mit Wünschen zweiter Ordnung lässt sich die Wünschenswertigkeit der eigenen Wünsche (erster Ordnung) befragen; Wünsche zweiter Ordnung sind – Charles Taylor (1992) zufolge – in einem *kontrastiven Vokabular* verfasst (feige-mutig, gläubig-ungläubig, schön-hässlich, gut-böse etc.). Auf dieser Ebene geht es um den Streit der Selbstinterpretationen. Dieser Streit ist erzieherisch bedeutsam, geht es doch überhaupt darum, dass ältere Kinder und vor allem Jugendliche zu Selbstbefragungen einen Zugang entwickeln, dass sie sich irritieren lassen von der Frage nach der *Wünschenswertigkeit* ihres Verhaltens und Handelns. Der Erziehungsprozess ist oft nichts anderes als der *Versuch*, eine Interpretation (bzw. eine Diskursart) mehr oder weniger sanft *aufzudrängen* (quasi: Du sollst dich bzw. dein Verhalten, deine Wünsche und Affekte auch in *moralischen* Begriffen beschreiben lernen).

In einer zu kritisierenden pädagogischen und psychologischen Diskurskultur, für welche Macht in jedem Fall ein Teufelsbegriff darstellt und welche es sich auf politisch korrekte Weise abgewöhnt hat, Fragen der *Macht* von Fragen der *Gewalt* zu unterscheiden, muten diese Äußerungen wohl wie eine wiederholte, konservative Aufforderung zum »Mut zur Erziehung« an. Doch eine solche Les- oder Hörart entspräche einem Missverständnis, welches heutzutage allerdings leicht provoziert wird. »Mut« ist seit jeher eine Kardinaltugend des *Politischen*, das Erzieherische aber ist mit dem Politischen nur über Umwege verwandt. Erziehen ist wie Politik eine menschliche Grundpraxis (Benner 1987; Fink 1970) und das heißt, dass Erziehung nicht auf eine andere menschliche Praxis zurückführbar ist, sondern eine relativ *eigenständige* Tätigkeit darstellt. Aus diesem Grund ist Klaus Prange (2005, S. 139) durchaus zuzustimmen, wenn er meint, dass eine pädagogische Ethik ihre eigene Qualität erst dadurch gewinne, dass und »wie sie den Gesichtspunkt der Erziehung in sich zur Geltung bringt«. Pädagogische Ethik ist demzufolge keine Allgemeine Ethik für die Pädagogik und »schon gar nicht als pädagogische Begründung der Allgemeinen Ethik« (Prange 2005, S. 139) zu verstehen.

Wenn hier zumindest implizit die Schwächung des *pädagogischen Denkens und der pädagogischen Sprache* für das Erziehungsgeschehen beklagt wird, so nicht, weil behauptet würde, es fehle den Menschen heute der Mut zur Erziehung, sondern eher, es fehle an pädagogischem Interesse, d.h. einer Leidenschaft für die Welt, welche ja immer eine Sorge für die Welt ist und damit genau das Gegenteil dessen darstellt, was man als die bloße Sorge um ein sorgenloses eigenes Leben bezeichnen könnte. Doch wer sich vom sorgenlosen Leben so angesprochen fühlt, der erhofft sich wohl auch vom Erziehungsprozess, dass dieser möglichst reibungslos ablaufen möge. Das Ideal der Friktionslosigkeit, das so überhaupt nicht unser Leben widerspiegelt, entspricht einer Kultur, in welcher nicht mehr gekämpft wird, weder für das Gute noch für das Schlechte, weder für eine

e) Die erzieherische Zumutung

gerechtere Zukunft noch für eine bessere Gegenwart, einer Kultur also, in welcher vielen nicht mehr klar zu sein scheint, ob es im Leben und Zusammenleben überhaupt noch Prioritäten zu setzen gibt.

Dass niemand – zumindest freiwillig – erzogen werden will, könnten eigentlich alle wissen, die tatsächlich etwas mit Kindern und Jugendlichen zu tun haben und sofern sie es sich erlauben, dieses elementare pädagogische Faktum zu akzeptieren. Denn das Erzogen werden, so Prange (1999, S. 14) vielleicht ein wenig zu pointiert, führt

> »immer auch eine mehr oder minder fühlbare Kränkung mit sich [...]; unvermeidlich enthält sie die unerfreuliche Unterstellung und das unausdrückliche Eingeständnis, etwas nicht zu können und nicht zu wissen, Defizite zu haben und auf andere angewiesen zu sein, um sie zu beheben«.

Die elterlichen und institutionalisierten »Erziehungsangriffe« kränken den freiheitlich-vitalen Junggeist des Kindes und der oder des Jugendlichen. Doch wie konnte es kommen, dass Pädagoginnen und Pädagogen heute alles sein wollen, nur nicht typische Pädagoginnen und Pädagogen, und dass selbst das Wort »Erziehen« nun so seltsam veraltet, marode oder sogar morbid anmutet? Das trifft freilich nicht allein für die Praxis und die Praktikerinnen und Praktiker zu, sondern auch für das Feld der Erziehungswissenschaft.

Das Ideal oder Kriterium der »gleiche Augenhöhe« – was immer damit eigentlich gemeint wird – ist solide eingebettet in die Diskursgewohnheiten moderner Alltagsethik und lebensweltlicher Politik. Doch »gleiche Augenhöhe« kann ungleiche Verantwortung, ungleiche Kompetenzen und ungleiche Möglichkeiten des Macht*ge*brauchs (und damit verbunden leider auch Macht*miss*brauchs) nicht ersetzen. Eine Pädagogik, die auf Führung verzichten will, ist schon im Wortsinn keine Pädagogik mehr. Ein pädagogisches Denken, in welchem Führung und Erziehung und ihr Zusammenhang – in der einen oder anderen Art und Sprache – nicht aufscheinen, ist *schwach* oder *unaufrichtig* oder beides. Das wäre zu verkraften. Doch in der pädagogischen *Praxis* zu ignorieren, dass Kinder und Jugendliche Führung brauchen – und vor allem: manche sehr viel mehr als andere! –, ist ein nicht zu entschuldigendes Versagen.

7 Mythos »Handlungskompetenz«

> Wie bereiten wir ein Kind auf eine Welt vor,
> die nicht so ist, wie sie sein sollte?
> *Susan Neiman*

Umstrittene bzw. strittige Begriffe prägen unsere Diskussionen (Gallie 1956). In Demokratien ist man gegenüber »endgültigen« Definitionen skeptisch. Hier gilt eher: »Mehrheit statt Wahrheit« (Lübbe 1994). Strittige Konzepte sind nicht automatisch auch »schwammig« und sie berechtigen nicht, beliebig zu sprechen. Auch über strittige Konzepte kann kohärent und mit argumentativer Stringenz diskutiert werden. Vielleicht ist dies jedoch eher selten der Fall und im öffentlichen Meinungsaustausch auch kaum zu erwarten.

Der Begriff der »Bildung« wurde von einem bekannten Erziehungswissenschaftler vor Jahren als »Container«-Begriff kritisiert. In einen Container könne man beliebige Inhalte hineinstellen. Manche freuen sich zunächst und glauben, mit dem *Kompetenz*begriff könnte dieser Container nun endlich durch ein valides und weniger luftiges Konzept ersetzt werden. Heute wissen wir, dass einfach ein Container durch einen anderen Container ersetzt worden ist. Niemand kann gegen Bildung sein und niemand gegen Kompetenzen und ihre Förderung. Dieses umfassende Gefallen containerhafter Konzepte ist nicht unbedingt vorteilhaft. Mit dem Gefallen wird suggeriert, man sei sich darüber im Klaren, was mit Kompetenz jeweils gemeint ist. Zunächst nicken alle mit dem Kopf, wenn es in der programmatischen »Lyrik« – Überredungssprache – um die Kompetenzförderung in einem Bereich geht, etwa der Gesundheit oder Suchtprävention. Wenn es dann aber um die Klärung geht, was mit dieser oder jener Kompetenz konkret gemeint und wie sie zu fördern sei, ist die Einigkeit dahin. Alle finden jedoch die Befähigung des Individuums, kompetent zu *handeln*, besonders wichtig!

Wir haben in den letzten Jahrzehnten eine immense, globale Diskussion um »Kompetenzen« erlebt. Hunderte von Kompetenzkatalogen wurden aufgestellt, kein Lebensbereich, der davon nicht tangiert worden wäre. Allein das Wort »Kompetenz« hat eine Art Magie erhalten, wie man sie nicht für möglich gehalten hätte. Am Ende ist immer Kompetenz die Lösung.

a) Oberstes Ziel: Handlungskompetenz?

Heinrich Roth (1971) hatte mit seinem Handlungskompetenzmodell und der Trias von *Selbstkompetenz*, *Sachkompetenz* und *Sozialkompetenz* eine Art »Operationalisierung« des Konstruktes und Bildungsziels »Mündigkeit« vorgeschlagen. Mit großer Wirkung. Aber natürlich hat der Kompetenzbegriff eine viel ältere und vielfältigere Geschichte, er ist nicht auf Roth zurückzuführen. Das sei hier nicht das Thema. Zum Handeln, so die Idee, braucht es Kompetenzen. Und diese können gruppiert werden in Selbst-, Sach-, und Sozialkompetenzen. Ergänzend wurden später die gleichwertigen Kompetenzgruppen *Methodenkompetenz* oder *Reflexionskompetenz* vorgeschlagen. Die Kompetenz-Architektur kennt im Grunde vier Stockwerke. Zuoberst – auf der vierten Etage des Kompetenzgebäudes – sitzt, thront oder liegt die *Handlungskompetenz*. Sie ist der *Kulminationspunkt* der Kompetenzentwicklung und ihrer Förderung. Hier endet die Bildung. Ein Stockwerk darunter, also auf der dritten Etage, befinden sich die drei (oder vier) sehr großen Kammern oder Zimmer der genannten Selbst-, Sach- und Sozialkompetenz (plus evtl. eine weitere Gruppe). Diese unterteilen sich in zahlreiche Unterkompetenzen, die sich auf der zweiten Etage befinden. Ein Beispiel dafür ist die *Führungskompetenz*. Sie wird der *Sozial*kompetenz zugeordnet. Im Gebäude der Kompetenzen ist alles sehr geordnet. Welche Fähigkeiten oder Fertigkeiten machen Führungskompetenz aus? Zum Beispiel die Fähigkeit, *Handlungsanweisungen* geben zu können. Diese Fähigkeit befindet sich auf der ersten Etage. Zusammengefasst: Handlungsanweisungen geben zu können, ist eine unter vielen Fähigkeiten, welche Führungskompetenz ausmachen. Sozialkompetenz ist Teil der Handlungskompetenz. *Über* der Handlungskompetenz gibt es, wie gesagt, keine Kompetenzen mehr. Hier ist das Ende der Fahnenstange erreicht. Wer es in diesem Gebäude bis ganz nach oben geschafft hat, ist *handlungsfähig, mündig,* vielleicht sogar *autonom.*

Dass sich hinter dieser so gefassten Welt der Kompetenzen eine geradezu kosmologische Ordnung, ein wundersamer Platonismus befindet, wird von den Partisaninnen und Partisanen der Kompetenzorientierung zwar nicht behauptet, denn es handelt sich um eine implizite, nicht artikulierte und daher auch nicht reflektierte *metaphysische* Einstellung! Die unterstellte Ordnung (die keine Paradoxien, keine Widersprüche, keine Dialektik und auch keine Ironie kennt) erinnert phänomenal wiederum an die Lego-Klötze. Die Bedeutung von Lego-Klötzen für Erwachsene ist nicht zu unterschätzen. Diese werden mitunter »Module« genannt. Sie sind die Bausteine eines großen Ganzen, dem Gebäude der Handlungskompetenz, welche den Mensch frei und souverän macht, sodass sie oder er ihre oder seine Autonomie verantwortungsvoll *ausüben* kann. Dazu ist aber natürlich vorgängig ein *Aufbau* von vielen Fähigkeiten und Kompetenzen zu einem ganzen Kompetenzbündel notwendig. Es gibt in der Kompetenzwelt immer sehr viel zu tun, aber dafür auch zahlreiche Anbieterinnen und Anbieter, die beim Kompetenzaufbau helfen und – gegen wenig oder viel Geld – auch gerne Teilkompetenzen *zertifizieren.* Wer sehr viele solche Zertifikate zu Hause liegen hat, ist wahrscheinlich schon handlungsfähig.

Interessant ist die Annahme des wohlgeordneten Zusammenspiels. Nochmals am Beispiel Führungskompetenz erläutert: Diese ist eine Sozialkompetenz, offenbar also keine Selbstkompetenz und auch keine Sachkompetenz. Eigenartig. Doch das Kompetenzgebäude verlangt nach klaren Unterscheidungen. Dem nachdenkenden Menschen kommt die *Unterscheidung* zwischen Selbstkompetenzen und Sozial-

a) Oberstes Ziel: Handlungskompetenz?

kompetenzen höchstens *analytisch* vor, d.h. als ein Produkt von Idee, Sprache und Entscheidung. Denn niemand wird ernsthaft glauben, dass eine Führungsperson ohne gewisse Selbstkompetenzen und ohne Sachkompetenzen ihre Aufgabe auf die erwünschte oder erforderte Weise erfüllen kann. Heißt: die Führungskompetenz ist nicht einfach und ausschließich Teil der Sozialkompetenz. Die analytischen (letztlich rein sprachlichen) Unterscheidungen und Hierarchisierungen von Kompetenzen können dem *Amalgam* des Lebens (aus seinen Teilbereichen), hier der Führungstätigkeit, keineswegs gerecht werden.

Diese Kompetenzgebäude sind nicht standhaft, ziemlich schlechte Architekten waren am Werk, muss man sagen. Daher bricht das Gebäude auch zusammen und auf dem Trümmerhaufen des Kompetenzdiskurses, diesem undisziplinierten Chaos, lässt sich überhaupt keine Ordnung mehr ausmachen, vielmehr Beliebigkeit in einem nun wieder erstaunlichen Ausmaß. Der Kompetenzdiskurs ist zu einem einzigen Brei geworden, da kann jede und jeder alles oder irgendetwas behaupten. Hier geht es nun nicht mehr um das Strittige, sondern das Schwammige. A propos Container der Bildung: In demselben gab und gibt es wenigstens diverse Theorien, vernünftig erscheinende, umständliche, weltlose, spekulative, pragmatische u.v.a.m. – sei's drum –, aber es handelt sich um *Theorien*. Im Unterschied befindet sich der Kompetenzdiskurs in einem tatsächlich lausigen theoretischen Zustand. Wer das abstreitet, kennt ihn nicht. Doch die meisten seiner Vertreterinnen und Vertreter halten von Theorien sowieso nicht viel, sie wollen Kompetenzen lieber *definieren* und dann vor allem *messen*. Und so liegen Tausende von Studien und Hunderttausende von Veröffentlichungen in wissenschaftlichen Journalen vor. Das geht von Stressverarbeitungskompetenz in den Geburtshilfeberufen (Stressverarbeitung ist eine Selbstkompetenz!) über die Messung von Kompetenzen beim Erkennen von Mitarbeitendenpotenzialen (vielleicht eine Mischung von Selbst-, Sach- und Sozialkompetenz?) zur Beziehungskompetenz (eine sehr wichtige Kompetenz, vielleicht eine Mischung von Selbst- und Sozialkompetenzen oder doch allein eine Sozialkompetenz?). Der Kompetenzdiskurs ist explodiert, das Kompetenzgebäude hingegen implodiert.

Es bleibt zumindest Ziel des handelnden Menschen (egal letztlich, wie sie oder er seine Kompetenzen zusammengestellt hat), die Akteurin oder der Akteur, die oder der in der Welt nach Gusto Dinge anstellen kann, etwas bewirken und verändern kann! Wie gesagt: Niemand ist gegen die Handlungsfähigkeit! Aber die Frage, welche *Ziele* mit dem kompetenten Handeln eigentlich erreicht werden, ist irgendwie auch wichtig, scheint es. Das weiß man und weiß man nicht. Am bestens ist es, die Zielsetzungskompetenz als ein Teil der Handlungskompetenz zu inkludieren. Hartnäckig wird weiter gefragt: Also welche Ziele und woher kommen sie? Antwort: »Eigene« Ziele! Woher sollen sie denn stammen als aus dem »eigenen« Selbst?

Handeln ist von *Verhalten* analytisch zu unterscheiden, obwohl und weil dieser Unterschied von außen in der Regel gar nicht festgestellt werden kann (da es sich bei Handeln im Unterschied zum Verhalten nicht um einen Beobachtungsbegriff handelt). Der zentrale Unterschied betrifft die Unterstellung von Freiheit (des handelnden »Subjekts«), ohne welche die Systeme des Rechts, der Politik und der Moral kaum ernsthaft Sinn machen und anerkannt werden können. Jedenfalls verträgt sich die Skinner'sche Utopie *Jenseits von Würde und Freiheit* (*Beyond Freedom and Dignity*; Skinner 1971) nicht mit dem Erbe der Aufklärung und Liberalität. Wer aber Würde und Freiheit als regulative Ideen anerkennt, will auch nicht über die Handlungen der Menschen bestimmen, aber sollte daran interessiert sein, die *Urteilskraft* bzw. *Urteilskompetenzen* zu stärken, welche ein würdevolles und liberales Leben und Zusammenleben im Sinne der Möglichkeit der Freiheitspraxis wahrscheinlicher machen. Darin scheint die pädagogische und übergeordnete Aufgabe auch der Schule jenseits von bedeutsamen Binnenzielen (der spezifischen Kompetenzentwicklung und Wissensvermittlung) zu liegen. Das ist vorgegriffen (vgl. weiter unten).

»Die Philosophen haben die Welt nur verschieden interpretiert, es kömmt drauf an sie zu verändern«, lautet die bekannte Stelle von Karl Marx, die elfte These zu Feuerbach (Marx 1958, S. 8). Ironischerweise

a) Oberstes Ziel: Handlungskompetenz?

scheint der (pädagogische) Kompetenzdiskurs mit der Setzung des obersten Ziels »Handlungskompetenz« wohl unwissentlich ganz der These von Marx zu folgen. Doch aus einer bildungstheoretischen Perspektive muss ein nur antimarxistisch scheinender Gegenvorschlag gemacht werden: Das Ziel der Bildung ist nicht die Veränderung der Welt, sondern *die Veränderung der Interpretation der Welt.*

Der Rest ist Politik, Freiheitspraxis. Bildung dient hingegen primär dem *Verstehen.* Und dieses Verstehen dient der *gemeinsamen* Welt. Eine am *Gemeinsinn* und damit an der *Urteilskompetenz* orientierte Schule und Bildung ist bescheidener als die Orientierung an der Handlungskompetenz. Es ist auch nicht die zentrale Aufgabe der Schule, das Handeln der Menschen zu beeinflussen. Klar, daher heißt es: die *Ermöglichung* und *Entwicklung* der Handlungskompetenz stünde im Mittelpunkt. Doch dieses Ziel ist in einem gewissen Sinne ist *jeder* Pädagogik inhärent. Passivität, Anpassung und Handlungsunfähigkeit sind als offizielle Bildungsziele nicht bekannt. Doch Handeln kann man auch ohne große Kompetenzen. Ein Blick in die Nachrichten liefert einen ersten Beweis. Menschen können lieben, töten, »Ja« sagen, »Nein« sagen, sich entscheiden – sie können sehr viele Dinge tun und brauchen dafür kein einziges Handlungskompetenzmodell und auch keine Handlungskompetenzentwicklungsmodelle. In problematischen Situationen entscheidet das Recht über Handlungs- und vor allem Urteilsfähigkeit. Handeln wird letztlich weniger gelernt als *praktiziert.* Handeln stellt auch den sehr vielfältig kompetenten erwachsenen Menschen mitunter vor größte Probleme. Mit der Entwicklung der zahlreichen Kompetenzen (im Bereich des Denkens, Fühlens, Wahrnehmen und Handelns) stellen sich dem Menschen auch immer mehr Probleme, d.h. ihre oder seine Sensibilität für Probleme wird größer, das macht sie oder ihn nicht sicherer, sondern oft unsicherer, während abgestumpfte oder abgebrühte Dummköpfe ziemlich genau wissen können, was sie wollen und wie sie es zu verwirklichen anstreben. Der Mensch ist ein »initiatives« Wesen (vgl. Arendt 1996), es wird ihr oder ihm praktisch in die Wiege gegeben, handeln zu können.

7 Mythos »Handlungskompetenz«

Trotz der Leitidee des souveränen Handlungssubjektes kann und muss Schule hingegen auch auf bestimmte *Verhaltensdispositionen* bzw. Verhaltenstendenzen hinarbeiten. Ruhig sitzen können, jetzt nicht reden, nicht schreien, nicht dreinschlagen, warten können – viele kleine, aber mitunter schwierig zu zeigende Leistungen im großen Feld der erwünschten Handlungsunterlassungen. Sie leistet damit auch ihren Beitrag am *konformen* und *anständigen* und *erwartbaren* Leben, das jede Gesellschaft einfordert. Die Frage ist, wie viel Spielraum sie der oder dem Einzelnen in der Ausübung sozialer bzw. konventioneller Erwartungen überlässt. Offene oder liberale Gesellschaften zeichnen sich nicht dadurch aus, dass in ihnen *keine* Konventionen vorherrschen würden, sondern allein in Bezug auf den Spielraum des Ausübens der sozialen Verhaltensnormen und der Möglichkeit, Konventionen zur Diskussion zu stellen. *Handeln* muss die Person aber meist alleine, z. B. indem sie oder er »Nein« sagt. Das kann stören. Handeln ist meist ein Sprechhandeln (vgl. Arendt 1996). Handeln ist mit einem Risiko verbunden, mit dem Fehlen von Sicherheit, mit einem Mangel an Souveränität. Doch im zeitgenössischen Kompetenzdenken wird Handeln als ein *Herstellen* von erwünschten Zuständen begriffen. Diese Herstellerinnen- bzw. Hersteller-Mentalität, die vor allem die individuellen Zugriffsmöglichkeiten stärken will, folgt stillschweigend einer problematischen Philosophie der Macht. Darin liegt die schon von Kant bemerkte Paradoxie der Aufklärungspädagogik: Die Kinder und Jugendlichen sollen sich nicht nur so *verhalten*, wie es von ihnen erwünscht wird, sondern sie sollen sich – als Akteurinnen und Akteure – »aus freiem Willen« so verhalten, wie sie sollen. Sie sollen *freiwillig* tun, was sie tun *sollen*. Natürlich lässt sich über diese »Freiwilligkeit« wenig sagen, denn sie könnte bloß Ausdruck internalisierter sozialer Normen sein. Diese Unaufrichtigkeit lässt sich nicht einmal im progressiven *Vokabular* der Aufklärungs- bzw. Autonomiepädagogik verhindern, während sie in der pädagogischen Praxis im Grunde täglich sichtbar wird.

b) Die Attraktivität der »weichen« Fähigkeiten

Die Transformation des Denkens über Bildung über die Zwischenstationen »Qualifikation« und »Schlüsselqualifikation« zur »Kompetenz« ist nun schon sehr weit vorangeschritten. Es scheint zwecklos, sich der Macht dieser Diskursveränderung entgegenstellen zu wollen. Dass dem schiefen Gebäude irgendwie Bedeutsames zu fehlen scheint, wurde jedoch auch bemerkt. In etlichen Kompetenzmodellen und Kompetenzkatalogen (beispielsweise von Johannes Weinberg, John Erpenbeck, Rolf Arnold, Peter Faulstich, Horst Siebert, Dieter-Jürgen Löwisch, Oskar Negt und vielen anderen) gibt es daher eine bemerkenswerte Renaissance der sogenannten »Persönlichkeitsbildung« festzustellen. Das Konstrukt »Persönlichkeit« besitzt heute wiederum große Attraktivität – man kann in Erklärungsnotständen immer mehr oder weniger plausibel auf diese Kategorie zurückgreifen, sie ist ein Universalexplikator mit einem *human touch*. Zumindest können die Gründe für Misserfolg oder soziale Probleme oft in einem Mangel an persönlichen Kompetenzen vermutet werden. Doch – positiv betrachtet – es wird bemerkt, dass es in der Praxis auf mehr ankommt und es mehr gibt als bloße Fertigkeiten und Kompetenzen. Das dient dem *holistischen* Bedürfnis im Kompetenzdenken. Die neue Ganzheitlichkeit kommt in vergleichsweise reflektierten Kompetenzdiskursen zum Ausdruck, etwa wenn Kompetenz als das Zusammenspiel von (1) deklarativem Wissen (*savoir*), den (2) Fertigkeiten und dem prozeduralen Wissen (*savoir-faire*), den (3) persönlichkeitsbezogenen Kompetenzen (*savoir-être*), und schließlich noch der (4) Lernfähigkeit (*avoir-apprendre*) gesehen wird (vgl. Schneider 2005, S. 16). Neben dem Aspekt der freilich nur scheinbaren Ganzheitlichkeit, die man angemessener als *eklektizistische Unbestimmtheit* verstehen könnte, liegt die Attraktivität des Kompetenzbegriffs, von welcher der *Soft-Skills-Talk* sehr profitiert hat, u.a. auch in den antibehavioristischen Wurzeln der Kompetenztheorien (sensu Noam Chomsky, Dell Hymes, Piaget, Claude Lévi-Strauss; vgl. Bernstein 1996, S. 55).

In Kompetenztheorien wird »Welt« – als Kompetenz – in Interaktion mit der Umwelt »konstruiert«, als Leistung individueller und sozialer Aktivität. Solcherart Kompetenzerwerb drückt eine *universelle Demokratie* aus: »All are inherently competent and all possess common procedures« (Bernstein 1996, S. 56). Wir können sozusagen alle und wir sind alle gleich bzw. wir könnten alle und wären alle gleich (wenn nur alles besser wäre, als es ist). Es erscheint einigermaßen sympathisch zu sein, das Subjekt als aktive und kreative Konstrukteurin oder aktiven und kreativen Konstrukteur einer bedeutungsvollen Welt (z.B. Sprachproduktion bei Chomsky, Akkommodationsprozesse bei Piaget) und die Entwicklung iherr oder seiner Kompetenzen als selbstregulierten Ausdifferenzierungsprozess zu begreifen. Noch sympathischer mag manchen die Behauptung erscheinen, dass solcherlei Entwicklung *nicht* durch formale Lehre vorangetrieben werden könne: »Official socializers are suspect, for acquisition of these procedures is a tacit, invisible act not subject to public regulation« (Bernstein 1996, S. 56). Die Behauptung, bloße Sozialisation erkläre oder bestimme doch fast alles oder doch das meiste, kann so mit einer humanistischen Geste vom Tisch gewischt werden. Und das ist nicht wenig. Hinzu kommt, dass soziale Hierarchien aus der kompetenztheoretischen Perspektive immer kritisch zu betrachten sind und der Kompetenzerwerb letztlich immer als *Emanzipationsprozess* verstanden werden kann. Und wenn es denn unbedingt sein muss und eine gewisse intentionale Sozialisation in Form von Erziehung und Unterricht unumgänglich wird, dann kann sie mit dem Kompetenzerwerbsdenken als »facilitation (of learning and development)« gedacht werden. Didaktisch, pädagogisch und psychologisch interessiert dann nur noch die Gestaltung der sogenannten *Ermöglichungsbedingungen* von Lernen und Entwicklung – und jede andere Bemühung erscheint so als pädagogische Ideologie oder wenigstens schlechte Pädagogik.

Nun wird nicht jeder Kompetenzdiskurs gleichermaßen von diesen Aspekten tangiert, aber, wie Basil Bernstein (1996, S. 56) meinte, doch

b) Die Attraktivität der »weichen« Fähigkeiten

die meisten, denn es ist nicht leicht, *gegen* Demokratie, *gegen* Kreativität und Selbstregulation und *gegen* das ganze Steigerungsethos zu argumentieren, welches mit Kompetenztheorien und -modellen verbunden ist. Ob edel oder unedel motiviert, ob unter gerechten oder ungerechten Bedingungen, ob frei gewählt oder erzwungen, jedenfalls erhöht sich mit dem antibehavioristischen, antipositivistischen Demokratie-Kreativitäts-Selbstregulations-Denken der Druck auf das Individuum, sich selbst als Kompetenzsteigerungszentrum zu sehen. Und die wichtigste Kompetenz jedes Kompetenzsteigerungszentrums ist daher letztlich die Kompetenzsteigerungskompetenz.

Während das kompetenzsteigerungswillige Individuum über seine *Hard Skills* relativ gut informiert ist, da in diversen Abschlussprüfungen meist nur sie interessieren, ist es im Hinblick auf eigene *Soft Skills* notgedrungen etwas verunsichert und auf die Soft-Skills-Diagnostik der anderen angewiesen. Diese professionelle (oder auch nicht im Geringsten professionelle) Diagnostik wird ihm sicher zeigen, dass es angesichts der vielen Defizite noch viel zu lernen hat, ein Leben lang, und dass es die Welt der Menschen trotzdem sehr wahrscheinlich noch defizitär verlassen wird. Statt also in einen dauerhaften Kontakt mit dem Universum des Nichtwissens und der Inkompetenz zu treten (wofür auch der Name »Bildung« gebraucht werden kann), durchwandert das von konstitutiver Soft-Skills-Defizität gekennzeichnete Individuum, willig und eifrig sich zu verbessern – früher »Bildsamkeit« genannt –, durch die laue Soft-Skills-Welt ihrer oder seiner höchstpersönlich modularisierten Aus- und Weiterbildung.

Wenn es um die überfachlichen oder aber »nichtakademischen« Kompetenzen geht, so hat sich in diesem hier in Frage stehenden Diskurs die angelsächsische Begrifflichkeit Soft Skills seit langem auch im deutschsprachigen Raum eingebürgert, wohl nicht zuletzt, weil die Terme »überfachliche Kompetenzen« und »persönliche Qualitäten« (Bullinger & Mytzek 2004) im Vergleich zum zweisilbigprägnanten Soft Skills umständlich und technisch anmuten. Nun kann mit »Skills« von sehr konkreten Fertigkeiten bis hin zu allgemeinen Fähigkeiten bzw. Kompetenzen vieles gemeint sein. Sicher erscheint manchen, dass die »fachlichen Kompetenzen« – »Hard Skills« genannt – in der Welt der Kompetenzen einen vergleichsweise geringen Bereich abdecken, während die Soft Skills – manchmal auch *heart skills* oder *people skills* genannt – insgesamt sozusagen ein kleines Universum darstellen würden. Die Welt der Soft Skills bildet zumindest ein weites, kaum bemessenes, unbekanntes, obskures und undefiniertes Feld.

An dieser Stelle könnten die Definitionsbemühungen im Grunde eingestellt werden. Es ist nämlich u. a. nicht erkennbar, ob es nicht z. B. wenigstens ein Merkmal gibt, das allen »weichen Fähigkeiten« gemeinsam wäre (außer dem negativen Kriterium, keine »harte Fähigkeit« zu sein). In der Tat, was könnte die Gemeinsamkeit etwa jener Soft Skills sein, die im folgenden, vergleichsweise homogenen Katalog zusammen gestellt worden sind: Selbstakzeptanz, Selbstreflexion, positiver Lebensbezug, differenziertes Denken, Wahrnehmungsfähigkeit, relative Autonomie, Problemlösefähigkeit, respektvoller Umgang mit der Vergangenheit, Lernbereitschaft, Lernkompetenz, Handlungsfähigkeit, Selbständigkeit, Kreativität, Leistung, klassische Arbeitstugenden, Gesundheit, Balancefähigkeit, Ambiguitätstoleranz, Coping-Strategien, Verantwortung allgemein, Verantwortung Subjekt, Verantwortung Mitmenschen, Verantwortung Umwelt, Umweltkompetenz, Gemeinschaftsfähigkeit, Kooperationsfähigkeit, Konfliktbewältigung, Kritikfähigkeit, Toleranz, Wertschätzung, Dialogfähigkeit, politische Bildung, wertbezogene Grundhaltungen, Persönlichkeitsentwicklung, Gemütsfähigkeit (Grob & Maag Merki 2001)? Auch wenn andere Kataloge konsultiert werden – und der hier erwähnte ist im variantenreichen Angebot sicher einer der seriöseren –, so kommt dabei zum Vorschein, dass zwischen (1) Fertigkeiten, (2) Fähigkeiten oder Kompetenzen, (3) Persönlichkeitseigenschaften, (4) Verhaltensdispositionen, (5) Motiven und (6) Tugenden kaum unterschieden wird. Offenbar spielen diese Unterscheidungen in der Soft-Skills-Welt keine Rolle mehr, ganz nach dem vulgärpragmatischen Diktum, wonach Unterschiede, die keine unmittelbaren Unterschiede bewirken, keine (weiter nennenswerten) Unterschiede sind – *soft* bleibt *soft*, ob als Tugend, Disposition oder

b) Die Attraktivität der »weichen« Fähigkeiten

Kompetenz. Bedeutsam ist diesem »Diskurs« – besser Soft-Skills-Talk genannt – allenfalls noch die Differenz zwischen Qualifikation und Kompetenz. So sei der Kompetenzbegriff eher »subjektzentriert« auf das »Handlungspotential einer Person« gerichtet, während der Qualifikationsbegriff eher »sachverhaltsorientiert« sei, »das heißt auf aktuelle Fähigkeiten und Fertigkeiten, die zur Durchführung definierter Arbeitsschritte notwendig sind« (Mytzek 2004, S. 19), gerichtet.

Soft Skills versprechen – in jedem Gebiet und auf je eigene Weise – Erfolg. Die Opernsängerin Kirsten Flagstad hat einmal formuliert, Charakter sei die Fähigkeit, sich selbst im Wege zu stehen. Dahingegen stehen die Soft Skills der (quasi »charakterlosen«) Akteurin oder dem (quasi »charakterlosen«) Akteur nicht im Wege. Vielmehr setzt sie oder er sie (antitragisch, unschuldig und ironielos) in den Dienst ihrer oder seiner höchstpersönlichen Ziele. Hilfreich sind beispielsweise »dating skills«, *Socratic selling skills* (!), *professional telephone skills*, aber auch *basic travel skills*. Das ist alles nicht ohne Plausibilität: Es wird schwierig werden, ganz ohne grundlegende *dating skills* ein Rendez-vous zu organisieren; und wer nicht über *sellings skills* verfügt, wird am Ende des Monates nicht viel eingenommen haben; ähnlich wird es derjenigen oder demjenigen ergehen, die oder der sich am Telefon komisch verhält; und wer nicht über »basic travel skills« verfügt, geht in der Fremde vielleicht verloren. Mit anderen Worten: *They may be soft skills, but they're really important.* Dies trifft freilich vor allem für die Soft Skills der Kommunikation und sozialen Interaktion zu, denn – so zumindest die nahegelegte »Logik« – verbesserte *Kommunikation* erhöht u.a. die *Produktivität* und *gute Beziehungen*, die *Stabilität der Organisation*, aber auch das *persönliche Glück*, welches sich dann wiederum positiv auf die Produktivität auswirkt. Die weichen Fähigkeiten optimieren – denn sie sind in jedem Fall lernbar, steigerungs- und ausbaufähig! Das passt ganz gut zur Pädagogik der Privilegierten, die ihre Soft Skills für ihre Zwecke sicher gewinnbringend einsetzen werden!

Während die Hard Skills relativ leicht zu »beobachten« und zu quantifizieren und (so meinen manche Bildungsforscherinnen und

-forscher) valide zu messen sind, bleiben die Soft Skills nun einmal *hard to measure.* Dass dies ein glücklicher Umstand sein könnte, hat bisher noch den Status einer wenig bekannten Erkenntnis. Unabhängig davon trauen sich die Verantwortlichen von sogenannten »Assessment«-Verfahren durchaus diagnostische Kompetenzen zu. Woher sie dieselben haben, mögen sich jene fragen, die ein wenig Erfahrung mit der Erfassung z.B. spezifischer sozialer Kompetenzen – etwa der Verhandlungskompetenz, des Emotionsverstehens oder des moralischen Urteilsvermögens – haben. Die Kompetenz zur Soft-Skills-Diagnostik wird also selber weniger Hard-Skills- als vielmehr selbst Soft-Skills-Charakter aufweisen und die Soft-Skills-Diagnostikerinnen und- diagnostiker können – diese Vermutung sei erlaubt – wahrscheinlich froh sein, dass sie selber keine Assessmentverfahren zweiter Ordnung durchlaufen müssen, mit welchen ihre »soft skills detection (soft) skills« erfasst würden.

Der zweifellos ohne schwerwiegende Differenzierungen auskommende Soft-Skills-Talk hat sich international, global, interdisziplinär, cross-curricular und auf allen Ebenen der Abstraktion und Konkretheit durchgesetzt. Die Soft Skills besitzen die perfekte Form, sie sind modularisierbar, polyvalent, multifunktional und kommen dem Wunsch nach persönlichem und beruflichem Erfolg entgegen. Wo immer Menschen zusammenkommen, sind z.B. »strategies for successful interpersonal interactions« wünschenswert. Dabei trifft die Verbindung von Hard Skills und Soft Skills als neue Ganzheitlichkeit das pädagogisch-didaktische Bedürfnis so vieler Gewinnerinnen- und Gewinnertypen nach Vielseitigkeit bei gleichzeitiger Einheit.

c) Gegenvorschlag: Gemeinsinn und Urteilskraft

Die Aufgabe der Schule vor allem darin zu sehen, die Handlungskompetenz der *Individuen* zu stärken, entspricht einer Reduktion auf eine wahrscheinlich unbeabsichtigt neo-liberale »Anthropologie«. Dass der pädagogische Sinn des schulischen Unterrichtens und des Schullebens aber in der Herstellung des *gemeinsamen* Bezugs auf eine *Sache* liegt, scheint aus der Perspektive gefallen zu sein. Sozialbeziehungen sind jedoch nicht der Grund, sondern die Wirkung des Lernens im *Kollektiv*, welches mit »kollektivem Lernen« nichts zu tun hat, weil ein solches nur bedingt stattfinden kann. Der »Gemeinsinn ist nicht Gemeinschaft, ist ein Sondersinn, der uns in eine Gemeinschaft einfügt« (Arendt 1998, S. 94). Durch den Gemeinsinn werden Menschen nicht gleich, sondern lernen, *Gleichheit zu praktizieren.* Die kantische Lektion (vgl. weiter unten) besteht darin, zu zeigen, dass Gemeinsinn mit *Denken* zu tun hat, nicht primär mit Einstellungen oder Eigenschaften. Es handelt sich aber auch nicht allein um eine »Angelegenheit der Erkenntnis«, denn die »Wahrheit ist zwingend, man braucht keine ›Maximen‹«. »Maximen«, so Arendt, »gibt es nur für Angelegenheiten der Meinung und bei Urteilen; hier werden sie auch benötigt« (Arendt 1998, S. 95). Gemeinsinn heißt nicht, *wie* die anderen zu denken, sondern *unabhängig* von allen anderen zu denken, aber so, dass auch deren *Perspektive* eingenommen wird und das Denken insgesamt *kohärent*, nicht widersprüchlich ist.

In Anlehnung an Michael Tomasello (2009) kann die Entwicklung des Gemeinsinns im Rahmen des Konzepts der »geteilten Intentionalität« rekonstruiert werden. Aus den scheinbar lockeren Beziehungen des Lernens im Kollektiv entstehen Verbindlichkeiten, die auf einem gemeinsamen bzw. geteilten Hintergrund aufbauen. Dazu gehören die Dimensionen (i) der gemeinsamen Aufmerksamkeit (unmittelbare Wahrnehmungsumgebung) oder gemeinsamen Erfahrungen in der Vergangenheit, (ii) des gemeinsamen Hintergrunds, der von Top-down-Prozessen (z.B. durch ein gemeinsames Ziel, welches dann bedingt, dass die Interaktionspartnerinnen und -partner sich auf bestimmte Dinge konzentrieren, die der Erreichung des Ziels dienlich sind, und nicht auf andere ...) oder von Bottom-up-Prozessen geprägt ist (z.b. haben wir ein lautes Geräusch gehört und wissen gemeinsam, dass wir es gehört haben, oder wir haben gesehen, dass die Lehrperson wütend geworden ist und das Zimmer verlassen hat), und (iii) der verallgemeinerten Erfahrung, also des kulturellen Wissen.

Sprache und Sprechen sind dabei freilich zentral, sie können als verallgemeinerte geteilte Intentionalität begriffen werden.

»Sprechhandlungen sind gesellschaftliche Handlungen, die eine Person absichtlich an eine andere richtet (und hervorhebt, dass sie dies tut), um deren Aufmerksamkeit und Vorstellungskraft auf bestimmte Weise zu lenken, so dass sie das tut, weiß oder fühlt, was die erste Person von ihr will. [...] Die Sprache, oder besser die sprachliche Kommunikation, ist daher nicht irgendeine Art von formalem oder sonstigem Gegenstand; vielmehr ist sie eine Form gesellschaftlichen Handelns, konstituiert durch gesellschaftliche Konventionen, um gesellschaftliche Zwecke zu erreichen, welche zumindest auf einem gewissen geteilten Verstehen und geteilten Zielen der Benutzer beruhen« (Tomasello 2009, S. 363).

Wiewohl die Doppelfunktion der Sprache, nämlich die *individuierende* und *vergemeinschaftende* Funktion, spätestens von Habermas (1981) hervorzuheben ist, wird vielleicht weniger beachtet, welch fundamentaler und nicht nur *instrumenteller* Beitrag der Sprache und dem Spracherwerb für den Aufbau des Sinnes für angemessene Urteile zukommt (vgl. auch Taylor 2017).

Ohne die Bedeutung des Gemeinsinns (in irgendeiner angemessenen Form) zu berücksichtigen, wird soziale Entwicklung individualistisch verkürzt. Ganz mit Arendt (1998) bzw. Kant (1991) kann ergänzt werden, dass der Gemeinsinn »der spezifisch menschliche Sinn [ist], weil die Kommunikation«, d.h. die Sprache, von ihm abhängt«, denn: »Um unsere Bedürfnisse zur Kenntnis zu bringen, um Furcht, Freude etc. auszudrücken, würden wir die Sprache nicht brauchen«, denn »Kommunikation ist nicht Ausdruck« (Arendt 1998, S. 94).

c) Gegenvorschlag: Gemeinsinn und Urteilskraft

Vielmehr gilt, dass »verrückt zu sein« – hier ganz in der Sprache Arendts (1998, S. 95) – immer auf irgendeine Weise den Verlust des Gemeinsinns (*sensus communis*) und das Eintreten des logischen Eigensinns (*sensus privatus*) bedeutet. Schule mag helfen, nicht »verrückt« zu werden oder nicht als »verrückt« zu gelten. Schule hilft, »alle Tassen im Schrank zu haben«.

Dem Aspekt des Lehrens und Lernens im Kollektiv kommt ein *pädagogisches* Verständnis von Schule Bedeutung zu. Demgegenüber dominieren außerpädagogische und partikuläre Zwecke der Schule den öffentlichen Diskurs über Bildung, Lernen und Erziehung. Dass die Schule aber nicht nur die Funktion hat, Konglomerate (»unfreiwillige Assoziationen«) von Einzelmenschen zu unterrichten, zu fördern und zu beurteilen, sondern eine für moderne Gesellschaften konstitutive Rolle im Erwerb der allgemeinen Gesellschaftstauglichkeit ihrer Mitglieder übernimmt und weitestgehend zufriedenstellend ausübt, gehört zu den vernachlässigten Gesichtspunkten im kritischen oder auch weniger kritischen pädagogischen Diskurs.

Das Pädagogische und das Politische haben unter diesem Blickwinkel gemeinsam, dass sie den Menschen aus den Katakomben der psychischen Einsamkeit zumindest zeitweilig zu befreien vermögen. Dabei ist bedeutsam, dass diese beiden Sphären oder Dimensionen des menschlichen Lebens als *soziale Praktiken* zu begreifen sind, als Handlungs-, aber auch Verhaltensweisen, deren Existenz die Möglichkeit der Freiheit als Indetermination voraussetzt – und sei es als konstitutive Illusion. Damit ist das Problem der Kontingenz bzw. Kontingenzerfahrung diesen grundlegenden menschlichen Praxen inhärent; dieses Problem ist – positiv ausgedrückt – zumindest Ausdruck eines wie auch immer gearteten Freiheits*bewusstseins* (vgl. Gerhardt 1991; auch Arendt 1994a). Daher lässt sich mit Recht sagen, dass Politik und Pädagogik nicht sein *müssen*, aber sein *können*, und jeweils so oder anders sein können. Dazu gehört notwendigerweise, dass die Beantwortung der Frage, wie sie sind oder zu sein haben, strittig ist und in demokratischen Gesellschaften strittig bleiben muss. In diesen letztlich unlösbaren Streit einzuführen, ist sowohl von pädagogischer als auch politischer Bedeutung. Das heißt aber gewiss nicht, dass das Politische und das Pädagogische eine gemeinsame Aufgabe hätten oder gar zusammenfallen würden.

Die sowohl normative als auch deskriptiv These sei also, dass insbesondere öffentliche Schulen den »Gemeinsinn« zu fördern haben und auch tatsächlich fördern. In einer gedanklich wenig durchdrungenen Variante ist Gemeinsinn einfach ein anderer Begriff für den sogenannten gesunden Menschenverstand, steht also für einen Sinn für das Richtige (aber auch Angemessene oder Schickliche), ohne dass darüber tiefschürfend nachgedacht werden müsste – soweit ist er vor allem sozialisationstheoretisch von Bedeutung, weniger bildungstheoretisch. Präferiert man eine etwas einsichtigere Variante, so kann der »gesunde Menschenverstand« mit Kant mit den im Folgenden nun vollständig aufgezählten und ja wohlbekannten »grundlegenden Maximen« definiert werden. Der gesunde Menschenverstand beinhaltet nach Kant (1991, S. 214f.) die Fähigkeiten (1) selbst zu denken (»Selbstdenken«) (auch *aufklärerische Denkungsart* genannt), (2) »an der Stelle jedes andern denken« (*erweiterte Denkungsart*); und (3) »jederzeit mit sich selbst einstimmig (zu) denken« (*konsequente Denkungsart*). Der Menschenverstand ist allerdings erst dann gesund – und das ist die Pointe –, wenn die drei Fähigkeiten, um nach diesen Maximen urteilen zu können, im *Zusammenspiel* eingesetzt werden (können).

Doch warum ist überhaupt von Maximen die Rede? Maximen sind Empfehlungen für Vorgehensweisen, sie sind dort nötig, wo das sichere Wissen fehlt. Wenn wir die drei Maximen in heutiges Vokabular übersetzen wollen, dann könnten wir sagen, dass nebst der Empfehlung, selber zu denken und sich *nicht auf das Urteil der anderen zu verlassen* (Maxime 1), die Fähigkeit zur *sozialen Perspektivenübernahme* (Maxime 2) und eine gewisse *Argumentationsintegrität* (Maxime 3) eine bedeutsame Rolle spielen sollen. Es sei weiter behauptet, dass diese Maximenethik in Schule und Unterricht meist *implizit* praktiziert wird bzw. zumindest praktiziert werden kann – mehr oder weniger deutlich und mit mehr oder weniger Wirkung. Nehmen wir zur Illustration die dritte Maxime: Eine Lehrperson wird kaum sagen können, 2 und 2 sei 5, »weil ich die Lehrperson bin«. Vergleichbares

c) Gegenvorschlag: Gemeinsinn und Urteilskraft

ist in der Lebenswelt der Familie wahrscheinlich sehr viel häufigere Praxis. Zuerst heißt es: »Komm, wir müssen etwas miteinander bereden«, und am Schluss heißt es: »Du machst jetzt, was ich Dir sage, weil ich Dein Vater bin!« Mit der Argumentationsintegrität muss es in der sogenannten Lebenswelt nicht weit her sein, Meinungsunterschiede können auch anders als argumentativ gelöst werden (vgl. dazu den Mythos der »gleichen Augenhöhe«).

Die Schule stellt für viele Kinder einen der wenigen, wirklich verlässlichen Orte in ihrem Leben dar (oder könnte ihn darstellen), nämlich ein Ort, an welchem Bedürfnisse und Argumente idealerweise zählen und ernst genommen werden, ein Ort, der Ordnung und daher Erwartbarkeit und psychische Kontrollierbarkeit ermöglicht. Dass demokratische Kultur ohne Gemeinsinn kaum möglich oder zumindest gefährdet ist, mag zu Recht vermutet werden. Doch wer über Gemeinsinn verfügt, muss deshalb noch lange nicht politisch handlungskompetent sein, und wer moralisch »kompetent« ist, mag trotzdem z.B. politisch, ästhetisch, religiös, ökonomisch oder rechtlich naiv sein. Während also die Schule den Gemeinsinn fördert, einfach schon deshalb, weil Schule den Geist diszipliniert – etwa dadurch, dass die Kinder und Jugendlichen gemeinsam an den Logiken der jeweiligen Disziplinen (Fachinhalte, aber auch Kulturtechniken) partizipieren (müssen) –, ist der Erwerb der behaupteten »Handlungskompetenz« mit dem Ziel der personalen Autonomie innerhalb der obligatorischen Schulzeit und weit darüber hinaus mehr als fraglich.

»Wie bereiten wir ein Kind auf eine Welt vor, die nicht so ist, wie sie sein sollte?«, fragt Susan Neiman (2014, S. 85) in ihrem Essay *Warum erwachsen werden? Eine philosophische Ermutigung*. Bereiten wir sie so vor, dass wir möglichst ihre Handlungskompetenz fördern? Man merkt schon an einer solchen allgemeinen Antwort, wie semantisch ausgehöhlt sie klingt, sie »klingt« gar nicht mehr, sie wirkt wie eine entleerte aufklärerische Formel. Zunächst geht es darum, die Welt und das Leben *kennenzulernen* und immer besser zu *verstehen*, deren und dessen *Sinn* zu befragen und zu erkennen, ihre und seine guten und schönen Seiten *lieben* und *teilen* zu lernen und sich für ihre

7 Mythos »Handlungskompetenz«

und seine *Vielfalt* zu *interessieren*. Für eine solche Welt erst will und muss man *Sorge* tragen. Ohne die *Weltbezüge* des Verstehens, Liebens, Interesses, Sinns und der Sorge ist die »Handlungskompetenz« vor allem dies: eine leere Vokabel! In der Bildung geht es zu allererst um den *Zugang* zur Welt. Je reichhaltiger und differenzierter dieser ist, desto verantwortungsvoller und angemessener wird mögliches Handeln sein. Die bloße Handlungs*kompetenz* stellt sich im Leben und Zusammenleben sowieso auf die eine oder andere Weise ein. Es macht *pädagogisch* keinen Sinn, sie an oberste Stelle zu setzen. Handeln geht der Bildung einerseits voraus, andererseits folgt es ihr nach. Doch die Ingredienzien der Bildung sind das Wahrnehmen und Erkennen, Verstehen und Urteilen (und die damit verbundenen Kompetenzen), welche das politische Moment im Leben und Zusammenleben, nämlich das *Handeln* als die menschliche *Freiheitspraxis*, erst sinnhaft machen können.

8 Nachbemerkungen

> Denn wer hat, dem wird gegeben,
> und er wird im Überfluss haben;
> wer aber nicht hat, dem wird
> auch noch genommen, was er hat.
> Werft hinaus den nichtsnutzigen Diener
> hinaus in die äußerte Finsternis!
> Dort wird er heulen und
> mit den Zähnen knirschen.
> *Matthäus 25, 29-30*

Mit dem Titel dieses Essays – *Die Pädagogik der Privilegierten* – habe ich zwischendurch gehadert. Als er mir eingefallen war, fand ich ihn richtig. Dann fragte ich mich aber, inwiefern man denn diskursiv gegen »falsche« Diskurse ankommen kann. Alt genug, um zu wissen, dass das nicht gelingen kann, aber stur genug, um zu behaupten, dass es ohne auch nicht geht, habe ich ihn schließlich belassen. Man könnte ihm jedoch ein Fragezeichen angefügen. Einerseits aus politischer Schwäche, anderseits aus Einsicht. Das Fragezeichen könnte verschiedenartig gedeutet werden: Wird von einer Pädagogik gesprochen, die von »Privilegierten« bestimmt wird? Oder favorisiert die Pädagogik die Privilegierten? Gibt es überhaupt eine Pädagogik der Privilegierten? Wenn ja, soll sie geduldet werden?

Wohl *gibt* es eine Pädagogik der Privilegierten und wir sollten sie nicht akzeptieren! Die evidentielle Alltagspraxis zeigt, dass es sie gibt. Man könnte altmarxistisch formulieren: Das (vor-)«herrschende« pädagogische Denken ist das pädagogische Denken der »Herrschenden«. Das wäre sicher nicht ganz abwegig, aber auch nicht präzise. Es gibt sie doch gar nicht, diese »Herrschenden« – der Einwand ist hörbar –, sicher nicht in unserer liberalen Demokratie! Wer sollen denn diese »Herrschenden« sein? Etwa die Vermögenden der Schweiz, in welcher laut einer Schätzung der Eidgenössischen Steuerverwaltung (ESTV) das reichste Prozent der Bevölkerung 44,8 Prozent des gesamten Reinvermögens besitzt und die obersten zehn Prozent über 77,8 Prozent desselben verfügen (Marti 2024)? Oder die Vermögenden in Deutschland, in welchem die wohlhabendsten zehn Prozent zusammen rund 60 Prozent des Gesamtvermögens besitzen, die unteren 20 Prozent hingegen über gar kein Vermögen verfügen und zirka neun Prozent aller Haushalte ein »negatives Vermögen« aufweisen, also verschuldet sind (Hans Böckler Stiftung 2017)?

Kümmern sich denn diese »obersten Prozente« um den sogenannten »pädagogischen Diskurs«? Kaum! Warum auch? Sie benötigen überhaupt keine »Diskurse«, um ihren Besitzstand zu wahren. Das vorherrschende pädagogische Denken hat mit der tatsächlichen Vermögens- und Geldelite zunächst gar nichts zu tun! Vielmehr ist es die vergleichsweise »neue« *Bildungsklasse* – die »PMC« sensu Liu (2023) –, deren Mitglieder mitunter sogar selbst unter relativ prekären Bedingungen leben müssen, welche heute den größten Einfluss auf die Definition der »guten« Pädagogik auszuüben scheinen. Es geht in diesem Essay also nicht um »Herrschende« (im Bereich von Erziehung und Bildung), sondern vielmehr um vorherrschendes pädagogisches Denken, d. h. die Macht des sogenannten Diskurses und die darin aufscheinende ideologische Mentalität einer raumzeitkultürlichen Epoche.

Das macht den kritischen Kommentar, wie bereits angedeutet, in zweifacher Hinsicht umständlich. *Erstens* ist der herrschende Diskurs nicht der Diskurs der »obersten Prozente«, sozusagen der »ersten« Klasse, die auf keinen »Bildungsdiskurs« angewiesen ist, sondern gewissermassen jener der »zweiten« Klasse, der Bildungsklasse, die auf der Grundlage ihre formalen Bildungsabschlüsse einen Einfluss auf den Diskurs über Bildung beansprucht und auch ausübt. Diese Leute reden gerne und viel über die Bedeutung der Bildung und des guten Lernens, von dem sie glauben, ihm viel verdanken zu können; vor allem aber befürchten sie, dass ihr Nachwuchs der (formalen) Bildung nicht mehr so viel zu verdanken haben wird wie sie selbst. Da meint man, sich »Privilegien« durch Eigenleistung geschaffen zu haben, muss aber merken, dass diese »Privilegien« nicht *garantiert*, sondern nur *zertifiziert* und in Wirklichkeit *unsicher* sind. Die insbesondere in der Mittelschicht bemerkbare Angst vor dem sozialen Abstieg und die damit verbundene Befürchtung, dass das Leistungsprinzip nicht mehr »funktioniere«, sind ja auch nicht unbegründet (vgl. schon Neckel 1991; Hadjar & Gross 2016). *Zweitens* hat die »erste Klasse« dennoch einen *indirekten* Einfluss auf den pädagogischen Diskurs, den die sprechende »Bildungsklasse« souverän zu ignorieren scheint. Dieser Einfluss zeigt sich global u.a. an der Finanzierung privater Bildung (Münch 2018). Die Bildungsklasse agiert durchaus im Interesse der »ersten Klasse« (sicherlich nicht gegen sie), auch und gerade weil sie davon überzeugt ist, »progressiv« zu sein. Dabei ist ihr aufdringliches, vorherrschendes und von zahlreichen plumpen und moralisierenden sowie politisierten Vokabeln geprägtes pädagogische Denken – in den Medien, der Lehrpersonenbildung sowie den Bildungswissenschaften und nationalen Bildungsadministrationen, die sich an der »Philosophie« und dem *educational talk* internationaler Bildungsgremien orientieren – zwar *semantisch* auf Ideale der Aufklärung bezogen, während sie dieselben in ihrer *Dialektik* (vgl. Horkheimer & Adorno 1987) nicht zu verstehen scheint. So finden sich in diesem Denken weder dialektische Betrachtungen zur Bildungswirklichkeit noch Analysen der gesellschaftlichen Widersprüche, vielmehr wird »Aufklärung« hier als einförmige und kontinuierliche Bemühung der Weltverbesserung verstanden. Der wahre Skandal des pädagogischen Denkens liegt also in der »selbstverschuldeten Unmündigkeit« (Kant 1977, S. 53) so mancher Vertreterinnen und Vertreter der Bildungsklasse, die sich in ihrer völlig *a*-dialektischen Weltdeutung und moralischen Vereindeutigung im *Reden* gerade besonders »aufgeklärt« vorkommen. Die damit einhergehende *Degradierung* des aufklärerischen Denkens und *Außergefechtsetzung* der epistemischen Kritik sind beispiellos. Wohl betreffen sie nur eine kleine, tatsächlich *aktive* »Kaste« von sogenannten Vor- »Denkerinnen« und *Vor-*»Denkern«, denen das rückhaltlose *Nach*- Denken und die Rezeption des *vor* ihnen Gedachten eher fremd zu sein scheint. Trotzdem und vielleicht gerade deshalb hat diese große

Gruppe eine diskursive, wenn auch letztlich anonyme Macht in den Bildungsinstitutionen und -administrationen.

Aus der Perspektive dieses »Denkens« werden die von Eltern und Lehrpersonen gezeigten Widerstände gegen neue Lernformen und Bildungsreformen als »konservativ« oder gar »reaktionär« abgetan, nicht ohne die Verantwortung für mangelnden Bildungserfolg gleichzeitig primär Eltern und Lehrpersonen zuzuschieben (mit den Eigenheiten des Schulsystems und den progressiven Erneuerungen der Lernformen *kann* dies ja nichts zu tun haben). Und so enerviert sich die Bildungsklasse über jene »kleinen Leute« aus den sogenannten »einfachen Verhältnissen«, wenn diese in Europa und außerhalb Europas zunehmend dem rechtspopulistischen und nationalistischen Denken auf den Leim gehen, ohne sich zu fragen, *warum* diese Leute, deren Meinungen und Einstellungen sie letztlich zu verachten scheinen, sich nicht *repräsentiert* fühlen von den weitsichtigen, toleranten und liberalen Ideen der Vertreterinnen und Vertretern der progressiven und aufklärerischen Politik, die ja gerade vorgibt, die ganzen Reformanstrengungen in deren Interesse zu unternehmen – »no child left behind«. Doch die letzten Jahrzehnte haben gezeigt, dass dieses *soziale* Versprechen nicht eingelöst worden ist. Es ist einigermaßen ironisch, wie die Vokabeln der »Pädagogik der Privilegierten«, die hier an sieben Mythen des Lernens kommentiert worden sind, den Vokabeln der *Pädagogik der Unterdrückten* (Freire 1973) äußerlich ähneln, aber offensichtlich eine ganz andere Bedeutung haben – jedenfalls keine emanzipative mehr.

Literaturverzeichnis

Adorno, T. W., Frenkel-Brunswik, E., Levinson, D. J. & Stanford, R. N. (1950). *The Authoritarian Personality*. New York: Norton.
Arendt, H. (1994a). Was ist Autorität? In H. Arendt, *Zwischen Vergangenheit und Zukunft. Übungen im politischen Denken I*. München & Zürich: Piper, 159–200. (Original 1968 veröffentlicht).
Arendt, H. (1994b). Die Krise in der Erziehung. In H. Arendt, *Zwischen Vergangenheit und Zukunft. Übungen im politischen Denken I*. München & Zürich: Piper, 255–276.
Arendt, H. (1996). *Vita activa oder Vom tätigen Leben*. München: Piper (Original »The human condition« 1958). (Original 1958 veröffentlicht).
Arendt, H. (1998). *Das Urteilen. Texte zu Kants politischer Philosophie*. München & Zürich: Piper. (Original 1982 veröffentlicht).
Arendt, H. (2010). *Denken ohne Geländer. Texte und Briefe*. München: Piper.
Baacke, D. (1997). *Medienpädagogik*. Berlin: Walter de Gruyter.
Baier, A. (1994). Ethics in many different voices. In A. Baier, *Moral Prejudices. Essays on Ethics*. Cambridge: Harvard University Press, 294–312.
Bauer, T. (2018). *Die Vereindeutigung der Welt. Über den Verlust an Mehrdeutigkeit und Vielfalt*. Stuttgart: Reclam.
Beck, U. (1986). *Risikogesellschaft. Auf dem Weg in eine andere Moderne*. Frankfurt a. M.: Suhrkamp.
Benner, D. (1979). Lässt sich das Technologieproblem durch eine Technologieersatztechnologie lösen? Eine Auseinandersetzung mit den Thesen von Niklas Luhmann und Karl-Eberhardt Schorr. *Zeitschrift für Pädagogik*, 25(3), 367–377.
Benner, D. (1987). *Allgemeine Pädagogik. Eine systematisch-problemgeschichtliche Einführung in die Grundstruktur pädagogischen Denkens und Handelns*. Weinheim: Juventa.
Bernfeld. S. (1994). *Sisyphos oder die Grenzen der Erziehung*. Frankfurt a. M.: Suhrkamp (Original 1925 veröffentlicht)
Bernstein, B. (1996). *Pedagogy, Symbolic Control and Identity*. London et al.: Taylor & Francis.
Blau, P. M. (1964). *Exchange and Power in Social Life*. New York: Wiley.
Blumenberg, H. (1979). *Die Arbeit am Mythos*. Frankfurt a. M.: Suhrkamp.
Blumenberg, H. (1997). Die unendliche Theorie. In H. Blumenberg, *Ein mögliches Selbstverständnis. Aus dem Nachlass*. Stuttgart: Reclam, 211–212.

Blumenberg, H. (1999). *Paradigmen zu einer Metaphorologie.* Frankfurt a. M: Suhrkamp. (Original 1960 veröffentlicht)
Blumenberg, H. (2014). *Beschreibung des Menschen.* Frankfurt a. M.: Suhrkamp.
Böhm, W. (2005). *Wörterbuch der Pädagogik.* Stuttgart: Kröner.
Böhme, P. (2009). *Isokrates. Gegen die Sophisten.* Ein Kommentar. Münster: Lit.
Booth, W. C. (1974). *Modern dogma and the rhetoric of assent.* Chicago & London: University of Chicago Press.
Borges, J. L. (2010). *Ein ewiger Traum.* München: Hanser.
Borges, J. L. (2018). *Die unendliche Bibliothek. Erzählungen, Essays, Gedichte.* Frankfurt a. M.: Fischer.
Borges, J. L. & Sabato, E. (2013). *Gespräche in Buenos Aires.* Inspiriert und transkribiert von O. Barone, übersetzt und herausgegeben von F. Henseleit. Berlin: Matthes & Seitz.
Brighelli, J.-P. (2023). *L'école à deux vitesse.* Paris: Archipel.
Buck, M. F. (2012). *Einführung in die biographische Erziehungstheorie Werner Lochs.* Noderstedt: BoD.
Bullinger, H.-J. & Mytzek, R. (Hrsg.) (2004). *Soft Skills. Überfachliche Qualifikationen für betriebliche Arbeitsprozesse.* Bielefeld: Bertelsmann.
Buschmeier, U. (1994). *Macht und Einfluss in Organisationen.* Göttingen: Cuvillier.
Canetti, E. (1985). *Masse und Macht.* Frankfurt a. m.: Fischer. (Original 1960 veröffentlicht)
Cassirer, E. (1973). *Philosophie der symbolischen Formen. Zweiter Teil. Das Mythische Denken.* Darmstadt: Wissenschaftliche Buchgesellschaft.
Cassirer, E. (2019). *Versuch über den Menschen. Einführung in eine Philosophie der Kultur.* Hamburg: Meiner. (Original 1944 veröffentlicht).
Champy, P. & Gauthier, R.-F. (2022). *Contre l'école injuste!* Paris: ESF Science humaines.
de Haan, G. (1993): Über Metaphern im pädagogischen Denken. In J. Oelkers & H.-E. Tenorth (Hrsg.), *Pädagogisches Wissen.* Weinheim: Beltz, 361–373.
Delgado, P., Vargas, C., Ackerman, R. & Salmerón, L. (2018). Don't throw away your printed books: A meta-analysis on the effects of reading media on reading comprehension. *Educational Research Review,* 15, 23–38.
Demandt, A. (1978). Metaphern für Geschichte. Sprachbilder und Gleichnisse im historisch-politischen Denken. München: Beck.
Dewey, J. (1996). *Die Öffentlichkeit und ihre Probleme.* Darmstadt: Wissenschaftliche Buchgesellschaft (Original 1927).
Dewey, J. (1998). *Kunst als Erfahrung.* Frankfurt a. M.: Suhrkamp (amerikanisches Original 1934).

Ehrenberg, A. (2008). *Das erschöpfte Selbst. Depression und Gesellschaft in der Gegenwart.* Frankfurt a. M.: Suhrkamp (frz. Original 1998).
Fink, E. (1970). *Erziehungswissenschaft und Lebenslehre.* Freiburg i. Br.: Alber.
Frankfurt, H. (1971). Freedom of the will and the concept of a person. *Journal of Philosophy,* 67(1), 5–20.
Freire, P. (1973). *Pädagogik der Unterdrückten. Bildung als Praxis der Freiheit.* Reinbek bei Hamburg: Rowohlt.
Gallie, W. B. (1956). Essentially Contested Concepts. *Proceedings of the Aristotelian Society,* 56,167–198.
Gamm, G. (1992). *Die Macht der Metapher. Im Labyrinth der modernen Welt.* Stuttgart: Metzler.
Gauchet, M. (2002). Démocratie, éducation, philosophie. In M. C. Blais, M. C. Gauchet & D. Ottavi (Hrsg.), *Pour une philosophie politique de l'éducation.* Paris: Bayard, 11–42.
Gerhardt, V. (1991). *Partizipation. Das Prinzip der Politik.* München: Beck.
Goodman, N. (1951). *The Structure of Appearance.* Cambridge: Harvard University Press.
Graen, G. B. & Uhl-Bien, M. (1995). Relationship-based Approach to Leadership: Development of Leader-Member-Exchange (LMX) Theory of Leadership over 25 Years: Applying a Multi-level Multi-Domain Perspective. *The Leadership Quarterly,* 6, 219–247.
Grob, U. & Maag Merki, K. (2001). *Überfachliche Kompetenzen. Theoretische Grundlegung und empirische Erprobung eines Indikatorensystems.* Bern: Peter Lang.
Habermas, J. (1981). *Theorie des Kommunikativen Handelns.* Bd. 1 & 2. Frankfurt a. M.: Suhrkamp,
Hadjar, A. & Gross, C. (2016). *Education Systems and Inequalities: International Comparisons.* Bristol: Policy Press.
Haefliger, J. (1996). *Imaginationssysteme. Erkenntnistheoretische, anthropologische und mentalitätshistorische Aspekte der Metaphorologie Hans Blumenbergs.* Frankfurt a. M. et al.: Lang.
Hans Böckler Stiftung (2017). Wie sind die Vermögen in Deutschland verteilt? https://www.boeckler.de/de/boeckler-impuls-wie-sind-die-vermoegen-in-deutschland-verteilt-3579.htm#:~:text=Insgesamt%20besitzen%20die%20wohlhabendsten%20zehn,negative%20Verm%C3%B6gen%2C%20sie%20sind%20verschuldet
Harris, P. L. (2012). *Trusting what you're told. How children learn from others.* Cambridge, MA & London: Belknap Press of Harvard University Press.

Harsdörffer, G. P. (1971). *Poetischer Trichter. Die Teutsche Dicht- und Reimkunst / ohne Behuf der Lateinischen Sprache / in VI Stunden einzugießen.* Reprografischer Nachdruck. Hildesheim: Olms Verlag. (Original 1648-1653 veröffentlicht)

Hartmann, M. (2007). *Eliten und Macht in Europa. Ein internationaler Vergleich.* Frankfurt a.M.: Campus.

Hattie, J. (2009). *Visible Learning.* London & New York: Routledge.

Hattie, J. (2012). *Visible Learning for Teachers.* London & New York: Routledge.

Heid, H. (1988). Zur Paradoxie der bildungspolitischen Forderung nach Chancengleichheit. *Zeitschrift für Pädagogik,* 34(1), 1–17.

Heid, H. (2002). Problematik der Empfehlung, pädagogisches Denken und Handeln an den Bildungsbedürfnissen Lernender zu orientieren. In R. Reichenbach & F. Oser (Hrsg.), *Psychologisierung der Pädagogik.* Weinheim: Juventa, 90–108.

Heid, H. (2007). Was vermag die Standardisierung wünschenswerter Lernoutputs zur Qualitätsverbesserung des Bildungswesens beizutragen? In D. Benner (Hrsg.), *Bildungsstandards. Kontroversen - Beispiele - Perspektiven.* Paderborn: Schöningh, 29–48.

Heider, F. (1958). *The Psychology of Interpersonal Relations.* New York: Wiley.

Held, K. (1999). Doxa und Arete in der Pädagogik des Isokrates. *ARET.revista de filosofia,* XI, NIIIi 1-2, 95–133.

Helmer, A. (2006). *Ars rhetorica. Beiträge zur Kunst der Argumentation.* Würzburg: Königshausen & Neumann.

Herzog, W. (2002). *Zeitgemäße Erziehung. Die Konstruktion pädagogischer Wirklichkeit.* Weilerswist: Velbrück Wissenschaft.

Hogrebe, W. (1992). *Metaphysik und Mantik. Die Deutungsnatur des Menschen.* Frankfurt a. M.: Suhrkamp.

Hölderlin, F. (1978). Hyperion oder der Eremit in Griechenland. In ders., *Sämtliche Werke und Briefe,* Band 1 (herausgegeben von G. Mieth). München: Hanser, S. 575-744.

Homans, G. C. (1960). *Theorie der sozialen Gruppe.* Köln & Opladen: Westdeutscher Verlag.

Hörisch, J. (1998). *Die Wut des Verstehens.* Frankfurt a. M.: Suhrkamp.

Horkheimer, M. & Adorno, T. W. (1987). *Dialektik der Aufklärung. Philosophische Fragmente.* In M. Horkheimer, *Gesammelte Schriften.* Band 5. Frankfurt a. M.: Fischer.

Huang, N. (in Vorb.). Dissertation zum Thema: Menschenbild, Kompetenz und Lernkultur. Ein Vergleich des Kompetenzdiskurses in Deutschland und Taiwan (Republik China).

Hübner, K. (2013). *Die Wahrheit des Mythos.* Freiburg i. Br.: Alber.

Hügli, A. (1996). *Philosophie und Pädagogik*. Darmstadt: Wissenschaftliche Buchgesellschaft.
Hunyadi, M. (2005). Statement dans le débat à la suite de la conférence de George Steiner. In G. Steiner, H. Mottu, A. Garapon, Ph. Meirieu, A. Ehrenberg, S. Ebadi, K. Pomian & M. Revault d'Allonnes (Contributeur(e)s): *Le Futur de l'Autorité* (XLes Rencontres Internationales de Genève 2005). Lausanne: L'Age d'Homme, 21 ff.
Illouz, E. (2008). *Gefühle in Zeiten des Kapitalismus* (Frankfurter Adorno-Vorlesung 2004. Institut für Sozialforschung an der Johann Wolfgang Goethe-Universität Frankfurt am Main). Frankfurt a. M.: Suhrkamp.
Illouz, E. (2009). *Die Errettung der modernen Seele: Therapien, Gefühle und die Kultur der Selbsthilfe*. Frankfurt a. M.: Suhrkamp.
Joas, H. (2012). *Die Sakralität der Person. Eine neue Genealogie der Menschenrechte*. Frank-furt a. M.: Suhrkamp.
Kant, I. (1991). *Kritik der Urteilskraft*. Stuttgart: Reclam (Original 1790).
Kant, I. (1977). Beantwortung der Frage: Was ist Aufklärung? In I. Kant, *Schriften zur Anthropologie, Geschichtsphilosophie, Politik und Pädagogik 1, Werkausgabe, Bd. XI*. Frankfurt a. M.: Suhrkamp, 53–61. (Original 1783 veröffentlicht)
Kaube, J. (2020). *Hegels Welt*. Reinbek b. Hamburg: Rowohlt.
Koch, L. (1991). *Logik des Lernens*. Weinheim: Deutscher Studien Verlag.
Koch, L. (1994). Einleitende Bemerkungen zum Thema »Pädagogik und Ästhetik«. In L. Koch, W. Marotzki & H. Peukert (Hrsg.), *Pädagogik und Ästhetik*. Weinheim: Deutscher Studienverlag, 8–21.
Koch, L. (2002). Schule ist zum Lernen da. In M. Heitger (Hrsg.), *Wozu Schule?* Innsbruck: Tyrolia, 9–21.
Kojève, A. (2004). *La notion de l'autorité*. Ed. et présenté par F. Terré. Paris: Gallimard. (Original 1942 veröffentlicht)
Köller, O. (2007). Bildungsstandards, einheitliche Prüfungsanforderungen und Qualitätssicherung in der Sekundarstufe II. In D. Benner (Hrsg.), *Bildungsstandards. Kontroversen – Beispiele – Perspektiven*. Paderborn: Schöningh, 13–28.
Köller, O. (2014). »What works best in school? Hatties Befunde zu Effekten von Schul- und Unterrichtsvariablen auf Schulleistungen«. In: E. Terhart (Hrsg.), *Die Hattie-Studie in der Diskussion*. Seelze: Klett & Kallmeyer, 24–37.
Kopperschmidt, J. (1980). *Argumentation. Sprache und Vernunft, Teil II*. Stuttgart: Kohlhammer-Urban.
Korczak, J. (1979). *Das Recht des Kindes auf Achtung*. Göttingen: Vandenhoeck & Ruprecht. (Original 1928/29).
Kounin, J. S. (1970). *Discipline and Group Management in Classrooms*. New York: Holt, Rinehart & Winston.

Krishnamurti, J. (2006). *The Whole Movement of Life is Learning*. Chennai: Sudarsan Graphics.

Künzli, R., Messner, H., & Tremp, P. (2012). Die curriculare Transformation der Lehrerinnen- und Lehrerbildung in der Schweiz. *Beiträge zur Lehrerbildung*, 30 (1), 62–80.

Lakoff, G. & Johnson, M. (2000). *Leben in Metaphern. Konstruktion und Gebrauch von Sprachbildern*. Heidelberg: Auer. (Original 1980 veröffentlicht)

Lasch, C. (1979). *The Culture of Narcissism. American Life in an Age of Diminishing Expectations*. New York: Norton & Co.

Lewin, K., Lippitt, R. & White, R. K. (1939). Patterns of aggressive behavior in experimentally created ›social climates‹. *Journal of Social Psychology*, 10, 271–299.

Liebel, M. & Wellendorf, F. (1969). *Schülerselbstbefreiung. Voraussetzungen und Chancen der Schülerrebellion*. Frankfurt a. M.: Suhrkamp.

Liu, C. (2023). *Die Tugendpächter. Wie sich eine neue Klasse mit Moral tarnt und Solidarität verrät*. Frankfurt a. M.: Westend.

Loch, W. (1999). Der Lebenslauf als anthopologischer Grundbegriff einer biographischen Erziehungstheorie. In H.-H. Krüger & W. Marotzki (Hrsg.), *Handbuch erziehungswissenschaftliche Biographieforschung*. Opladen: Leske+Budrich, 69–88.

Locke, J. (2018). *Versuch über den menschlichen Verstand. Band II: Buch III und IV*. Hamburg: Meiner. (Original 1690 veröffentlicht)

Lübbe, H. (1994). *Mehrheit statt Wahrheit. Über die Realitätsfähigkeit organisierter Interessen in einer dynamischen Zivilisation*. Frankfurt a. M.: Alfred-Herrhausen-Gesellschaft für Internationalen Dialog.

Lüdemann, S. (2004). *Metaphern der Gesellschaft. Studien zum soziologischen und politischen Imaginären*. München: Fink.

Luhmann, N. & Schorr, K. E. (1982). Das Technologiedefizit der Erziehung und die Pädagogik. In N. Luhmann & K. E. Schorr (Hrsg.), *Zwischen Technologie und Selbstreferenz*. Frankfurt a. M.: Suhrkamp, 11–40.

Lyotard, J.-F. (1989). *Der Widerstreit*. München: Fink. (Original 1983 veröffentlicht)

Lyotard, J.-F. (1993). *Das postmoderne Wissen*. Wien: Passagen. (Original 1979 veröffentlicht)

Maag Merki, K., Hofer, K., Ramseier, E. & Karlen, Y. (2012). Selbst organisiertes Lernen (SOL) an Zürcher Mittelschulen – neue Lehr- und Lernformen. Abschlussbericht zur SOL-Evaluation (SOLEVA) im Schuljahr 2010/11. Institut für Erziehungswissenschaft der Universität Zürich & Pädagogische Hochschule Bern.

Makarenko, A. S. (1961). Probleme der sowjetischen Schulerziehung. In A. S. Makarenko, *Ausgewählte pädagogische Schriften*. Paderborn: Schöningh. (Original 1937veröffentlicht)

Margalit, A. (2000). *Ethik der Erinnerung*. Frankfurt a. M.: Fischer.

Marti, K. (2024, 29. Februar). Ungleichheit: So viel Geld hortet das reichste Prozent der Schweiz – 3 Experten packen aus. *Watson*. https://www.watson.ch/schweiz/wirtschaft/985107087-ungleichheit-in-der-schweiz-3-experten-zur-vermoegensverteilung#:~:text=Besonders%20ausgeprägt%20ist%20es%20beim,77%2C8%20Prozent%20auf%20sich

Martin, E. & Mussi, S. (2023). *Bienvenue dans la machine. Enseigner à l>ère numérique*. Québec: Éditions Écosociété.

Marx, K. (1958). Thesen über Feuerbach. In K. Marx & F. Engels, *Werke, Bd. 3*. Berlin: Dietz, S. 3–8 (verfasst um 1845, erstmals veröffentlicht posthum 1888).

Matuschek, M. (2019, 17. September). Ich bin Prinz Internet, und ihr seid meine Lakaien. *Neue Zürcher Zeitung*. https://www.nzz.ch/meinung/kolumnen/ich-bin-prinz-internet-und-ihr-seid-meine-lakaien-ld.1509019

Mayr, J. (2006). Klassenführung auf der Sekundarstufe II: Strategien und Muster erfolgreichen Lehrerhandelns. *Schweizerische Zeitschrift für Bildungswissenschaften*, 28(2), 227–242.

Meirieu, Ph. (2023). *Qui veut encore des professeurs?* Paris: Éditions du Seuil.

Meirieu, Ph. (2005). Quelle autorité pour quelle éducation? In X Les Rencontres Internationales de Genève 2005. Steiner, G., Mottu, H., Garapon, A., Meirieu, P., Ehrenberg, A., Ebadi, S., Pomian, K., Revault d'Allonnes, M. (Contributeur(e)s). *Le Futur de l'Autorité*. Lausanne: L'Age d'Homme, 87–98.

Meyer, A. (1969). Mechanische und organische Metaphorik politischer Philosophie. In K. Gründer (in Verbindung mit H. G. Gadamer & J. Ritter) (Hrsg.), *Archiv für Begriffsgeschichte*, Band XIII. Bonn: Bouvier & Co., 128–199.

Meyer-Drawe, K. (1999). Zum metaphorischen Gehalt von »Bildung« und »Erziehung«. *Zeitschrift für Pädagogik*, 45(2), 161–175.

Michéa, J.-C. (2014). *Das Reich des kleineren Übels. Über die liberale Gesellschaft*. Berlin: Matthes & Seitz.

Montessori, M. (1985). *Kinder sind anders*. Stuttgart: Klett-Cotta im Ullstein-Verlag. (Original 1952 veröffentlicht)

Moser, K. (2000). *Metaphern des Selbst. Wie Sprache, Umwelt und Selbstkognition zusammenhängen*. Lengerich: Pabst Science Publishers.

Mueller, P. A. & Oppenheimer, D. M. (2014). The Pen is Mightier Than the Keyboard: Advantages on Longhand Over Laptop Note Taking. *Psychological Science*, 25(6), 1–10.

Münch, R. (2018). *Der bildungsindustrielle Komplex. Schule und Unterricht im Wettbewerbsstaat.* Weinheim: Beltz Juventa.

Mytzek, R. (2004). Überfachliche Qualifikationen – Konzepte und internationale Trends. In H.-J. Bullinger & R. Mytzek (Hrsg.), *Soft Skills. Überfachliche Qualifikationen für betriebliche Arbeitsprozesse.* Bielefeld: Bertelsmann, 17–41.

Neckel, S. (1991). *Status und Scham. Zur symbolischen Reproduktion sozialer Ungleichheit.* Frankfurt a. M.: Campus.

Neiman, S. (2014). *Warum erwachsen werden? Eine philosophische Ermutigung.* Berlin: Hanser.

Neiman, S. (2023). *Links ist nicht woke.* Berlin: Hanser.

Neuenschwander, M. P. (2006). Überprüfung einer Typologie der Klassenführung. *Schweizerische Zeitschrift für Bildungswissenschaften,* 28(2), 243–258.

Niggli, A. & Kersten, B. (1999). Lehrerverhalten und Wochenplanunterricht. Wirkungen auf Mathematikleistungen und nicht-kognitive Merkmale von Lernenden. *Bildungsforschung und Bildungspraxis,* 3, 272–291.

Novartis (2024). We create an unbossed environment. https://www.novartis.com/about/people-and-culture/we-create-unbossed-environment

Oelkers, J. (1991). Metaphern und Wirklichkeit. Die Sprache der Pädagogik als Problem. In J. Oelkers & K. Wegenast (Hrsg.), *Das Symbol – Brücke des Verstehens.* Stuttgart: Kohlhammer, 111–124.

Oelkers, J. (2000). *Schulreform und Schulkritik.* Würzburg: Ergon.

Onfray, M. (2011). *»Anti Freud«. Die Psychoanalyse wird entzaubert.* Aus dem Französischen von St. Singh. München: Albrecht Knaus.

Oser, F. (1998). *Ethos – die Vermenschlichung des Erfolgs. Zur Psychologie der Berufsmoral von Lehrpersonen.* Opladen: Leske+Budrich.

Ott, K.-H. (2019). *Hölderlins Geister.* München: Hanser.

Park, A. (2022). *Die Arbeit am Ausdruck. Zur ästhetischen Dimension von Bildung: Eine artikulationstheoretische Annäherung.* Bielefeld: Transcript.

Parker, I. (1992). *Discourse Dynamics. Critical Analysis for Social and Individual Psychology.* London & New York: Routlegde.

Passig, K. & Scholz, A. (2015). Schlamm und Brei und Bits. Warum es die Digitalisierung nicht gibt. *Merkur,* 69(11), 75–81.

Pateman, C. (1970). *Participation and Democratic Theory.* Cambridge: Cambridge University Press,

Peters, R. S. (1960). *Authority, Responsibility and Education.* London: George Allen & Unwin.

Pfisterer, A. (2003) *Schulkritik und die Suche nach Schulalternativen – ein Motor der Schulentwicklung?* Hamburg: Kovac.

Platon (2019). Protagoras. In Platon, *Sämtliche Werke*, Bd. 1. Reinbek b. Hamburg: Rowohlt, 271–335.

Pongratz, L. (2009). *Untiefen im Mainstream: Zur Kritik konstruktivistisch-systemtheoretischer Pädagogik.* Paderborn: Schöningh.

Prange, K. (1999). *Plädoyer für Erziehung.* Hohengehren: Schneider.

Prange, K. (2005). *Die Zeigestruktur der Erziehung. Grundriss der Operativen Pädagogik.* Paderborn: Schöningh.

Ptassek, P. (1995). Rhetorik als Instrument der politischen Selbstbehauptung: z. B. die Sophisten. In J. Kopperschmidt (Hrsg.), *Politik und Rhetorik. Funktionsmodelle politischer Rede.* Opladen: Westdeutscher Verlag, 19–45.

Raatzsch, R. (2007). *Autorität und Autonomie.* Paderborn: Schöningh.

Rancière, J. (2009). *Der unwissende Lehrmeister.* Wien: Passagen. (Original 1987 veröffentlicht)

Reichenbach, R. (2001). *Demokratisches Selbst und dilettantisches Subjekt. Demokratische Bildung und Erziehung in der Spätmoderne.* Münster: Waxmann.

Reichenbach, R. (2003a). Schwulst und Schmalz. Erziehungsphilosophie als pädagogische Metaphorologie. In W. Bauer et al. (Hrsg.), *Jahrbuch für Bildungs- und Erziehungsphilosophie* (Vol. 5). Hohengehren: Schneider, 171–190.

Reichenbach, R. (2003b). Pädagogischer Kitsch. *Zeitschrift für Pädagogik,* 49(6), 775–789.

Reichenbach, R. (2004). »Aktiv, offen und ganzheitlich«: Überredungsbegriffe – treue Partner des pädagogischen Besserwissens. Internetzeitschrift *Parapluie: Kulturen – Künste – Literaturen,* 19. http://parapluie.de/archiv/worte/paedagogik/

Reichenbach, R. (2007). Führen und sich führen lassen: Zur Qualität schulischer Austauschprozesse. In: Benner, D. (Hrsg.), *Bildungsstandards. Instrumente zur Qualitätssicherung im Bildungswesen. Chancen und Grenzen – Beispiele und Perspektiven.* Paderborn: Schöningh, 227–237.

Reichenbach, R. (2011a). Erziehung als Einführung in das unvollkommene Leben. In A. Krebs, G. Pleiderer & K. Seelmann (Hrsg.), *Ethik des gelebten Lebens. Basler Beiträge zu einer Ethik der Lebensführung.* Zürich: Pano, 25–46.

Reichenbach, R. (2011b). *Pädagogische Autorität. Macht und Vertrauen in der Erziehung.* Stuttgart: Kohlhammer.

Reichenbach, R. (2014, 09. April). Schnelle Oberflächen, träge Bildung, *Neue Zürcher Zeitung.*

Reichenbach, R. (2018a). »The Source of Learning is Thought«. Reading the Chin-ssu lu with a »Western Eye«. In D.-J. Kwak, M. Kato & R. Hung (Hrsg.), *The Confucian Concept of Learning. Revisted for East Asian Humanistic Pedagogies.* London & New York: Routledge, pp. 36–51.

Reichenbach, R. (2018b). Krise der Imagination? Bemerkungen zur politischen und ästhetischen Bildung. *Vierteljahresschrift für wissenschaftliche Pädagogik*, 94 (4), 521–538.

Reichenbach, R. (2023). Zur Kultur der kaschierten Dominanz. In O. Geramanis, S. Hutmacher & L. Walser (Hrsg.), *Organisationale Machtbeziehungen im Wandel. Führung zwischen Zustimmung und Zwang*. Amsterdam: Springer, 21–34.

Reichenbach, R. & Dietschi, D. (2013). »Catalyzers, facilitators, energizers« – Zur Erretung des schulischen Lernens durch die humanistische Psychologie. In P. Bühler, T. Bühler & F. Osterwalder (Hrsg.), *Zur Inszenierungsgeschichte pädagogischer Erlöserfiguren*. Bern: Haupt, 53–72.

Reichenbach, R. & Kwak, D.-J. (Hrsg.) (2020). *Confucian Perspectives on Learning and Self-Transformation. International and Cross-Diciplinary Approaches*. Amsterdam & New York: Springer.

Reichenbach, R. & Simanowski, R. (2018). Zum digitalen Wandel im Bildungssystem. *Merkur*, 72(833), 45–53.

Revault d'Allonnes, M. (2005). L'autorité du futur. In X Les Rencontres Internationales de Genève 2005. Steiner, G., Mottu, H., Garapon, A., Meirieu, Ph., Ehrenberg, A., Ebadi, S., Pomian, K., Revault d'Allonnes, M. (Contributeur(e)s). Le Futur de l'Autorité. Lausanne: L'Age d'Homme, 173–185.

Rieger-Ladich, M. (2023). Priviliegien. *Merkur*, 77(6), 71–80.

Rogers, C. (1969). *Freedom to Learn*. New York: Merill.

Rogers, C. (2007). *Der neue Mensch*. Stuttgart: Klett-Cotta. (Original 1980 veröffentlicht)

Rogers, C. & Freiberg, J. (1994). *Freedom to Learn*. Third Edition. New York u.a.: Merrill.

Rogers, C. & Rosenberg, R. (2005). *Die Person als Mittelpunkt der Wirklichkeit*. Stuttgart: Klett-Cotta. (Original 1977 veröffentlicht)

Rolf, E. (2005). *Metaphertheorien. Typologie, Darstellung, Bibliographie*. Berlin & New York: Walter de Gruyter.

Rorty, R. (2001). »Sein, das verstanden werden kann, ist Sprache«. Für Hans-Georg Gadamer zum 100. Geburtstag. In *»Sein, das verstanden werden kann, ist Sprache«. Hommage an Hans-Georg Gadamer*. Frankfurt a. M.: Suhrkamp, 30–49.

Roth, H. (1971). *Pädagogische Anthropologie. Band II: Entwicklung und Erziehung. Grundlagen einer Entwicklungspädagogik*. Hannover: Schroedel.

Rousseau, J.-J. (1983). *Emil oder Über die Erziehung*. Paderborn: Schöningh (frz. Original 1762).

Sandel, M. (2020). *Vom Ende des Gemeinwohls. Wie die Leistungsgesellschaft unsere Demokratien zerreißt*. Frankfurt a. M.: Fischer.

Scheffler, I. (1971). *Die Sprache der Erziehung*. Düsseldorf: Pädagogischer Verlag Schwann.

Scheuerl, H. (1959): Über Analogien und Bilder im pädagogischen Denken. *Zeitschrift für Pädagogik*, 5, 211–223.

Schlaffer, H. (2006). Über den Geist der Geisteswissenschaften. Akademische Glossen. In J. Wertheimer & P. V. Zima (Hrsg.), *Strategien der Verdummung. Infantilisierung in der Fun-Gesellschaft*. München: Beck, S. 92–109.

Schneider, F. (1966). Eigenschaften des Lehrers. In E. Achermann (Hrsg.), *Methodik des Volkschulunterrichts*. Hochdorf: littinusverlag, 181–185.

Schneider, G. (2005). Der »Gemeinsame europäische Referenzrahmen für Sprachen« als Grundlage von Bildungsstandards für die Fremdsprachen - Methodologische Probleme der Entwicklung und Adaptierung von Kompetenzbeschreibungen. *Schweizerische Zeitschrift für Bildungswissenschaften*, 27(1), 13–34.

Schott, T. (2003). Autorität – Überlegungen zu ihrer Struktur, ihrer Unentbehrlichkeit und ihre Gefahren in Erziehung und Bildung. *Pädagogische Rundschau*, 57, 283–298.

Seipel, C. & Rippl, S. (1999). Jugend und Autorität. Ist die Theorie der »autoritären Persönlichkeit« heute noch ein tragfähiges Erklärungsmodell? *Zeitschrift für Soziologie der Erziehung und Sozialisation*, 19(1), 188–203.

Sennett, R. (1986). *Verfall und Ende des öffentlichen Lebens. Die Tyrannei der Intimität*. Frankfurt a. M.: Fischer (amerik. Original 1974).

Sextus Empiricus (1999). *Grundriss der pyrrhonischen Skepsis*. Frankfurt a. M.: Suhrkamp.

Simanowski, R. (2018). *Stumme Medien. Vom Verschwinden der Computer in Bildung und Gesellschaft*. Berlin: Matthes & Seitz.

Skinner, B. F. (1971). *Beyond freedom and dignity*. Indianapolis, IN: Hackett.

Sloterdijk, P. (2009). *Du musst dein Leben ändern. Über Anthropotechnik*. Frankfurt a. M.: Suhrkamp.

Smail, D. (2001). *The Nature of Unhappiness*. London: Robinson.

Sofsky, W. & Paris, R. (1994). *Figurationen sozialer Macht. Autorität – Stellvertretung – Koalition*. Frankfurt a. M.: Suhrkamp.

Spitzer, M. (2010). Neurobiologische Erkenntnisse für die pädagogische Praxis. *Jugendhilfe*, 48(2), 65–71.

Staatssekretariat für Wirtschaft SECO (2023). Digitale Wirtschaft. https://www.seco.admin.ch/seco/de/home/wirtschaftslage---wirtschaftspolitik/wirschaftspolitik/digitalisierung.html

Steiner, G. (2005). L'autorité? In X Les Rencontres Internationales de Genève 2005. Steiner, G., Mottu, H., Garapon, A., Meirieu, Ph., Ehrenberg, A., Ebadi, S.,

Pomian, K., Revault d'Allonnes, M. (Contributeur(e)s). *Le Futur de l'Autorité.* Lausanne: L'Age d'Homme, 13–20.

Steiner, G. (2009). *Die Logokraten.* München: Hanser.

Steinmann, S. & Oser, F. (2012). Prägen Lehrerausbildende die Beliefs der angehenden Primarlehrpersonen? Shared Beliefs als Wirkungsgröße in der Lehrerausbildung. *Zeitschrift für Pädagogik,* 58(4), 441–459

Stichweh, R. (1994) (Hrsg.). *Wissenschaft, Universität, Professionen. Soziologische Analysen.* Frankfurt a. M.: Suhrkamp.

Strasser, P. (2018, 19. Januar). Das Ich verschwindet – und jetzt? *Neue Zürcher Zeitung,* 8.

Strehle, R. (2013, 22. April). »Das Notensystem wird Kindern nicht gerecht«. *Tages Anzeiger.* http://www.tagesanzeiger.ch/kultur/buecher/Das-Notensystem-wird-Kindern-nicht-gerecht/story/10348970

Strub, C. (1991). *Kalkulierte Absurditäten. Versuch einer historisch reflektierten sprachanalytischen Metaphorologie.* Freiburg & München: Alber.

Taureck, B. H. F. (1995). *Die Sophisten.* Hamburg: Junius.

Taylor, C. (1992). *Negative Freiheit? Zur Kritik des neuzeitlichen Individuums.* Frankfurt a. M.: Suhrkamp.

Taylor, C. (1993). *Multikulturalismus und die Politik der Anerkennung.* Frankfurt a. M.: Fischer.

Taylor, C. (1995). *Das Unbehagen an der Moderne.* Frankfurt a. M.: Suhrkamp.

Taylor, C. (1996). *Quellen des Selbst. Die Entstehung der neuzeitlichen Identität.* Frankfurt a. M.: Suhrkamp.

Taylor, C. (2017). *Das sprachbegabte Tier. Grundzüge des menschlichen Sprachvermögens.* Frankfurt a. M.: Suhrkamp.

Tomasello, M. (2009). *Die Ursprünge der menschlichen Kommunikation.* Frankfurt a. M.: Suhrkamp.

Türcke, C. (2012). *Hyperaktiv. Kritik der Aufmerksamkeitsdefizitkultur.* München: Beck.

Ueding, G. (2011). *Klassische Rhetorik.* München: Beck.

Viain, T. (2024). *La sélection des intelligences. Pourqoui notre système produit des élites sans vision.* Paris: Toucan.

Vieluf, S., Praetorius, A.-K., Rakoczy, K., Kleinknecht, M., & Pietsch, M. (2020). Angebots-Nutzungs-Modelle der Wirkweise des Unterrichts. Ein kritischer Vergleich verschiedener Modellvarianten. *Zeitschrift für Pädagogik, Beiheft 66,* 63-80.

Volmer, G. (1990). *Autorität und Erziehung. Studien zur Komplementarität in pädagogischen Interaktionen.* Weinheim: Deutscher Studien Verlag.

Walser, R. (1984). Tagebuch eines Schülers. In R. Walser, *Romane und Erzählungen*, Band 5, Erzählungen 1907–1916. Frankfurt a. M.: Suhrkamp, 44–53. (Original 1908 veröffentlicht)

Watzlawick, P., Beavin, J. H. & Jackson, D. D. (1969). *Menschliche Kommunikation. Formen – Störungen – Paradoxien.* Bern: Haupt.

Weinert, F. E. (1999). *Concepts of Competence. Definition and Selection of Competencies.* München: Max Planck Institut für Psychologische Forschung.

Weinert, F. E. (2001). Vergleichende Leistungsmessung in Schulen – eine umstrittene Selbstverständlichkeit. In: F. E. Weinert (Hrsg.), *Leistungsmessungen in Schulen.* Weinheim & Basel: Beltz, 17–31.

Wilson, E. G. (2009). *Unglücklich glücklich. Von europäischer Melancholie und American Happiness.* Stuttgart: Klett-Cotta.

Wunenburger, J.-J. (2019). *Le sacré.* Paris: Presses Universitaires de France (Original 1981).

Zimmerli, W. Ch. (2018, 26. Juli). »Analog« und »digital« gelten als Gegensätze. Doch diese Trennung ist »Bullshit«. NZZ Feuilleton. https://www.nzz.ch/feuilleton/die-wiederkehr-des-analogen-im-digitalen-ld.1402729

Danksagung

Ich danke Rolf Bossart sehr für die kritische inhaltliche Durchsicht des ersten Entwurfs dieser Schrift, seine Vorschläge zur Erhöhung der Leserlichkeit, denen ich nachgekommen bin, so gut es ging, und vor allem auch für seine Ermutigung, den Titel des Essays beizubehalten, nachdem ich zwischendurch an seiner Angemessenheit gezweifelt hatte.

Daniel Werner danke ich herzlich für die skrupulöse Korrektur des Manuskripts. Immer wieder bin ich beeindruckt von seiner konsequenten Arbeit am Text, die mir wohl deshalb wie Schwerarbeit vorkommt, weil sie es auch ist.

Klaus-Peter Burkarth, Kohlhammer Verlag, hatte die Idee zu einem solchen Essay! Schon für die Anfrage, dann aber auch die Akzeptanz des Exposés und später des Manuskripts sowie die kritischen Einwände bin ich Herrn Burkarth zu großem Dank verpflichtet.